普通高等教育"十一五"国家级规划教材

现代社区概论

XIANDAI SHEQU GAILUN （第三版）

黎熙元　黄晓星　编著

中山大学出版社

·广州·

版权所有 翻印必究

图书在版编目（CIP）数据

现代社区概论/黎熙元，黄晓星编著. —3 版. —广州：中山大学出版社，2017.3
ISBN 978-7-306-05996-3

Ⅰ. ①现… Ⅱ. ①黎… ②黄… Ⅲ. ①社区—概论 Ⅳ. ①C912.83

中国版本图书馆 CIP 数据核字（2017）第 022332 号

出 版 人：	徐　劲
策划编辑：	李海东
责任编辑：	李海东
封面设计：	曾　斌
责任校对：	何　凡
责任技编：	何雅涛
出版发行：	中山大学出版社
电　　话：	编辑部 020-84111996，84113349，84111997，84110779
	发行部 020-84111998，84111981，84111160
地　　址：	广州市新港西路 135 号
邮　　编：	510275　传　真：020-84036565
网　　址：	http://www.zsup.com.cn　E-mail:zdcbs@mail.sysu.edu.cn
印 刷 者：	佛山市浩文彩色印刷有限公司
规　　格：	787mm×960mm　1/16　17 印张　380 千字
版次印次：	1998 年 3 月第 1 版　2007 年 7 月第 2 版
	2017 年 3 月第 3 版　2022 年 1 月第 21 次印刷
定　　价：	42.00 元　印数：42501－44500 册

本书如有印装质量问题影响阅读，请与出版社发行部联系调换

序

　　社区研究是社会学的重要组成部分。它兴起于 20 世纪初，其时，在美国，现代化和城市化促使社会结构和功能急剧变迁，旧有的田园牧歌式的宁静被城市的喧嚣所打破，温情脉脉的人际关系面纱被涂上了功利的、理性的色彩。面对这个现实，不同的社区和不同的人群有不同的反应：认同、观望、疏离，从而在社会主流文化的背后，存在着社区之间、群体之间和个人之间的差异。这些差异既构成了社会丰富多彩的文化图景，也成为滋生社会问题的土壤。社会学者义不容辞地挑起了研究社区、改善社区、解决社区问题的重任，社区研究因此得到较快的发展。

　　经过大半个世纪的发展，社区研究在社会学研究中仍然占有重要的地位，这是世界发展潮流和它的特殊性质决定的。我们所处的时代，是一个大变革的时代，科学技术以前所未有的速度发展变迁着，而世界社会经济的发展呈现从各国封闭到国际化、区域化的趋势。在这种形势下，社区作为一个具有一定地理范围的具体社会、经济共同体，在发展过程中显示出越来越重要的意义。学者和决策者从立足本社区、把握发展机会的目的出发，越来越重视社区个案的研究。

　　在我国，社区研究具有更重要的意义。我国民族众多，地形复杂，在广阔的平原和高原地区千百年来发育出适应于自然环境的、成熟的农业文化。这种文化不但有别于任何一种外族文化，而且在我国主流文化之中，不同地区、不同民族的分支文化也有不同的倾向性。因此，我国的现代化不仅没有现成的外国模式可以照搬，而且，即使在同一种改革开放的政策之下，各地区的社会经济也呈现出不同的运作程序与速率，从而使我国的发展比其他国家更为复杂和艰难。因此，我国的学者和决策者必须多作社区调查研究，深入了解不同社区的特殊结构和功能，才能更好地发现问题、解决问题。已具有社会学专业知识和个案研究技能的社会学者尤其应走在众人的前面。

　　从学科的角度看，社区研究也具有重要意义。社区是人们生活的基本区域。人们在社区中出生、成长，在社区中工作、安家、交往，从出生到终老，始终生活在一个或多个社区中，其一言一行，均从社区习得，并得到强化。一个人可以脱离家庭而生活，却难以脱离社区而生活。社区在人们的生活中占据着最重要的位置，社会学者要了解社会、了解人群，只能从研究社区入手。

　　社区是数量最多、分布最广的社会实体。它可以是一个村、一个乡或一个县，也可以是一个市或更大范围的社会经济共同体。因此，社区是一个具体化的社会，它具有社会的普遍性质。社区如此普遍，功能齐全，并且范围较小，易于研究，它必然成为社会学及其他相关学科的研究对象。

社区是特定的，它们具有某些共同的性质；然而社区又是千差万别的，它反映了因不同自然环境与人口活动而产生的不同社区结构。从对这些共同性与特殊性的研究中，我们可以加深对社会的理解，并把握其变化趋势和规律。

社区是社会的基础，社区研究的成果也是社会学理论发展的基础。并且，社会学的原理也将在社区实践中得以验证和充实。社区研究对实践具有重要的指导意义。社区原理有助于社区工作者有效地协调各种力量，改善社区环境，解决社区问题，进而为改造全社会提供理论和经验。

怎样研究社区呢？一个社区研究人员应具备社会学者所必需的全部素质和技能。从社会学史中我们知道，社会学具有人文主义的传统，即要求社区研究人员首先具有关怀社会的热情和强烈的社会责任感，这是社区研究学者培养和保持对社会现象和本质的敏锐感觉和判断力的前提。然后，社区研究者还需具有理性的头脑并掌握一套科学的分析方法和测量方法。除了具备以上基本素质外，由于社区研究人员的研究常常涉及社区或社区某部分的性质，以及它与社会的异同及其意义，因此，社区研究人员还必须培养系统的思维，能够透过个人生活方式的局部变迁看到它的一般社会意义。美国社会学家米尔斯（Wright C. Mills）称这种系统思维为"社会学的想象力"。他指出，"人们在各种局部环境里所经历的各种事情，常常是由社会变化所引起的。因此，要理解个人局部环境的变化，必须超越局部环境来看问题"（W. 米尔斯、T. 帕森斯等著，《社会学与社会组织》，何维凌等译，浙江人民出版社1986年版，第13页）。

《社区概论》一书是按照教科书的要求编写的。目的是介绍社区的概念、基本类型和原理、研究方法以及社区的基本结构和变迁过程。其特点是在参考国外专著的基础上，尽量结合本国的资料和特殊情况来阐明问题。这就使本书既概括了社区研究的现有理论，又具有鲜明的中国社区特色。本书的总体构思是，先从社区的静态系统和动态系统把握社区的结构及变迁，然后应用社区基本原理着重探讨了三个基本的社区类型。前一部分主要介绍原理，后一部分主要描述中国社区的状态与变化。这样，读者在学习原理的同时，能够依据自己的观察对照书中的一般资料作更加深入细致的分析。

社区研究和社区建设在中国的发展仍然是崭新的课题，任重道远，愿与各位同行共同努力。

何肇发

1991 年 6 月

目 录

第一章 社区概念和理论 ·· 1
  第一节 社区概念 ·· 1
    一、社区的定义 ·· 1
    二、社区的四个要素 ······································ 3
    三、社区的分类 ·· 4
  第二节 社区研究的发展 ······································ 5
    一、社区研究的起源和兴盛阶段 ···························· 5
    二、社区研究的衰落和复兴阶段 ···························· 8
    三、中国社区研究进展 ···································· 9
  第三节 社区研究的新发展 ··································· 13
    一、社会变迁中的新社区类型 ····························· 13
    二、社区治理 ··· 18
  术语解释 ··· 20
  思考题 ··· 20

第二章 社区的静态系统 ······································ 21
  第一节 社区的生态系统 ····································· 21
    一、自然环境与社区 ····································· 21
    二、社区的生态平衡 ····································· 29
  第二节 社区的人口 ··· 31
    一、人口是社区的第一要素 ······························· 32
    二、影响社区的人口因素 ································· 32
  第三节 社区组织 ··· 40
    一、社区组织的意义 ····································· 40
    二、社区组织的类型 ····································· 41
    三、社区组织管理 ······································· 42

四、社区组织体系 …………………………………………………… 43
     第四节　社区文化 ……………………………………………………… 46
         一、什么是社区文化 …………………………………………………… 46
         二、语　言 ……………………………………………………………… 48
         三、规　范 ……………………………………………………………… 48
         四、社区文化的变迁 …………………………………………………… 50
         五、社区文化的功能 …………………………………………………… 50
     术语解释 …………………………………………………………………… 51
     思考题 ……………………………………………………………………… 52

第三章　社区的动态系统 ………………………………………………… 53
     第一节　社区动态系统的基础——社区中的互动过程 ……………… 53
         一、合　作 ……………………………………………………………… 54
         二、竞　争 ……………………………………………………………… 56
         三、冲　突 ……………………………………………………………… 56
         四、协　调 ……………………………………………………………… 58
         五、同　化 ……………………………………………………………… 59
         六、社区的整合和分化 ………………………………………………… 60
     第二节　社区的变迁 …………………………………………………… 63
         一、社区变迁 …………………………………………………………… 64
         二、社区变迁的一般性质 ……………………………………………… 67
         三、影响社区变迁的因素 ……………………………………………… 70
         四、中国传统乡村社区的变迁分析 …………………………………… 74
     第三节　社区的发展 …………………………………………………… 80
         一、社区发展的理论模式 ……………………………………………… 80
         二、社区发展的原则 …………………………………………………… 83
         三、社区发展过程 ……………………………………………………… 85
     第四节　社区空间形态的转变及其理论挑战 ………………………… 88
         一、社会变迁与社区结构形态转变 …………………………………… 89
         二、社区转变的理论挑战 ……………………………………………… 93
     术语解释 …………………………………………………………………… 100
     思考题 ……………………………………………………………………… 100

第四章 农村社区 ... 101
第一节 农村社区的特征与分类 ... 101
一、农村社区的定义与特征 ... 101
二、农村社区的类型 ... 102
第二节 农村社区的环境与人口 ... 105
一、自然环境 ... 105
二、人口 ... 107
第三节 农村社区的家庭与邻里 ... 112
一、家庭 ... 112
二、邻里 ... 114
第四节 农村社区的组织与权力关系 ... 117
一、农村社区的组织 ... 117
二、农村社区中的权力关系 ... 121
第五节 农村社区的文化特质 ... 123
第六节 21世纪后的中国农村社区治理问题 ... 125
一、村委会 ... 126
二、社区公共服务 ... 127
三、村民组织与村民自治 ... 128
术语解释 ... 129
思考题 ... 129

第五章 镇社区 ... 130
第一节 镇社区概述 ... 130
一、镇社区的概念和类型 ... 130
二、我国镇的起源和发展 ... 134
三、我国镇社区研究状况 ... 136
第二节 镇社区的结构 ... 138
一、镇的人口特点 ... 138
二、镇的经济特点 ... 139
三、镇的社群特点 ... 141
四、镇社区的文化特点 ... 143
第三节 镇社区的功能 ... 144
一、经济功能 ... 144

二、政治与行政功能……………………………………………… 146
　　三、社会文化功能………………………………………………… 147
第四节　镇社区的发展与展望…………………………………………… 148
　　一、世界各国的镇社区概况……………………………………… 148
　　二、中国镇的发展与展望………………………………………… 149
术语解释…………………………………………………………………… 151
思考题……………………………………………………………………… 151

第六章　城市社区……………………………………………………… 152
第一节　城市社区的兴起………………………………………………… 152
　　一、城市与城市化………………………………………………… 152
　　二、城市社区的概念和类型……………………………………… 156
　　三、城市及其社区的基本结构…………………………………… 158
第二节　城市区位………………………………………………………… 160
　　一、影响城市区位的自然因素…………………………………… 161
　　二、城市区位的理论模型………………………………………… 162
　　三、决定城市区位的变量………………………………………… 164
　　四、市民的感知空间与城市区位………………………………… 165
　　五、从人文区位学到新城市社会学……………………………… 167
第三节　城市社区的社会学特质………………………………………… 167
　　一、城市社区的人口特质………………………………………… 167
　　二、城市社区的家庭与邻里……………………………………… 169
　　三、城市社会组织与社区组织…………………………………… 171
　　四、城市社区文化………………………………………………… 172
第四节　城市社会问题与社区的发展…………………………………… 174
　　一、城市社会问题与社区………………………………………… 174
　　二、城市社区规划和社区再造…………………………………… 179
第五节　城市社区治理…………………………………………………… 182
　　一、社区治理主体………………………………………………… 183
　　二、社区治理内容………………………………………………… 185
　　三、社区治理功能………………………………………………… 187
术语解释…………………………………………………………………… 188
思考题……………………………………………………………………… 188

第七章 社区研究方法 … 189
第一节 社区调查法 … 189
　一、社区调查法的性质和特点 … 189
　二、社区调查法的种类及其优缺点 … 190
　三、社区调查的程序和技巧 … 192
　四、社区调查法的功用及其注意事项 … 201
第二节 实地研究法 … 202
　一、实地研究法的性质和特点 … 202
　二、实地研究法的种类及其优缺点 … 202
　三、实地研究法的一般步骤 … 204
　四、实地研究法的功用及其注意事项 … 205
第三节 文献分析法 … 206
　一、文献分析法的性质和特点 … 206
　二、文献分析法的种类及其优缺点 … 206
　三、文献分析法的研究步骤 … 208
　四、文献分析法的功用及其注意事项 … 209
术语解释 … 210
思考题 … 210

附录一 社区工作 … 211
附录二 社区诊断量表 … 248
参考文献 … 257
后　记 … 261

第一章 社区概念和理论

"社区"是社会学的基本概念之一。"社区"一词不是源自汉语词汇,而是从英文 community 翻译过来的,其含义是共同体和亲密的伙伴关系。

学界一般认为,"社区"这个概念最早是由德国社会学家滕尼斯(Ferdinand Tonnies)提出来的,他在1887年出版了一本著作 *Gemeinschaft und Gesellschaft*,英文本译为 *Community and Society*。而中文"社区"一词是20世纪30年代初以费孝通为首的一些燕京大学社会学系学生根据滕尼斯的原意首创的。[①] 燕京大学社会学系师生与其他学者一起致力于我国本土的社区研究,确立了社区研究在中国社会学的重要地位。

第一节 社区概念

一、社区的定义

社会学家们从不同的角度对社区下过许多不同的定义。20世纪30年代社区能成为美国社会学的重要概念,以帕克(Robert E. Park)等人为首的芝加哥学派是起了很大作用的。帕克认为,社区的基本特点可以概括如下:①它有一群按地域组织起来的人群;②这些人口程度不同地深深扎根在他们所生息的那块土地上;③社区中的每

---

① 费孝通在其论文《二十年来之中国社区研究》中说:"当初,Community 这个字介绍到中国来的时候,那时的译法是'地方社会',而不是'社区'。当我们翻译滕尼斯的 Community 和 Society 两个不同概念时,感到 Community 不是 Society,成了互相矛盾的不解之辞,因此,我们感到'地方社会'一词的不恰当。那时,我还在燕京大学读书,大家谈到如何找一个确切的概念。偶然间,我就想到了'社区'这么两个字样,最后大家援用了,慢慢流行。这就是'社区'一词的来由。"(原载《社会研究》第77期,1948年10月16日。转引自白益华:《中国基层政权的改革与探索》,中国社会出版社1995年版,第564~565页。)

一个人都生活在一种相互依赖的关系之中。① 帕克的社区定义是 1936 年提出来的。到 1955 年，美国社会学家希勒里（George A. Jr. Hillery）发现，在各种社会学文献中出现了至少 94 种社区定义；到 1981 年，杨庆堃教授发现社区定义已增至 140 多种。在这些定义中，社区被界定为群体、过程、社会系统、地理区划、归属感和生活方式等。虽然各种定义指涉重点不同，但这些定义基本上都涉及三个因素：地域空间，共同联系和社会互动。

参考西方社会学家对社区所下的种种定义，并为了方便研究，我们在这里确定一个非常宽泛的社区定义：社区就是区域性的社会。换言之，社区就是人们凭感官能感觉到的具体化了的社会。构成社区的有地域空间、人口、制度结构和社会心理这样四个基本的要素。社区研究就是对一定空间范围之内的社会现象（主要是各种社会制度）之间的关系进行经验的和实证的研究。

我们的社区定义同帕克的定义一样，也很强调地域空间的因素。在社会学理论中，社会是一个高度抽象的概念，它是对人类社会各种关系高度抽象的结果。在现实生活中，人们所碰到的各种现象总是发生在一定的时间和空间之中的。从一定的时间过程去研究社会现象，这主要是历史学的任务。而从一定的空间角度去研究社会现象，这就是社区研究的任务（当然，社区研究也要考虑到社会现象时间方面的因素）。社区研究是社会研究的具体化和深化，它把社会学一般理论中在高度抽象层面上讨论的问题，放到社区这个比较具体的层面上加以探讨。如在社会学一般理论中探讨一般的社会制度的功能，在社区研究中探讨的则是各种不同社区中种种具体的社会制度的功能。又比如，在社会学一般理论中探讨一般的社会冲突，在社区研究中探讨的则是发生在不同社区的、具有各自特点的冲突形式。再比如，社会学一般理论探讨社会问题发生、发展和解决的一般规律；社区研究则探讨发生在不同空间范围内的社会问题，而不同空间范围（如都市社区和农村社区）内的社会问题的特点和表现形式是不同的。

社区研究就是应用社会学的一般理论和社会研究方法，深入一个特定的地域空间内，对其结构、性质和问题进行的分析研究。关于社区研究与社会学一般研究的关系，我国著名社会学家、中国社区研究创始人之一费孝通曾有过精辟的论述："以全盘社会结构的格式作为研究对象，这对象并不能是概然性的，必须是具体的社区，因为联系着各个社会制度的是人们的生活，人们的生活有时空的坐落，这就是社区。每一个社区有它一套社会结构，各制度配合的方式。因之，现代社会学的一个趋势就是社区研究，也称作社区分析。"② 从费孝通的观点看，社会学研究可以分为两个部分：

---

① 转引自 Larry Lyon, *The Community in Urban Society*, Chicago: The Dorsey Press, 1987, p. 5。
② 费孝通：《乡土中国》，读书·生活·新知三联书店 1985 年版，第 94 页。

一是从高度抽象的角度去研究各种社会制度之间的相互关系，这就是"纯粹社会学"理论；二是把这种关系放到一定的时空中去探讨，这就是社区研究。从整体社会学来看，其研究对象包括个人、群体、社区和社会等从微观到宏观的层次，社区研究处于中观的层次。相对于个人和群体的研究，社区研究是较宏观的；相对于社会的研究，社区研究又是较为微观的。因此，社区研究是社会学中重要的构成部分，但并非社会学的全部。

二、社区的四个要素

社区的四个要素是地域空间、人口、组织与制度结构、文化情感观念。

（一）地域空间

社区存在于特定空间。社区这种空间的特定性是由所选定的研究群体成员的空间分布所决定的。传统社区研究所关注的空间往往是一个特定范围的地域。例如，城市社区是指由现代工业生产方式与生活方式组织起来的人口及其生活的空间聚落，与农村社区相区别。社区的地域空间因素虽然重要，然而，确定社区的边界却是一个比较困难的问题。大至镇小到村都可以被视为一个社区。确定社区的范围还要注意到选定研究群体中成员之间关系的空间扩散性。例如，一个宗教信徒的社区，通常指以某个教堂或者活动场所为中心的信徒的互动空间，这种社区就不一定存在于小范围的地域，而会呈现为较大的空间扩散范围。

相对于农村来说，城市是功能性很强的空间组合。特定的功能空间不但引导特定的经济活动，也塑造不同的居民日常生活安排和活动内容，甚至影响居民的沟通能力和邻里关系。因此，城市社会学认为社区可以表述为一种社会空间。

（二）人口

社区人口往往涉及三个方面的要素：人口的数量、构成和分布。数量是指一个社区内人口的多少；构成是指社区内不同类型人口的特点；分布则是指社区人口及他们的活动在社区范围内的空间分布，同时还包括人口密度等问题。社区人口的三个要素是社区人口的静态特点，弄清这三个要素，需要通过人口调查。这种调查可以用普查或抽查的形式。人口调查能为我们从横断面的角度描绘一幅社区人口在一个特定时间内的静态图像。

人口与地域空间有多种组合形式。不同人口有不同的空间分布位置。在现代城市社区，由于社会活动的复杂化，土地的利用形式也复杂起来，形成特定的功能分区，如工业区、商业区、住宅区、娱乐区、休憩区等；住宅区甚至也分为富人区、中产居民区、工薪居民区和贫民区等，由于人群的社会空间的互相隔离又造成地域空间的互相隔离。

（三）组织与制度结构

社区的制度结构是指社区内的各种社会群体和组织相互之间的关系。如果将社区视为一个社会单位，我们可以看到，它是由许多不同的社会群体和组织所构成的，包括家庭、居民组织或社团、工商企业、学校和诊所等。制度体现并规定了组织之间的关系。在中国的传统农村社区，家族是最强有力的社区组织；在现代城市社区，由国家授权（并组建）的居民委员会通常是最强有力的社区组织。在其他国家的城市社区，教团则可能是最强有力的社区组织。

（四）文化情感观念

居民在自己所生活的社区中与别人结成各种社会关系（如血缘、业缘关系等），社区中又包含各种与个人生活相关的要素（如环境、设施等），这些关系和设施在很大程度上满足了人们的生理、心理和自我发展的需要。久而久之，人们对他们生活于其中的社区形成生活的历史记忆和归属感。同时，社区成员之间稳定的互动关系和集体行动能够逐渐发展出共同规范和价值观。社区的特性不同，社区成员的行为方式和价值观也有差别。一般来说，社区流动性越小，个人的生活范围与社区在空间上的重合程度越高；个人在社区生活的时间越长，社区所特有的生活方式和价值观对个人的影响越大。

我们容易观察到，生活在乡村社区的人和生活在城市社区的人在行为方式和价值观方面存在比较明显的差异。

三、社区的分类

由于社区类型的复杂性，同时也由于研究侧重点的不同，目前社会学家们对社区的分类还没有统一的意见。有的学者从不同的经济、社会功能的角度，把社区分成初级、次级和三级功能社区：初级功能社区主要从事初级活动，包括农业、林业、渔业和矿业这一类直接从自然界获取原材料的生产活动；次级功能社区的活动是指把原材料加工成成品的各种制造业生产；三级功能社区的活动包括广义上的各种服务行业，如财政、金融、政府、通讯、娱乐和教育等。有的学者按人口的规模，把都市社区分为大都市、中等城市和小城镇社区。还有的学者从区位学的角度，根据人们活动的不同空间分布，把一个城市社区分为住宅社区、商业社区、工业社区和文化教育社区等。总之，分类是根据需要，没有一定之规。

本书根据农村—都市连续统的理论，把社区分为农村社区、镇社区和都市社区。所谓连续统，就是两端由无数中间点连接在一起的一个统一体。在农村—都市连续统中，分处两端的农村和都市是两个纯粹的理想类型。它们是人们对现实社区高度抽象的结果。现实的社区都处于这两极之间的某一个中间点上。在这些中间点中，镇社区兼具了农村、都市两种社区的特点，从过渡性的角度看，它有一定的典型性，在中国尤其如此，因此我们也单独把它列为一类社区。

这种社区分类法的好处，是它具有较大的包容性。这是因为社区研究的对象是坐落于一定空间之中的社会关系，而在现实生活中，这些关系都处于农村—都市连续统中的某一中间点上；将社区分为农村、都市和镇这三类，就几乎可以囊括现实中所有的社区。此外，这种分类法也同社区研究的初衷是一致的。在工业革命之后，西方社会的社会关系发生了很大的变化。传统的农业社区的那种人与人之间的亲密关系开始解体，在工业化的都市社区中，人与人之间开始疏远，社区凝聚力下降，于是引出了种种的社会问题。这时，一些社会学家（最早是滕尼斯等人）开始把工业革命前后的社会关系分为两个类型，并将其放到都市化的背景中去探讨。所以，农村—都市分类法较之其他分类法有其优越之处。

第二节　社区研究的发展

社区研究起源于西欧，在美国得到了很大的发展。其后，它又经历了一个衰落和复兴的过程。在 20 世纪 30 年代，经由吴文藻等人的大力倡导，社区理论及其实证的研究方法被引进了中国，一批社会学家积极从事具有中国特点的社区研究。从此，社区研究在中国也缓慢地发展起来。

一、社区研究的起源和兴盛阶段

1887 年，德国学者滕尼斯出版了一本名为《社区与社会》的书，这标志着社区理论的诞生。在这本书中，滕尼斯对照和比较了存在于大家庭、社区共同体中和现代资本主义社会中的两种典型的社会关系。滕尼斯认为，社区中社会关系的基础是某种自然意愿，这种自然意愿包括感情、传统和人们之间的共同联系。他认为这种自然意愿存在于家庭或生活、工作于同一地方的人群中间；社区的特点是，人们具有对本社区的强烈认同感、情感主义、传统主义和对社区内其他成员的全面的概念。所谓全面的概念，指社区成员在互相交往时，是把对方作为一个全面的人，而不是仅仅因为他具有某种地位；是从对方自身的价值去判断其意义，而不是将其视为实现自己的某种目的的手段。相反，社会中的社会关系是基于某种理性意愿，这种理性意愿主要包括理性、个人主义和感情无涉。这种理性意愿存在于都市和工业化的资本主义社会中，其特点是人们没有或很少有认同感、情感中立、墨守成规和成员之间片面交往。

在滕尼斯的理论框架中，传统社区和现代社会是两种处于现代化不同阶段的相对理论类型，现代社区的性质与传统社区相反。滕尼斯认为，他所处那个时代的欧洲传统社区越来越朝着现代社会的方向发展。

滕尼斯的社区—社会分析范式是20世纪20—50年代美国社会学中许多著名的学者从事社区研究的理论基础，并产生了几个有影响的流派。

（一）芝加哥人文区位学派的研究

从某种意义上讲，社会学在美国学术界的地位，是由芝加哥大学社会学系主任帕克以及他周围的一批学者通过对芝加哥的都市化过程的研究而确立起来的。他们借用生物学中竞争、共生、进化等概念和理论逻辑来解释美国都市的空间结构和发展动力。沃思（Louis Wirth）在1938年写了《作为一种生活方式的都市生活》一文，阐述人口规模、密度和异质性这三个区位学变量产生了都市生活方式。麦肯齐（R. D. Mckenzie）则把经济活动和产业的发展视为城市社区人口集中和离散的推动力，通过交通网和产业发展因素来解释美国20世纪上半期人口在各大城市之间进行空间移动的历史。伯吉斯（Ernest W. Burgess）、霍伊特（Homer Hoyt）、哈里斯（Chauncy D. Harris）、厄尔曼（Eolward L. Ullman）等分别提出了城市各阶层的空间分布模型。一些学者批评古典区位学忽视了文化因素，认为只有把文化和价值作为理论核心，都市的结构和发展才能得到解释。费雷（Walter Firey）在20世纪40年代中期对波士顿进行实地调查，他发现，波士顿的居民基于某些共同的价值观和归属感而不愿意把他们居住区出卖、改变公共空间（公园）以发展商业，因为人们一向认为住在这里是地位高的象征。在这个时期，社区是社会学最重要的研究课题。其他学者也都对芝加哥在20世纪20年代快速的都市化过程中所不断弱化的社会整合以及随之而来的社会解组进行了深入的研究。这里面包括安德逊（Nels Anderson）的《游民》（1923）、施莱舍（Trederick Thrasher）的《帮伙》（1927）、左保（Harvey Zorbaugh）的《黄金海岸与贫民区》（1929）、肖（Clifford Shaw）的《杰克罗勒：一个犯法少年自己的故事》(1930) 以及克莱西 (Paul Cressey) 的《出租汽车舞厅》(1932) 等。

(二) 林德夫妇对中镇的综合研究

在芝加哥学派的人文区位学蓬勃发展的同时，美国社会学家林德夫妇 (Robert and Helen Lynd) 开创了另一种形式的社区研究，即综合研究。这种研究先是描述社区生活的各个部分，然后解释它们之间的相互关系。林德夫妇的最初目的只是研究中镇 (Middletown) 这个中等城市的宗教信仰和宗教活动方面的情况。但他们很快发现，宗教生活并不是孤立存在着的，它与社区中的其他制度和机构有着密切的关系；要理解宗教问题，就必须揭示宗教与社区中其他社会现象之间的关系。林德夫妇主要使用了参与观察法、档案分析法和问卷法，详细地描述了这个社区中的居民的各种活动和信仰情况，如社区中不同群体早上起床的时间、用于家务的时间量有多少，性别角色，父母对子女的期望和政治、宗教的价值观等。《中镇》一书在学术界和广大读者中深受欢迎。几年以后，林德夫妇又重返中镇进行调查，并于1937年出版了《转变中的中镇》一书。在这本书中，他们分析了当时的美国经济危机对该社区的影响，他们发现，经济大萧条使得社区中的某个家庭垄断了全社区的经济命脉，从而控制了整个社区。

(三) 社区权力研究

1953 年，美国社会学家亨特 (Floyd Hunter) 出版了《社区权力结构》。亨特原来在亚特兰大从事社区计划和发展工作。但他很快发现，社区计划委员会和社区内的其他一些组织，在进行社区发展工作的过程中碰到了严重的困难和障碍，这就迫使他不得不去研究当地的权力分配情况，以找到社区中真正的领导者。

亨特在研究中使用了各种方法，其中用得最多的，是与社区内处在重要的位置上的人进行面对面的谈话。经过调查，他发现了社区中最有影响的 40 人，其中绝大部分是在本地政府中没有政治职位的商人 (36 人)。正是这 40 人决定着整个亚特兰大社区的命运。亨特认为，在这个社区中，民主形同虚设，由选举产生的社区官员对本社区的一些重要决定没有多少影响力。

亨特的研究成果引起了学界对社区权力研究的兴趣。戴尔 (Robert Dahl) 对纽黑文社区的决策情况进行研究，并于1961年发表了《谁在进行统治》一书。他在研究中不使用访谈法，而是集中研究社区的决策文本，找出每项决定当中对立的决策者以及他们的支持者，从而弄清楚究竟是什么人的观点占上风。他得出了与亨特完全不同的结论。他发现，纽黑文存在着一种多元化的民主，在这种民主中，由选举产生的纽黑文市长在社区决策中起着核心作用。后来大批学者对社区权力的研究，大都是围绕着上述的精英论和多元论两种观点展开的。

二、社区研究的衰落和复兴阶段

到20世纪五六十年代，社区研究在社会学研究中的地位下降了。人们发现，芝加哥学派的区位学理论具有方法论和解释力的局限性。同时，城市日益扩展，社区边界变得模糊。有的学者甚至建议取消"社区"这样一个含糊不清的概念，而以诸如教区、选区、邻里、人口普查区或大都会地区这样一些更明确的概念取而代之。

社区研究在这一阶段衰落的主要原因，是由于大众社会（mass society）在欧美社会的兴起。许多西方学者认为，所谓大众社会，就是一种标准化的、同性质的、种族和阶级分野不明显的社会。他们认为，社区与大众社会还有一个重要区别，就是在大众社会中，地域性的空间已经没有多大意义。由于大众传播媒介的高度发达，标准化的公共教育的普及和居住地的高度流动性，原来在各种传统社区中差别很大的规范、价值观和行为方式，在大众社会中已经变得没有多少分别了。这样，传统社区中的地域界线在社会学研究中就显得不重要了。在大众社会中，大都市的居民与小村镇的居民已经没有多少差别，他们看同样的电影和电视节目，阅读同样的报纸杂志，能够很容易地从一个地方旅游到另一个地方。外部因素对社区变化的影响大于内部因素。因此，许多人认为，在这种情况下，社会学研究应该着眼于整个大社会，而不是地方社区。

基于这种实证观察，学界产生了社区存在与否的争论。一种观点持"社区消失论"，其主要论点来自齐美尔和沃思对城市的阐释，北美社会学对城市大众社会的论述，以及对城市社会各个侧面和城市社会问题如贫穷、犯罪、迁移等的研究都反映出亲密人际关系与社区支持和团结缺失、社会失序、个人主义泛滥等城市社会特征。人际关系密切的社区只存在于传统乡村，而在现代大都市已经完全消失，大都市的社会空间特性也不会生成新的社区，因此社区已经或者即将消亡。另一种观点持"社区继存论"，认为社会分工和科层化并没有弱化和割断个人的初级社会关系，人类能够在任何社会环境下继承传统，同时适应新环境来构建社区。一些学者［如刘易斯（Oscan Lewis）和甘斯（Herbert Gans）］对居民稳定的社区或少数族裔聚居区的研究指出，亲密关系、社区团结和认同依然存在于城市某些地方，大都市的分工专业化和科层化并未破坏这些社区的特质，社区没有消失，而是继续存在。

1977年费舍尔（C. Fischer）出版了《社会网络与场所：城市环境中的社会关系》，阐释了社会网络在城市居民生活当中的作用，提出城市居民社会关系的形成基础不仅是互为邻里，还有共同兴趣或价值观等。受费舍尔的影响，韦尔曼（Barry Wellman）和雷顿（B. Leighton）在其论文《社会网络、邻里关系和社区》当中进一步指出，以往的社区研究对社会关系的其他领域的关注一直局限于邻里关系，而忽视了城市人日常生活中社会交往的其他领域，"社区消失论"与"社区继存论"的局限性是相同的。1979 年，韦尔曼发表论文《社区论题：东约克居民的社会网》，指出社区的实质是邻里共同体，而实际上城市人的关系共同体常常超出了邻里的范围，即使是亲密的群体，如亲戚、朋友，也往往不居住于同一个地域内。但是，以个人的关系网络为基础的社区在都市社会中广泛存在而且很重要，并没有随着工业化、城市化和现代化的不断发展而普遍衰败。从居民的个人关系网络可以识别出，社区已经从某个特定范围扩散到更广阔的城市空间（即韦尔曼所称之"社区解放论"）。学者进行了许多有关网络社区的研究。他们的研究发现，当代城市大多数居民的人际关系网络既包括紧密、多元的联系，又包括疏松、分化的联系。网络的一部分由直系亲属组成，他们的关系是紧密的联系、广泛的支持性的；另一部分由朋友、邻居和同事组成，他们的关系是疏松的联系、伙伴式的和特殊化支持的，是与其他社会圈子相关联的。总之，在社会网络分析者看来，社会大规模的变迁已经改变了城市社区的性质，当代城市居民不再完全是一个地域共同体或亲属群体的成员，而是众多特殊化的、以兴趣为基础的社区成员。

三、中国社区研究进展

社会学产生于西方社会。1897 年，严复在《国闻报》上发表了斯宾塞（Herbert Spencer）的《社会学研究》一书两个章节的译文，标志着社会学被正式引进中国。在社会学被引进中国后的一段时间内，中国本土的社会学研究主要是由西方社会学者和传教士进行的。从 1914 年开始，中国陆续派出了一些留学生到欧美国家去攻读社会学。这些人中的许多人学成之后又回到了国内，并培养出了他们自己的学生。这些留洋的学者一方面受到西方社会学理论的深刻影响，另一方面又不满足于把那些理论简单地移植于中国社会。他们认为社会学理论必须根据中国的实际情况加以检验和修改。因此，到了 20 世纪 30 年代，一种具有民族特点的社会学研究开始在中国的本土上发展起来。在这些极力主张创建具有中国特色的社会学的学者当中，吴文藻是中国社区研究最早的倡导者。

吴文藻早年留美攻读社会学，回国后任教于燕京大学。吴文藻对中国社会学的主要贡献是倡导社区研究，为中国的社区研究奠定了理论和方法论的基础，并培养出了李安宅、林耀华、费孝通、黄迪和瞿同祖等一批从事社区研究的人才。吴文藻极力倡导社区研究，试图走出一条具有中国特色的社会学的路子。其倡导性论文包括《现代社区研究的意义和功能》《中国社区研究的西洋影响与国内近况》《社区的意义与社区研究的近今趋势》等。他提出,应该把社会学的理论和方法与文化人类学或社会人类学结合起来,进行中国社区研究,并认为这种做法与中国的国情最吻合。① 怎样进行社区研究呢？吴文藻指出,社区研究就是用同一区位的或文化的观点和方法,来研究各种地域不同的社区。既可以进行模型调查,即静态的社区研究,以了解社区的结构,也可以进行变异调查,即社区的动态研究,以了解社区的历程,或者可以把两种方法相结合,以从整体上了解社区的组织和变迁。②

20世纪30年代初期,另一位著名的社会学家吴景超也开展了中国的社区研究,并发表不少有启发性的意见。他提出应当把社区作为社会学的研究对象,因为社区研究有两个优点：第一,它是具体的,是极易捉摸的；第二,如果把社区生活规定为社会学的研究范围,就可以不与其他的社会科学学科发生冲突。他指出既可以从综合的角度也可以从某一方面、某一个问题或某一个观点着手来进行社区研究。这些社区研究可以把对社区组织、社区变迁、社区心理和社会问题等的研究兼收并蓄。以社区作为社会学的研究对象,可以克服学术界空谈的弊病。社会学的根基在于事实,根据社区的事实来证明或修正社会学的理论,这是社会学家的基本任务。此外,还可以根据在社区收集到的事实和分析所得到的理论,提出社会改革的方案。这种改革的方案是有价值的、有建设性的和对人民有益的。

吴文藻等中国的社区研究者深受英国马林诺斯基（Bronislaw Malinowski）等人的功能主义的理论和方法的影响。吴文藻等学者当时提倡的社区研究,在方法论上主要从文化人类学及功能主义的观点出发,在调查研究中运用定性分析多于定量分析,存在一定的局限性和片面性,吴文藻晚年也指出了这一点。但他们的一系列学术活动无疑对推动中国社区研究的发展起了积极的作用。

吴文藻在大力宣传社区理论的同时,还派出一批学生去进行实际的社区研究。如徐雍舜在北平附近的淳县进行了农村领袖冲突的调查,林耀华在福州附近的义序进行了宗族组织的调查,黄节华在河北定县进行了礼俗和社会组织的调查,李有义在山西省徐沟县从事了农村社会组织的调查。抗日战争爆发前我国社区研究的成果还包括杨庆堃1933年写成的《华北地方市场经济》,1936年费孝通在江苏省吴江县开弦弓村进行的农村经济调查及其后写成的《江村经济》一书,以及1937年黄迪写的《清河：一个乡镇村落社区》等。

1937年1月,中国社会学社召开了第六届年会,主要讨论中国社会学建设问题。在这次会议上,赵承信发表了《社区研究与社会学之建设》一文,提出以社区实证

---

① 参见《吴文藻自传》,《晋阳学刊》1982年第6期,第48页。
② 参见杨雅彬：《四十年代中国社会学的建设》,《社会学研究》1988年第1期,第18页。

研究作为中国社会学建设的道路。这次会议还一致通过了陈达提出的"国内各大学积极推行社区研究"的提案。

在抗日战争的艰苦环境下，中国的社会学者不但没有停止社区研究，反而在大后方将这一研究更蓬勃地开展起来。在这一时期，以陈达为首的清华大学国情普查研究所在昆明市及附近的四县进行了中国首次的挨户普查实验。1944年，由陈达主持，在对昆明市呈贡、普宁、昆明、昆阳四县户籍调查的基础之上，编写出《云南省户籍示范工作报告》，该调查包括户口普查、户籍登记和人事登记三项内容。

费孝通从英国回国后，主持云南大学社会研究室的工作。当时在该室工作的有史国衡和田汝康等人。该研究室所用的主要方法是在选定的社区中对某一问题作较长时期的实地观察。学者们在三个不同类型的农村——禄村、易村和玉村研究地权集中的问题及其与手工业、家庭组织等的关系。他们还在昆明的工厂里研究了农民及其他行业的人转变为工人的过程，研究了云南边疆少数民族的内聚力及其与汉族的关系问题和乡村基层行政机构等问题。虽然他们的研究是在具体的社区中进行的，但他们所研究的问题对于当时的中国社会却有一定的普遍意义。他们的研究成果包括费孝通的《禄村农田》，张之毅的《易村手工业》《玉村土地与商业》和《洱村小农经济》，史国衡的《昆厂劳工》《个旧矿工》，谷苞的《化城镇的基层行政》，田汝康的《内地女工》，等等。

1943年，燕京大学社会学系主任林耀华指导他的学生研究四川、西康的一些少数民族部落的生活，并根据实地调查写成了《凉山彝族家》一书。

此外，在成都的金陵大学社会学系主任柯象峰主持了对战时成都社区的变迁和成都近郊青羊宫的镇社区所进行的广泛的调查研究，华西大学的李安宅对青海游牧社区进行了调查研究，蒋子昂对成都浆洗街社区进行了调查研究，金陵女子文理学院的徐益棠对羌民社区和大小凉山的少数民族社区进行了调查研究。新中国成立前夕，岭南大学的杨庆堃、何肇发对广州近郊鹭江村社区和美国洛杉矶华侨社区进行了研究。这个时期一些中国学者的乡村村落研究，如费孝通的《江村经济》、林耀华的《金翼》和杨懋春的《一个中国村庄》等在国际社会学人类学界也具有重要影响。

在学者们进行社区研究的同时，不少中国共产党人本着认识中国、改造中国的崇高理想，在广大农村进行了深入的调查研究，其报告既是革命的宣言，也是社会、社区研究的优秀范例。其中首推毛泽东同志的《湖南农民运动考察报告》与《兴国调查》，成为党的调查研究工作的典范。在他的倡导下，解放区的调查研究工作迅速开展起来，其中较有代表性的成果有：由张闻天主持、马洪起草的《米脂县杨家沟调查》，以及《绥德、米脂土地问题初步研究》《临固调查》《保德调查》等。这些研究运用了马克思主义的原理和阶级分析的方法，从农村社区入手，对中国社会进行了前所未有的深刻分析，在同时期的社区研究中独树一帜。

值得指出的是，在旧中国极其恶劣的社会、政治环境中，社会学界的爱国学者们为了认识和改变中国的贫穷落后状况，也为了建立有中国特色的社区理论及方法，进行了大量的社区研究工作，他们的科学精神是值得后人景仰的。他们的研究成果不但有助于我们认识解放前的中国社会，就是对于今天的社区研究，也仍然是极有参考价值的。值得指出的是，当时的社会学者虽然深受欧美社会理论潮流的影响，但他们怀着极大的爱国热忱，力图用西方的理论和方法去观察和分析中国的社会现实，进而建立有中国特色的社会学理论。在这个社会学中国化的过程中，他们是从社区研究入手的。这种学术研究的倾向恰好与当时解放区农村研究相互吻合，由此奠定了社区研究在中国社会学研究中的特殊地位。

1949—1980年中国学术界及学科设置不设社会学学科，社会学研究以及社区研究都停止了。原有的社会学家大都转向民族研究。直到1979年中共中央决定全国推行改革开放路线，中国开此进入乡村工业化和快速城镇化时代。1980年社会学学科教育和学术研究恢复，由费孝通、林耀华、杨庆堃、何肇发等年事已高的社会学前辈带领的社会学研究，主要是沿用他们当年所学的社区研究方法来研究中国发展新现象的，因此这个时期的社会学性质的研究实际上都是社区研究。其中一个主要研究论题是费孝通所倡导的小城镇研究，他所带领的团队从江苏的小城镇开始，并与珠江三角洲的小城镇相比较，产生了一系列关于农村工业化方式的研究成果。

到20世纪90年代，随着新一代学者的成长，中国社会学研究蓬勃发展，各分支学科也逐渐成形。经过改革开放头十年的快速发展，中国社会进入大型结构转变时期，多种问题渐次呈现，为社会学宏观研究提供了广阔的发展空间。这一时期社区研究反而沉寂了。许多学者预期中国也和发达国家一样，乡村将很快向城市转变，乡村工业化和小城镇发展也被视为"遍地开花"式的浪费资源方式而搁置。进入21世纪，由于乡村人口大量进入城市，大城市自身的更新改造加快，国有企事业单位改制，使原来由生产和职业所在体制管控的人口大量脱离出来，沉淀于社区。为实现城市基层社会再整合，国家民政部在全国城市推行社区建设，社区研究于是再次成为学界讨论的热点。

新一轮的社区研究的论题更广泛，参与学科更多，而且政治行政学、人文地理和城市规划学科的参与比社会学更多。社区研究的重点领域从农村转向城市，重点论题从邻里关系网络转向空间和社群关系综合治理。

第三节 社区研究的新发展

20世纪80年代至今,世界各国都不同程度地卷入全球化,资本和人口在城市之间流动,导致全球经济重新布局,对各城市的社会结构、制度体系产生深刻影响。在这种大型而快速的社会变迁中,社区成为公民和组织自治和集体行动的基地。由此学界发展出不同的社区讨论主题。社区或是描述性的,用于概括有共同特征及互动关系的社会群体或网络;或是规范性的,作为团结、参与和凝聚力被发现的场所;或是工具性的,作为维持或改变现状的主体,或者作为政策发生作用的场所。

一、社会变迁中的新社区类型

社区社会学家将不同的社区置于全球化、城市社会变迁等结构化机制下,考察社区类型与特征的变异。

(一) 封闭社区

封闭社区 (gated community) 从美国大城市开始,成为一种重要的社区形态,也是近期社区研究的焦点问题。封闭社区的产生基于很多原因,也带来了诸多的社会后果。

从原因上来讲,封闭社区源于居民的各种需要,如对安全的保障、对其他人的排斥、对社区感的需求等。有学者系统地研究了美国的各种封闭社区,指出在封闭社区中能与自己类似的人群居住在一起,他们对异族和犯罪有较大的恐惧。[①] 封闭社区也可以成为身份的象征。学者概括出美国三类主要的封闭社区类型:生活方式社区 (lifestyle community)、名望社区 (prestige community)、安全社区 (security zone community)。生活方式社区包括退休人员居住的村落、高尔夫等休闲社区俱乐部、城郊新镇等,社区共享公共空间,本地舒适物成为私有化的物品。这些发展反映了"区域共享的概念和排斥性的共享价值"。不同的是,名望社区可能没有像生活方式社区所共享的娱乐设施,封闭的目的在于符号性的区隔 (symbolize residential distinction),

---

① Setha Low, *Behind the Gates: Life, Security, and the Pursuit of Happiness in Fortress America*, New York: Routledge, 2003.

同时保护邻里的意象和财产价值。安全社区则主要是源于对犯罪和外来者的恐惧,以及对真实存在或想象中的威胁的避免。封闭社区体现了各种张力,如"由于恐惧和特殊利益需要将其他人排除在外和作为公民责任的价值之间的冲突;公共服务私有化趋势和公共产品理念、福利普遍性的冲突;对环境控制的需要(个人的和社区的)和将其他人变成外来者的危险之间的冲突。封闭社区源于对地位和排斥的动机,门禁用于排斥外来者和作为地位和声望的符号,它们同时给予远离犯罪的感觉、一个可控并保护财产价值的环境、一系列的舒适物和服务"[1]。封闭社区代表了一种中产或中产以上阶层的生活方式,封闭社区的符号性权力则依赖于社区本身组织个人或社会体验的能力。学者在对加拿大封闭社区广告研究中指出,安全、友好、社会同质性、便利、主动的生活方式、隐私和排斥性构成了封闭社区销售的侧重点。[2] 封闭社区还代表了一种对积极自由的要求,能够做出个人居住决定的自由之类的行为。

  封闭社区带来了各种后果,如社会隔离和社会不平等。在美国,各种墙、门和监视技巧正在提升,以维持社会不平等。封闭社区将外来者隔离在外,也将自己封闭在大墙之内,社会成为各种边界林立的小区域,通过各种私有化的设施来保证边界的划分。封闭社区面临维持边界的挑战,进而需要对社区进行监视、聘请保安、建立监控系统等。[3] 这种居住的封闭性加剧了社会隔离、种族主义和土地使用的排他性等,从而导致了一些价值冲突。但实际上封闭社区在其所声称的安全性、社区感等方面是无效的。研究者使用邮寄问卷对 200 位居民进行调查,在富有及穷困两类社区中比较封闭社区和非封闭社区的不同,她发现高收入的封闭社区中的居民相对于非封闭社区来说社区感更弱,低收入的封闭社区和非封闭社区则无显著差别;高收入的郊区住户虽然可能感觉到更安全,但却和公共住房住户一样,并没有因此而获得更多的社区感。[4]

  封闭社区意味着对边界的建立,将不属于"我们"的群体排斥在围墙之外。在前面的社区维持中,边界并非强调实体的围墙或界限,而是一种心理上的;封闭社区则以门禁和围墙作为实体的界限,并形成自己的保安系统,从而将居住在其中的人们隔离开来。在入住之前,这种心理边界可能存在,也可能不存在;但入住之后边界被强化了。因此,诸多学者讨论封闭社区的时候,大量地谈及恐惧、他者以及在封闭社

---

[1] Edward James Blakely, Mary Gail Snyder, *Fortress America*: *Gated Communities in the United States*, Washington DC: Brookings Institution Press, 1977.

[2] D. Kirstin Maxwell, "Gated Communities: Selling the Good Life", *Art & Antiques*, 2004, 46 (1): 1-5.

[3] Patricia Hill Collins, "The New Politics of Community", *American Sociological Review*, 2010, 75 (1): 7-30.

[4] Georjeanna Wilson-Doenges, "An Exploration of Sense of Community and Fear of Crime in Gated Communities", *Environment and Behavior*, 2000, 32 (5): 597-611.

区中的体验，社会被分类地放到不同区域中去。封闭社区意味着特定地点在观念上生成（the making of places），是国家、市场与消费者共同创造的产物。通过封闭社区，政府也能够更有效地治理不同的人群。

（二）移民社区

移民往往在移入地国家重建成相对同质的社区，也与移出地国家有紧密联系。移民聚居社区是移民社会学和社区研究中很典型的研究类别，社区中体现了主流文化对移民族群的同化或排斥、移民族群的适应以及面对主流文化的冲突等。

学界一般认为，移民社区对移民融入当地社会有极其重要的作用：一方面是主流社会对移民群体的同化，另一方面是移民群体的主动适应。北美学者在20世纪后期充分运用经济社会学中社会网络、社会资本等理论概念和方法研究移民社区，发现移民社区内部生成的社会支持有助于第二代移民实现上向社会流动、构建新的文化认同和身份认同[1]；族裔经济作为主体经济的一种补充构成，对族裔移民不但具有经济效应而且也具有社会效应[2]。适应不等于完全同化。少数族群在维持自身文化的基础上，以独特的形式适应社会的发展。布朗（Tamara Mose Brown）对布鲁克林社区中从西印度群岛来的保姆进行民族志研究，揭示了他们对社区和社会世界的构建，生动地描绘了人们跟地点之间的关系。

移民社区同样呈现出多样性。由于移民需要在主流社会生存发展，需要采取多元化适应策略，因此移民社区的多样性和差异性甚至比其他类型的社区更显著。在移民社区中，排斥往往来自族群之外，也有来自移民族群本身的自我排斥。学者采用民族志研究方法，对香港低收入的巴基斯坦家庭进行口述研究，发现香港人对某些特定少数族群抱有仇外心理，体现为香港人称呼印巴人为"阿叉"。对巴基斯坦个人和家庭种族主义的影响直接与各种微观、中观和宏观的歧视相关，巴基斯坦人在香港受到了多重压迫。这反过来影响了巴基斯坦人的人际关系、对社区的态度，以及社会工作者的回应和相关的社会政策和法律。[3] 但另外一个研究指出，移民群体为了保持自身的文化，往往采取极端的自我排斥及边缘化的方式。这个研究关注俄亥俄州霍姆郡

---

[1] A. Portes, "Immigration and its Aftermath", In: Portes ed., *The New Second Generation*, New York: Russell Sage Foundation, 1998.

[2] Ivan Light, Carolyn Rosenstein, "Expanding the Interaction theory of Entrepenuership", In: Portes ed., *The Economic Sociology of Immigration*, New York: Russell Sage Foundation, 1997.

[3] Sara Ashencaen Crabtree, Hung Wong, "'Ah Cha'! The Racial Discrimination of Pakistani Minority Communities in Hong Kong: An Analysis of Multiple, Intersecting Oppressions", *The British Journal of Social Work*, 2013, 43 (5): 945–963.

(Holmes County, Ohio) 的阿米什人 (the Amish) 的聚居点，他们的论点是这个特殊的群体正在经历前所未有和复杂的变迁过程，这个过程为社区内外的文化和经济力量所驱动。这个阿米什人的聚居点的特征之一是他们内部的差异性。由于对文化同化抵制程度的不同意见，内部的教会分裂活动导致了在这个聚居区内有至少三个明显的阿门宗派从属教会：在最低一端的是"Swartzendruber Amish"，这个教会跟现代化的妥协最少，如避免使用市内管道系统和拒绝用电；在较高一端的是新秩序阿米什教会（"New Order Amish"），允许使用电话和发电机等；在中间层次的为旧秩序阿米什教会（"Old Order Amish"），他们只允许在商店或仓库使用电话或传真，以提高便利性。所有群体都拒绝使用汽车。在服饰上不易察觉的不同也将他们分成不同群体，在外人看来很小的差异，但对阿米什人来说有着实质重要性的符号边界。虽然他们可能住在同一个地方，但他们不会在一起礼拜，也不通婚。阿米什人的一个明显的变迁是劳作方式的变化。他们以往都是从事农业生产，但到了2005年只有不到10%的人从事农业生产。由于他们要跟外界有更多的接触，为了保存他们的文化，阿米什人开始将孩子送往阿门教区学校，而非公立学校。另外一个极大的变迁来自医疗方面。传统阿米什人拒绝教徒参与医疗保障计划等，他们只能通过互济金、非正式的募捐等获得现金的支持。但现在由于政府的强制，有些工人已经开始接受企业的健康保险。①

20世纪90年代以来，学界提出"跨国主义"的概念来概述移民聚集地的新模式，强调移民社区对移民输出地国家的发展效应。北美学者等发现移民经常通过组织参与到他们的故乡生活中，有组织的跨国主义对加强族群社区的基础社区和符号系统起了作用，并提高了有利于加强移民合作的资源产生的社区能力，进而提出了解释跨国主义和中国移民族群在美国的社区建设之间关系的分析框架。②

（三）虚拟社区

自20世纪80年代中以来，个人电脑的使用越来越普及，尤其是互联网技术不断改善，使互联网通讯逐渐成为重要的日常联络形式。进入新世纪之后，移动电话的集成技术应用迅速发展，使原本已经普及的移动电话和互联网应用连接起来，借助互联网的移动电话沟通方式开始取代个人电脑沟通方式，成为城市人最普遍、最重要的日常沟通互动方式。

---

① Robert Brenneman, "Reviewed Work: *An Amish Paradox: Diversity and Change in the World's Largest Amish Community*, by Charles E. Hurst and David L. McConnell", *American Journal of Sociology*, 2011, 116 (4): 1388 – 1390.

② Zhou Min, Lee Rennie, "Transnationalism and Community Building: Chinese Immigrant Organizations in the United States", *Annals of the American Academy of Political and Social Science*, 2013, 647 (1): 22 – 49.

互联网沟通方式也深刻改变了社会结构与过程。面对面的传统互动方式越来越让位于不见面的沟通互动，新的社会群体、组织甚至社会运动也逐渐通过互联网产生出来。社会学把这种新兴的以互联网为载体的社会网络称为"虚拟社区（virtual community）"。

虚拟社区是以互联网和电脑、移动电话等现代通讯技术为载体，由具有共同兴趣（主题）的个人组成的日常沟通互动"群"。最早研究虚拟社区的社会学者是那些从事社会网络研究的学者。韦尔曼、沙珍妮（Janet Salaff）等北美学者在1996年发表论文，提起学界需要重视对虚拟社区——电脑支持社会网（computer-supported social networks，CSSNs）的研究。他们指出，CSSNs具有社会网络的全部特点，能够提供信息和社会支持，其关系特征也包括强关系和弱关系。[1] 林南于2001年出版的《社会资本：社会结构和行动的理论》使用问卷数据资料对虚拟社区进行了测量，发现虚拟社区在信息传递和社会支持两方面的功能都很强。林南以此回应普特南（Robert D. Putnam）提出的论断：由于美国人独自在家的时间多于出外交朋友的时间，导致美国社会资本下降；林南则认为互联网已经为不喜欢外出的美国人提供了一个在家交朋友的平台，互联网的兴起没有削弱而是增强了美国人的社会资本。[2]

基于90年代中期的实证资料，韦尔曼等人认为CSSNs是现实社会网络延伸的结果。但是其后各种群体在互联网出现，尤其是以讨论话题来聚集成员的讨论"群"的生成，使虚拟社区不再是原有个人社会关系的简单延伸。这种主题讨论网在21世纪初大量兴起，大有在日常生活中取代面对面互动的个人社会网的趋势。线上（网上）主题群落呈现出和线下社会网不同的特征。

其一，隐含性。一般社会结构特征如阶级分层、身份认同、族群与歧视等在虚拟社区中隐含于"群"的主题之中，而不是直接表现出来。起初社会学家以为线上"世界是平的"，因为在互联网上不可能反映任何物理上的身体特征，因此根据身体特征来进行社会分类是不存在的。但是当前大量线上群落显示出，在虚拟社区中划分人们的种族、性别等不是根据外部特征，而是根据他们对于相关问题的思想、观点和态度，与现实社区中一样，虚拟社区也存在着种族身份、阶级分层等结构。[3]

其二，匿名性。线上的个人信息一般是个人自愿提供的，个人能够按照自己的意图和喜好来筛选信息。许多人正是由于偏好这种匿名性而加入虚拟社区。即使个人愿

---

[1] Barry Wellman, et al., "Computer Networks as Social Networks: Collaborative Work, Telework and Virtual Community", *Annual Review of Sociology*, 1996, 22: 213–238.

[2] Lin Nan, *Social Capital: A Theory of Social Structure and Action*, New York: Cambridge University Press, 2001. （中译本于2003年由上海人民出版社出版）

[3] Byron Burkhalter, "Reading Race Online: Discovering Racial Identity in Usenet Discussions", In: Peter Kollock & Marc A. Smith eds., *Communities in Cyberspace*, London and New York: Routledge, 1999.

意使用真实身份加入"群"（登记实名制），对于其他成员来说其真实性以及其他信息仍然难以查核。所以严格来说，成员之间虽然经常互动，相对于线下社区仍然信息不足。

其三，社会补偿效应。由于网上联络便捷，不排斥匿名，许多人更偏好网上交往。同时，网络具有巨大的知识共享和快速的信息传递能力，能够不同程度地为个人线下交往的困难提供辅助条件，因此虚拟社区具有社会补偿效应。[①] 网上发起的社会运动是非常典型的例子。随着面对面社会互动被日益碎片化的社会所削弱，依托传统社会组织发动社会运动的方式越来越难成功；但与此同时，网上发动社会运动的发生频率越来越高，成功率也越来越高。由此足以见到互联网使结社和社会运动转变了形式。

虽然互联网技术研究领域已经发展出不少虚拟社区的技术分析方法和模型[②]，但是对虚拟社区的社会学分析却进展较慢，尚有许多重要论题（如网络治理等）有待推进。

二、社区治理

社区是居住的场所，同时，社区也是国家的治理单元。学者们提出，从治理的角度来看，社区本身是一种政治构建，同时也是治理实践的场域。学者们探索了社区作为政治构建用于再思考权力和政治行为的互动系统的有效性，社区的构建对于多种权力关系来说都是核心的。社会团体运用社区概念作为证实、认同化和政治表达的站点。解放运动运用社区语言作为挑战社会不平等的强力工具。社区构建具有以下几个特征：第一，美国充斥着社区的语言，使社区构建在日常或精英的知识中无处不在；第二，社区的构建是多面的、可塑的，并且容易使用；第三，社区的构建拥有各种多变的、矛盾的意义，反映了弹性和冲突的社会实践；第四，社区的概念催化出强烈的、深刻的感情，推动人们去行动；第五，社区的构建是人们组织和体验社会不平等的核心。[③]

西方学者对中国邻里中权力的日常生活实践进行研究，聚焦于公民和居民如何成为社区和行政管理单元的成员：一方面，由于居民的认同、共同的利益，网络和社区纽带被逐步生产出来；另一方面，各种治理手段（如居民委员会等）在社区中也逐

---

① 黄荣贵等：《互联网对社会资本的影响：一项基于网上活动的实证研究》，《江海学刊》2013 年第 1 期。
② 赵捧未等：《虚拟社区研究综述》，《情报理论与实践》2013 年第 7 期。
③ Patricia Hill Collins, "The New Politics of Community", *American Sociological Review*, 2010, 75 (1): 7 - 30.

步渗透。各种国家统治的策略再生产出社区的政治共识,设定国家和社会之间互动的边界,也制造出公民。因此,社区是公民和国家之间协商的场域。①

20世纪末期以来,社会学、社会政策、政治学等多学科参与到社区治理的讨论中。相对于以往强调社区是自发形成、发展,以自然意志等为基础的共同体,现阶段社区更加强调作为一个治理的概念,在公共政策中体现为一种自上而下的视角,关注社区动员及参与。

国家主导的社区治理和社区发展往往是自上而下的。学者对南非的社区发展进行研究发现,在过去若干年中,南非存在着国家主导的社区工作和社区发展方案,这些社区计划是为了应对来自社区对失业、公共服务失效和暴力事件增多的抗议。居民和社区工作者在学习如何进行政治协商,改善他们的政治素养,并探索社区发展的整体推进的方式。②

在现有的公共政策中,各国开始逐步强调社区的视角,将自上而下的社区治理转向社区的培育和发展。社区治理强调政策落实、公共服务的供给等。现阶段的政策已经将社区概念加入公共服务之中,这意味着:①跟公共联系在一起:描述一线工作人员的方式。②支持:在社区中提供经济上或其他资源给组织。③区位:在邻里中提供服务,而非在一个中心化的办公室中;工作人员在特定区域中工作;在家中照顾服务使用者,而非在机构中。④外展服务:到人们家中或一些本地的聚集场所中提供服务。⑤协调性:在一个区域中协调不同的主体进行合作。⑥协商:跟社区中的人们和组织进行商讨。⑦分权:调动社区中的人们参与到本地服务的管理中来。③

在欧洲,邻里被置于增强社会融入、减少社会排斥的中心,邻里更新和社区参与是英国工党政府都市政策的核心框架。英国的社区新政(New Deal for Communities,NDC)伙伴关系确实提高了女性参与社区治理的程度,也包括一些少数族群的参与。一些学者认为现行的政策不稳定而且颇有争议,他们对英国邻里治安、减少犯罪和合作的政策发展进行了检视,新近的政策强调社区参与和合作是相当重要的。但是,政策中的张力持续存在,达成政策业绩的需求与社区导向的工作进一步分离。社区治安和社区发展计划(CDRP)要求"新的""改革的"治安官员同时作为本地专家说客

---

① Luigi Tomba, *The Government Next Door: Neighborhood Politics in Urban China*, New York: Cornell University Press, 2014.
② Peter Westoby, Lucius Botes, "'I Work with the Community, Not the Parties!' The Political and Practical Dilemmas of South Africa's State-Employed Community Development Workers", *The British Journal of Social Work*, 2013, 43 (7): 1294-1311.
③ Marilyn Taylor, Alan Barr & Alison West, *Signposts to Community Development*, Community Development Foundation, 2001.

和危机沟通者。①

参与（involvement）已经成为治理中一个很重要的话题。通过对澳大利亚农村社区的民族志研究，学者指出作为参与政策核心的社区机构的本质，认为参与式治理并非多元主体参与的单一过程，而是多种治理方式的并列使用；政府不单单重视社区在治理中的价值，也需要认识到多元社区在实践中发挥作用的方式。② 在强调参与的社区治理中，社区代表组织起着协调不同利益群体、公民和精英的关键角色。同时，不同社区主体的社区能力也需要进一步培育，强调公私伙伴关系和基层社区的赋权等。

术 语 解 释

连续统（continum）：两端由无数中间点连接在一起的一个统一体。

大众社会（mass society）：一种标准化的、同性质的、种族阶级分野不明显的社会。

思 考 题

1. 社区是什么？
2. 举出一个社区实例，说明它的要素。
3. 滕尼斯的社区理论的主要观点是什么？
4. 新中国成立前我国在社区研究方面做过哪些工作？
5. 社区的发展出现了哪些新类型？
6. 社区治理对中国城市社会的研究和实践有什么意义？

---

① Gordon Hughes, Michael Rowe, "Neighbourhood Policing and Community Safety: Researching the Instabilities of the Local Governance of Crime, Disorder and Security in Contemporary UK", *Criminology & Criminal Justice: An International Journal*, 2007, 7 (4): 317–346.

② Robyn Eversole, "Community Agency and Community Engagement: Re-theorising Participation in Governance", *Journal of Public Policy*, 2011, 31 (1): 51–71.

第二章　社区的静态系统

社区的静态系统是指社区的静态结构，它是自然环境、人口、组织与文化共同组成的复合体。我们所看到的社区景观，都是这四要素相互作用的结果。特定的自然环境和人口相结合，产生了特定的生产和生活方式；围绕这种生产和生活方式，形成了特定的社区组织结构和文化。

在中国，江南水乡和黄土高原农村都属于农业区，自古以来都发展了完整的农业文明；但这两种社区，其四要素的质和量及构成方式是不同的。江南水乡河渠纵横，土地肥沃，人口稠密，得天独厚的自然环境与成熟的水稻耕作方式使这里的居民丰衣足食，世代繁衍，很少迁移；社区中最突出的群体是宗族，它是一种独特的社会组织和文化群落，具有明确的职责分工、工作日程、家族规范伦理与全体成员共享的公共设施；社区的文化则充分反映为儒家的忠孝、佛家的知天乐命，以及唐宋文人飘逸、淡雅的审美观。黄土高原农村社区的自然环境则比较恶劣，气候造成的旱涝不定、黄河无情的冲刷及土地的过度使用，使社区居民难以安居；经常的迁徙使社区难以形成大家族一类的稳定群体，其社区文化除反映了忠孝、知足观念之外，更渗透了高原人与自然环境抗争的刻苦耐劳、坚韧不拔的素质。

如果我们把农业社区和牧业社区作比较，那么社区要素结合方式的差异就更为明显。因此，社区要素的特点和关系构成了社区的特定结构，把握了这个结构，就把握了社区及其运动机制。

第一节　社区的生态系统

一、自然环境与社区

从地图上看，社区都是一个个特定的地域聚落，是人类在与自然环境的相互作用中形成的人文地理系统。因此，自然环境是影响社区存在与发展的基本因素。

社区的自然环境包括地理条件和资源条件两方面。地理条件是指社区的地理位置、地貌、水文、气候、动植物等；资源条件包括人类用以作为生产资料的资源的储量分布和价值，如土地、水及矿产等。社区的地理条件和资源条件决定了社区的地位和发展前途。

（一）地理与社区

地理位置、地形、地貌对社区有巨大的影响。社区的空间坐落决定了社区的方位和相对位置。在位置适中、交通方便的地区，社区发展最快，某些处于水陆交通要道的社区则更具有政治上和军事上的战略意义。如我国的武汉、天津、成都等，在历史上不仅一直保持其兴旺的发展，而且常常成为兵家必争之地。在那些位于边远山区、远离交通要道的地方，社区发育就比较迟缓。

地理位置对社区的影响，可以在社区区位结构中反映出来。例如，位于交通要塞的社区，其交通运输业必然占有重要的地位，为交通运输业服务的人员、资金、组织等在社区中所占的比例较其他行业为高；那些具有战略意义的社区，在历史上为了防御侵略、保护领地而筑有城墙和濠沟等，在今天的城市中，仍可找到这些设施的遗迹。

地形的差异也影响社区的区位结构。我国是一个幅员辽阔、地形多样、人口众多的国家，广大的平原、山区、高原、丘陵和谷地都有人群活动。在地形平坦的地区，集中了大部分的人口，如三江平原、华北平原、长江中下游平原和珠江三角洲平原等四大平原，人烟稠密，社区发展历史悠久。这些社区区位结构多呈放射状，这是由于平原区环境较好，各社区联系频繁，发达社的影响力强并得以广泛传播，逐渐成为这一地域的中心。在山区、丘陵和高原，由于地形起伏较大，许多社区往往依山傍水而立；有些社区因受地势和水道的影响而呈条状、带状等。这是由于这些地区环境较差，必须充分利用地形特点，才能保证社区生存，前者如宝鸡市、西安市，后者如兰州市、西宁市等。根据地形的特点，人们常把社区分为山村、平原村、山城、平原城、高地城等。

地貌的类型对社区的形成与分布有较大影响。在沙漠、戈壁、冰川、极地等地带很难形成密集型社区。河流的三角洲、沿海平原则是形成社区的理想环境。在一些水网密集，濒临大江、大河、大湖的低洼地带，由于易于造成洪涝灾害，常迫使社区迁移到高地。另外，在存在滑坡、地震、火山喷发危险的地带，也不利于社区的存在和发展。如1925年，四川南沱一个镇曾因岩体滑落而遭到灭顶之灾；1983年，甘肃省三个村落曾在岩体大面积活动中覆灭；2008年发生的汶川地震，对四川映秀、北川一带的社区造成了毁灭性的破坏。

但是，人在自然力面前不是消极适应的，人类的生产和生活时时在改变自然环境。所有社区中都存在着人力作用产生的人工环境，如建筑物、水利工程、开垦的农田和梯田等。人工造成的地貌现象具有不可逆性，一经形成后便与自然地貌一起组合在自然系统中。随着人们认识自然和改造自然的能力增强，自然环境打上人工的烙印就愈益明显。社区是自然环境和人工环境契合的产物，而人工环境的特征在城市等发达社区得到特别充分的体现。

气候是气温、雨量、风向等因素的综合反映，它们共同对社区发生影响。各社区这些因素的差异，形成社区区位结构、自然景观、经济结构和居民生活的差异。

我国气候带的跨度大（表2-1），使各地的自然景观和区位结构不同（比如，在冬季，我国北方许多城乡积雪封冻，华南许多城乡则温暖如春），社区的人文景观与居民的生活方式也有较大差别。

表2-1 2014年我国不同气候主要城市的气温、降水量、日照时数和相对湿度

单位：℃、毫米、小时、%

时间	项目	哈尔滨	上海	广州	拉萨	乌鲁木齐
全年	平均气温	5.1	17.0	21.7	9.4	7.4
	降水量	415.8	1295.3	2234.0	637.8	297.0
	日照时数	2055.4	1612.0	1613.6	3053.5	2986.9
	相对湿度	63	73	99	36	54
1月	平均气温	-18.3	6.8	13.0	—	-10.9
	降水量	0.8	19.8	0.7	1.2	8.2
	日照时数	129.6	161.2	187.0	263.7	139.7
	相对湿度	65	70	70	24	78
7月	平均气温	23.1	27.4	28.9	16.4	24.3
	降水量	115.5	192.2	199.8	258.9	21.3
	日照时数	159.6	129.4	210.5	206.7	325.58
	相对湿度	73	81	80	62	37

资料来源：《中国统计年鉴（2015年）》，中国统计出版社2015年版。

属于东南亚热带的珠江三角洲，全年平均气温为20~22℃，活动积温为6500~7600℃，平均降雨量大都在1700毫米左右，而且主要集中在农作物的生长期。良好的雨量和温度条件使这里成为我国重要的商品粮、甘蔗、蚕丝、淡水水产的基地，中

小城镇社区星罗棋布，它们大都依珠江水系、海滨和交通枢纽分布。早在20世纪20年代初，这里的人口密度就高达700~800人/平方公里，个别地区超过1000人/平方公里。发达的农业和优越的环境为轻纺工业和商贸的发展提供了条件。1979年以后，珠江三角洲领先于全国试行市场化改革，在宽松的制度环境下，市场力量得以发挥，使珠江三角洲经济持续增长，已经迅速成为华南经济最发达的地区之一。[①] 表2-2是珠江三角洲经济区主要的经济指标，显示了珠江三角洲经济区强大的综合实力。进入21世纪，珠江三角洲从景观到产业都发生了根本性变化，1980年以前仍然是自然村落的乡村社区，基本上已经变为工业区或商贸区，乡村人从身份到生活方式都转变为城镇人。在珠江三角洲的城市，往日数十年未变格局的居民居住区，大部分已经重新改造变为新城区，大部分城市居民搬入以新物业管理方式经营的住宅小区居住，邻里关系完全改变。

表2-2 珠江三角洲经济区主要经济指标

指标	2004年	2014年
年末常住总人口/万人	2451.34	5763.38
城镇人口/万人	3516.06	4848.41
年末从业人员数/万人	2492.27	3845.25
地区生产总值/亿元	15337.34	575650.22
人均生产总值/元	34495	100448
全社会固定资产投资额/亿元	4515.27	17542.28
社会消费品零售总额/亿元	5006.86	20655.78
外贸出口总额/亿美元	1324.44	6137.68
实际外商直接投资额/亿美元	90.16	248.61
地方财政一般预算收入/亿元	930.99	5375.37
地方财政一般预算支出/亿元	1234.13	5973.23
城乡居民储蓄存款年末余额/亿元	12860.44	40567.69

资料来源：《广东统计年鉴（2005年）》，中国统计出版社2006年版；《广东统计年鉴（2015年）》，中国统计出版社2016年版。

青海省地处青藏高原东北部，昆仑山横贯全省，唐古拉山、阿尔金山、祁连山为

---

① 参见林初升著：《广州城市》，广东人民出版社1986年版，第1~2页。

南北屏障，境内群山绵延，冰峰林立，河流纵横，湖泊众多，长江、黄河、澜沧江均发源于此，有"江河源头"之称。全省地域辽阔。2015 年，全省耕地面积 58.8 万公顷，占土地面积的 0.8%；林地面积 67.7 万公顷，占土地面积的 0.9%；草地面积 4210.08 万公顷，其中可利用草地面积 4081.46 万公顷，占全省土地面积的 55.5%。水资源总量为 611.23 亿立方米，居全国第 15 位；难以利用的土地占 30% 多。截至 2015 年末，全省总人口为 588.43 万人，其中少数民族人口占 47.71%。与广东省的珠江三角洲地区相比，青海省的自然环境显著不同。21 世纪以前，青海省基于自然资源条件，产业发展以采矿及初加工业、农牧业为特色，形成了具有特色优势的畜牧、粮油、食用菌和中药材等经济作物带和产业带。21 世纪以后，青海省跟随全国的发展趋势加快工业化和城镇化，利用土地广阔、日照时间长的自然条件，发展以太阳能光伏产业为主的新特色产业，2015 年第一、二、三产业增加值占 GDP 的比重分别为 8.6%、50.0% 和 41.4%，原来的经济产业结构已经发生显著变化。随着经济生态的改变，青海省境内涌现出越来越多的新兴的城镇社区，相对来说，原有从事牧业、农业的乡村社区则逐渐减少。

对于那些依靠自然资源生存、抗御自然灾害能力差、生产力低下的社区来说，气候影响更大。天时地利、风调雨顺的年份，则五谷丰登，人畜兴旺；但在气候恶劣、旱涝袭击的时节，则颗粒难收，生产萧条。我国农业生产技术水平仍然较低，气候对农业生产的制约程度十分明显。水旱灾、风雹、霜冻等自然灾害都会使农作物产量比常年减少。城市由于较少直接依赖于自然，因此受到气候的影响相对较少。气候通过直接影响农业生产使城市的生产资料和生活资料供应不稳定，而间接影响城市。另外，风向对城市的区位结构也有影响。城市必须根据盛行的风向来规划工业区和居民区，一般是工业区位于盛行风的下风向，居民区位于盛行风的上风向。

气候对社区的影响不是决定性的，人类可以根据自然规律改变社区环境。但这种改变可能是正面的，也可能是负面的。例如，在雨量多的地方，社区居民修建了泄洪排灌工程；在雨水较少的地方，居民则创造了引水灌溉、挖取地下水、修水库蓄水、人工降雨等形式。由于城市建筑物密集，水泥和柏油组成的路面使地面的吸水、吸热能力减弱，再加上生产和生活过程中释放的大量热能，结果导致市区温度比四周郊区高，这种现象称为城市"热岛效应"。当这种现象出现后，市区气流上升并转为水平运动，下沉后与郊区向城市补充的气流结合在一起，形成酸雨现象。这些都使城市正常的气流循环和气温扩散发生改变，形成社区的"人工气候"。

（二）资源与社区

资源是一个外延很广的概念，凡能为人类直接或间接利用，作为生产和生活资料的自然物及部分人造物，均可称为资源。显而易见，资源包括自然资源和人文资源两部分，前者如土地、水、动植物及矿产等，后者如文物、园林、古迹等。资源的储量、种类和分布直接影响社区的兴衰。富足的资源是产生社区的重要因素，社区居民对资源的开发和利用则体现了社区居民对自然条件的反作用。因此，这一部分内容也是从另一个角度——社区对自然环境的影响说明社区与自然环境的关系。

正如马克思所说，"人民离不开自然的手，就像小孩离不开学行带一样。资源的结构，自然产品的多样性，促使他们的需要、能力、劳动方式趋于多样化"①。自然资源在很大程度上制约着人类，从人类社区的发展来看，早期的人类社区，居民所用的主要是生物资源，靠摘取果实、栽培植物、狩猎或驯养动物、捕捞鱼食、钻木取火等获得生活资源，或使用简单而粗糙的石器、挖土筑巢来改善生活环境。随着居民认识、改造自然环境能力的提高，生产工具的改进，新的资源不断得到开发利用，一度不能征服的水、风、火等变成被广泛利用的能源，人的活动还扩展到太空、海洋等领域。社区正是在其居民适应、认识、利用、改造自然环境的过程中不断进步的。

当然，自然资源的富足并不保证社区必然兴旺发达，社区居民的文化程度、技术水平及组织制度等决定了他们开发利用资源的能力。

土地是社区的承载体，是社区居民生存的基本条件之一。土地的面积、肥力决定着早期社区居民的生活水平和社区的发展速度。在地面平坦、土壤肥沃的地方，河流为两岸的土地带来了丰富的养分和水分，社区成长得最早、发展最快。因此，文明总是诞生在大河两岸和冲积平原上。在我国，黄河两岸的华北平原是开发最早的地区，在那些原始的部落社区里，诞生了灿烂的华夏文化的雏形。而三江平原、长江三角洲、珠江三角洲虽然开发较晚，但在后期却得到了迅速的发展，历久不衰。其原因之一就是这些地方气候温和，土地肥沃，各种农作物都得以迅速生长，人民丰衣足食，为其他行业的建立和发展打下了良好的基础。

社区的存在和发展时刻需要水，离开水，社区的生产和生活就难以维持。人类文化发源于大河流域，与社区对水的严重依赖是分不开的。

在古代，河流对社区发展的影响较大。比如在古埃及，从公元前3200年至公元前323年，共经历30个王朝，历代都城都建立在尼罗河沿岸。在现代，有了先进的交通工具，地区间的交流不断密切，海洋对社区发展的影响就较大。鹿特丹、横滨、香港、上海等城市的例子充分说明了这一点。它们都是在小渔村的基础上发展起来的世界性大都市，现在成为所在国和世界上经济、文化、交通的中心。

水域对社区区位结构产生影响主要表现在社区的地域构成和形状上。例如，长江和汉水把武汉划分成武昌、汉口、汉阳三个不同的功能区域；兰州地处皋兰山麓，沿

---

① 《马克思恩格斯全集》第35卷，人民出版社1976年版，第140页。

黄河成带状发展；沿珠江水系及海滨，珠江三角洲的许多社区成条状延伸和布局。社区的空间布局还要考虑水位的状况，一般要求社区在洪水位标高之上且还要高出0.25米、0.5米和1.5米不等。

水还影响着社区的产业布局。社区在安排产业结构和工业布局时，必须充分考虑水源和水量（表2-3）、水质的实际状况，合理地安排产业结构。在水源充足的地带，除了发展种植业之外，还可以发展水上交通、渔业养殖、旅游等产业。现代城市和现代工业都需要耗用大量的生产和生活用水。因此，必须重视产业布局的合理安排和保护水源。近年来，现代城市不断发展，大型用水企业不断增多，导致许多城市供水不足，被迫抽取地下水来补充。一旦抽取量超过补充回流量，地下水位降低，将会导致地面塌陷、建筑物沉降变形。据测算，上海市地面自1921年开始沉陷，年沉降率2.37厘米，后来增至8.9厘米，有的大厦第一层沉于地平面下；北京地下水采用量超过补给30%，东郊工业区年平均沉降2.3厘米，全市出现四个地下水漏斗区；天津北站23年下沉2米多，最严重地段年沉降18.8厘米。日本东京年下沉1厘米以上的地区达280平方公里，占城市面积的一半，最严重的下沉达10~18厘米；泰国曼谷市中心年均沉降5~10厘米，导致大桥基石下沉、议会大厦倾斜、高层旅馆出现裂缝。[①] 由此可见，不合理运用水资源会引起严重的后果。

表2-3　不同的工业布局对水源的要求

级　别	对水源的要求	日用水量	产业
特大用水企业	紧靠大型水源	20万~50万吨以上	电力、钢铁、有机化工、原子能、石化、氮肥等
大量用水企业	接近丰富或优质水源	2万~10万吨以上	造纸、人造纤维、制糖、印染、制药、有色冶金等
中等用水企业	接近有保证的水源	2万~10万吨	木材、化学、纺织、食品加工、选矿、造煤、重型机械等
小量用水企业	有一定水源	500~1000吨	皮革、橡胶、玻璃、水泥、陶瓷、卷烟、针织、采掘机械等
极少量用水企业	与水源无重大关系		日用品、文教艺术用品、仪器、缝纫、制鞋、印刷等

---

① 李原：《世界城市知识大全》，世界知识出版社1985年版，第163~165页。

矿产资源的开发与现代工业文明有直接的关系。随着工业化向纵深发展，矿产资源对社区的意义越来越明显。在我国，由于工业化起步较晚，矿产资源的开发较晚，利用资源发展起来的社区也主要是在 20 世纪中期才逐渐增多的（如表 2 - 4 所示），但是其开发速度很快。由于自然资源开发而兴起的社区，也会由于自然资源的衰竭而衰落。例如表 2 - 4 中的伊春市，因林业开发而兴起，自 1998 年以后由于森林保护、林业开采量下降等因素影响，其常住人口也相应减少。

表 2 - 4 利用地方资源发展起来的城市

市　名	建成年份	主导产业
东　川	1958	铜矿开采及冶炼业
淮　北	1958	煤炭工业
伊　春	1958	林业
渡　口	1965	钢铁工业

青藏高原的柴达木盆地，盐湖钾、镁矿总储量 553 亿吨，石灰石储量近 1 亿吨，碱矿储量 15.8 万吨，水能蕴藏量约 500 万千瓦，矿区吸引了众多的人口，使这个历史上旷无人烟的地区崛起了一座座新型的利用当地资源发展起来的城市和城镇，如格尔木、察尔汉、锡铁山、鱼卡、大柴旦等。

除了自然资源外，人文资源对社区及其发展来说也是很重要的。许多建立较早，但随着社会的变迁已失去其优越条件的社区，由于充分利用了人文资源，重新恢复了发展的活力，推动了整个社区的发展过程。如西安、北京等城市曾是中国的古都，古迹众多，旅游资源丰富，每年吸引了大批游人，旅游业成为当地重要的产业，也增加了社区的总收入，支持了社区其他行业的建设。人文资源是一种可以再生、不断增殖的资源，成为社区发展越来越重要的条件。在上例中，古迹和园林吸引了游客，旅游业发展起来，增加了社区收入。这部分收入可用于改善社区居民生活，也可通过积累，再投资于旅游业，建设更多更美的现代园林、酒店、游乐场等，吸引更多的游客；或者投资于工业，建设更多的工厂，创造更多的产品。

随着社会的进步和发展，资金和技术已成为土地和水资源以外最重要的资源，也是人类反作用于自然的最有效手段，它可以改变社区的自然环境，从而改变社区的生存条件。印度旁遮普邦著名的"绿色革命"，就是农业技术进步引起农村社区变迁的典型例子。而在中国的北京、天津及其附近地区，由于面临水资源贫乏的危机，因而调动了大量的资金、技术、人力，完成了引滦入津工程，缓和了京津地区用水紧缺的问题，从而对这些社区的生存发展产生了深远的影响。更有说服力的是，高技术时代的来临，使许多原来资源贫乏、人迹罕至的地区变成了现代城市。这些社区发展的起点原是某个或某几个国家的科技研究中心，由于某些具有重大意义的国防科技或应用技术研究成功，吸引了大量技术性企业的建立，研究中心也因此得以扩展，以它为主体建立大学、研究院、高技术工厂、服务中心等，逐渐发展成一个规模相当的现代社区。如美国的硅谷、中国的西昌等，都属于这一类社区。

由此可见，社区对自然环境不仅有消极适应的一面，还有积极创造的一面。随着社会的进步，自然环境再也不是社区生存的唯一主宰了，它为社区成员所开发和利用，创造出新的人文资源，为社区的发展产生持久的推动力。但是，技术不是万能的，人类的活动无论怎样进化，都必须以自然环境为依托，假如对自然的开发和利用破坏了自然界的平衡，将会给社区的生存环境带来灾难性后果。

二、社区的生态平衡

生态平衡一词源自生物学，是指在一定的动植物群落和地理环境中，各种生物物种和非生物条件通过相互制约、转化、补偿、交换等作用，达到一个相对稳定的平衡阶段。人类与自然生态系统之间也存在这种大规模的相互作用。但随着人类生产技术的进步，自然对人类的制约力减弱。多年来，人类为了自身的生存发展，掠夺性地开发和利用自然环境，同时释放出有害的化合物质污染环境。生态平衡逐渐被破坏，最终危及人类。这是生态学家对人类社会的进化提出的严肃课题。

社区的生态平衡指的是在社区较小的范围内，社区成员如何合理地布局产业、合理地开发资源和保护环境，从而达到社区生态系统的良好循环。

从社会学角度研究社区的生态平衡问题的主要学派是芝加哥学派。其代表人物帕克在他所写的一篇文章《人文区位学》[①] 中提出，人类社区与动植物集聚区不同，人通过各种技术装备积极地作用于自然，在这种过程中形成了一套扎根于习惯和传统的制度结构；动植物直接依赖于环境，它们的活动源于本能，没有一定的制度结构对此进行调节和约束。但是人类社区同样需要遵循生态平衡的规律，只有这样，才能保持社区自身的统一和整合。在他看来，人口对资源的压力、战争、饥荒等灾难性的变迁时时在打破社区的平衡，给社区带来灾难性的影响。

社区与周围环境的生态关系中，物质与能量的交换过程是一个动态的过程，遵循新陈代谢、物质循环、能量守恒和转化等自然规律。社区生产和生活中排放出的废气、废水、废渣，滥垦滥采，都会使物质与能量的交换受阻或反向，导致生态系统的调节能力下降、生命和经济损失等。

[①] Robert E. Park, "Human Ecology", *American Journal of Sociology*, 1936, 42 (7): 1-15.

"三废"是造成城市环境恶化的主要原因（如工业废水中有害污染物的主要来源如表2-6所示）。这些污染物必须进行综合利用、回收、处理，另外一部分通过自然净化得以分解和消弭，即利用水土中的溶解性物质、胶体物质及微生物吸收、固定和分解污染物。如果不加处理或排放量超过自然净化能力，则会造成对土地、水域、气候的污染，使环境恶化，危害人体。洛杉矶、伦敦、东京等城市曾发生的烟雾事件就是一例。这些城市生产和生活中排出的碳氢化合物在强烈的阳光作用下生成臭氧、过氧乙酰醋、醛类物等，对人体构成严重危害。1952年5—9月，伦敦发生的烟雾污染事件致死人数估计为400人；1970年7月13日，东京一次光学烟雾事件的受害人数达6000人。[1]

表2-6　工业废水中有害污染物的主要来源

污染物	工业污染源
硫化物	煤气厂、石炼厂、化工厂、染料厂等
氧化物	煤气厂、焦化厂、丙烯厂、电镀厂等
汞、砷化物	农药厂、氯碱厂、玻璃厂、化工厂、涂料厂等
酚	煤气厂、焦化厂、炼油厂、合成树脂厂等
铅、镉化物	冶炼厂、电池厂、油漆厂、电镀厂、化工厂等
磷、氯化物	农药厂等

资料来源：于洪俊、宁越敏著：《城市地理学》，安徽科技出版社1983年版，第168页。

我国环境污染的状况不容忽视。城市是工业群密集的地带，"三废"排放量必须限制在环境容量内，实现生态系统的良性循环过程，否则会引起气候恶化、病菌滋生、氧循环中断等连锁反应，抑制社区生产的发展。因此，按照生态平衡规律安排生产，走生态工业之路是城市社区发展的必由之路。我国近年来环境污染治理投资情况如表2-7所示。

表2-7　我国环境污染治理投资情况（2010—2014年）　　　　单位：亿元

指标	2010年	2011年	2012年	2013年	2014年
环境污染治理投资总额	7612.2	7114.0	8253.5	9037.2	9575.5

---

[1]《中国乡镇企业报》1987年6月5日。

续表 2-7

指 标	2010 年	2011 年	2012 年	2013 年	2014 年
城市环境基础设施建设投资	5182.2	4557.2	5062.7	5223.0	5463.9
燃气	357.9	444.1	551.8	607.9	574.0
集中供热	557.5	593.3	798.1	819.5	763.0
排水	1172.7	971.6	934.1	1055.0	1196.1
园林绿化	2670.6	1991.9	2380.0	2234.9	2338.5
市容环境卫生	423.5	556.2	398.6	505.7	592.2
工业污染治理投资额	397.0	444.4	500.5	849.7	997.7
当年完成环保验收项目环保投资额	2033.0	2112.4	2690.4	2964.5	3113.9
环境污染治理投资总额占国内生产总值比重/%	1.86	1.47	1.55	1.54	1.51

说明：城市环境基础设施建设投资中增加了县城基础设施建设投资。

资料来源：《中国统计年鉴（2015 年）》。

进入 21 世纪以后，环境污染和环境保护成为全球关注论题。科学检测发现，人类活动造成的环境污染已经导致全球气候变暖、两极冰川消融、海平面上升等严重后果。1997 年联合国在日本京都召开"防止地球温暖化京都会议"，通过《京都议定书》。自此全球各国逐渐形成保护环境、减少污染的共识，"绿色"成为一种社会责任。我国也把"节能减排"和环境治理列入各省市经济发展任务当中。许多乡村地区根据实际情况实施退耕还林。许多城市社区也积极组织居民进行植树、绿化环境、垃圾分类等活动，使"绿色"概念深入人心。可以预见，随着人口越来越多，人类对自然环境开发程度越高，绿色生态会成为 21 世纪最持久的论题。

第二节　社区的人口

社区从来不是抽象的名词，它是社会实体（social reality），其中人是构成社区的主体。我们分析社区，当然要以生活在特定制度（文化背景）、特定地域、特定社会关系网络、具有一定数量和质量的社区人口为对象。

一、人口是社区的第一要素

人是社区的基本因素。一个地区建筑了大批房屋而无人居住,自然不能称之为社区。因此,任何社区的存在都以一定数量的人口为前提。我国社会学家赵承信提出:"一个断续增加人口的社区和一个断续减低人口的社区相比较,前者和后者在文化上自然表现出不同的类型和进展。所谓区位和社会结构就是人口、土地与文化三大要素的相互关系而已,故要研究社区生活,非分析人口现象不可。"[1] 人口对社区的重要性体现为人口的增加促进社区的发展,人口的减少带来社区的萎缩。

以人口为中心的社区研究,其分析项目通常包括社区人口的年龄、性别、婚姻、家庭、宗教、语言、职业、教育水平、社会经济地位、社会态度、生理心理健康等变数以及人口的增长与流动等。分析一个社区的人口特质,常有助于了解这个社区的某种人口问题;剖析若干社区由人口特质所形成的社会现象,也有助于社区性质的分类研究。此即人口探究法(the demographic approach)。但以人口特质为中心的社区研究,不探讨社区团体与居民以及它们自身之间的互动问题,对社区的分析就不够深入,因此许多社会学家都曾指出要综合研究人口现象。戴维斯(Kingsley Davis)主张人口学和社会学的学者至少应从下列四个方面考察社区:①研究人口结构变迁与社会经济结构变迁的关系;②研究居民生活态度与社区社会制度的关系;③研究劳动人口与人口结构及社会组织的关系;④研究人口结构与家庭组织的关系。[2] 我国台湾学者徐震认为:"在运用人口探究法时,对于一个社区居民是否具有共同意识与共同兴趣,有无人群观念与团体精神,亦应加以测量和分析。"[3]

二、影响社区的人口因素

从社会学的观点来看,社区的人口现象可从数量、构成、分布和人口素质四个方面进行分析。

(一) 数量

人口数量是指生活在某一时点(统计时点)社区的人数。人口数量与社区规模

---

[1] 赵承信:《社区人口的研究》,《社会学界》1938 年第 10 卷,第 339 页。
[2] Kingsley Davis, "The Urbanization of the Human Population", *Scientific American*, 1965 (9).
[3] 徐震著:《社区发展——方法与研究》,(台北)中国文化大学出版部 1985 年版,第 150 页。

和人口密度相关,因此人口数量"也在数量上代表了它可能具有社会角色差异、劳动分工,社会关系的纷繁复杂,对越轨容忍程度以及价值和兴趣的多样性",而且"它对于交往的需要、权力链,以及交换的规模、范围和种类,都是一个基本的因素"。[①] 人口的数量因出生、死亡和移动而变动。人口数量不同的社区,其社会体系结构的复杂程度、社会和经济分化的程度、劳动分工的精细程度、社区的物质设施和公共服务机构的规模和密度、日常生活中人们交往的频率、团体关系、对资源(自然的和社会的)的需求等,也都迥然不同。不同人口规模的社区,社会秩序、社会控制手段、社会变迁的特点(速度、方向、原因、过程)甚至居民的发展心态也都不同。人烟稀少的乡村社区与人口密度很高的城市社区各种社会特征都不同。

出生、死亡和迁移三个因素直接影响人口数量。"出生的后果有助于社区人口正方向的增长,死亡的结果有助于人口的负增长。移动对人口增长的影响正反不定,视移入人口与移出人口何者为多而定。"[②] 人口学指出,出生与死亡的相对比率不仅仅受生物规律所支配,而且受婚姻制度、家庭制度、生育态度、风俗习惯、社会经济水平以及宗教特性和法规所影响。近代人口迅速增长的模式被称为"人口转变",意即人口状况从高出生率和高死亡率转变为低出生率和低死亡率,这种转变在许多社区里都出现过。这个转变过程有三个典型阶段,与工业化、都市化和文化教育的普及有关:①高增长潜在阶段,即高生育率与高死亡率阶段;②转变的增长阶段,即死亡率下降与高或中生育率阶段;③开始下降阶段,即低生育率和低死亡率阶段。[③] 人口生育率还会受经济、社会的发展和政治趋势、人口政策、生育的社会态度等因素的影响而短期波动。20 世纪三四十年代中国各社区人口出生率普遍高,死亡率也高,且平均预期寿命低。至八九十年代,生育方式已由早婚、早育、密育和多育的模式转向晚婚、晚育、稀育、少育的模式,人口死亡率也大幅降低。

在人口增长的所有成因中,迁移是最复杂的一种。它是一种社会变迁的重要因素。繁荣的地区吸引外来的移民,导致社区扩张;萧条的地区流失居民,导致社区萎缩。人口社会学对人口迁移的解释有多种。其中,推拉理论强调迁移的情景取向,并假定对于移民来说移出地和移入地之间存在差距。迁移被视为原居地之推力与目的地之拉力相互作用的结果。索维(A. Sauvy)认为,"拉的因素包括良好的就业机会、较高待遇、特别教育和训练的机会、较好的环境与生活条件、投入新的活动及环境或人为的诱惑等等"[④]。李氏(E. S. Lee)认为每个迁移的决定会涉及四种一般因素:

---

① 徐震著:《社区发展——方法与研究》,第 307 页。
② 蔡宏进著:《社区原理》,三民书局 1994 年版,第 100 页。
③ 裘德·马特拉斯著:《人口社会学导论》,方时壮、汪念椰译,中山大学出版社 1988 年版,第 37~38 页。
④ Everett S. Lee, "A Theory of Migration", *Demography*, 1966, 3 (1): 47-57.

①居住地的正负因素；②目的地的正负因素；③中间障碍；④个人因素（社会的、经济的、心理的）。① 人口学的推拉理论认为人口流动均基于改善生活的期望。对于人们来说，城市具有更多改善生活、发展自我的可能性，乡村则较少这种可能性，因此城市具有对人口的吸引力，乡村则具有外推力。城乡之间在生产方式、生活环境、公共设施供给等方面都存在差异，对于个人来说，这些差异体现为工作机会、教育机会、薪酬水平和公共福利与生活便利性的差异。这种差异构成城乡之间的推力—拉力，促使人口流动。乡村生产活动往往因为受制于自然环境或气候条件，不容易扩张，导致劳动力过剩和低工资；城市由于产业聚集和人口聚集，产生对各种各样劳动力的巨大需求。城乡之间在工作机会、创业机会、收入水平、个人可获得的专业服务和可使用的公共设施等方面形成显著差距，构成城乡人口流动的推力—拉力。

城乡之间往往存在发展差距，城市的公共设施通常较乡村更好，在经济因素的影响下，城市容易聚集各种人才与资源，成为各种文化潮流的创生地。不少学科的城市研究均视城市为"文明""开发"和"现代"的象征。相对于乡村，城市以更高素质的教育机构、各种时尚和多元化的生活方式吸引乡村人口。尤其是在资本主义全球化语境中，乡村被描述为传统、落后、衰败的象征，城市被描述为现代、先进、繁荣的象征。对于年轻一代来说，从乡村到城市的迁移不仅是寻求经济机会，也是一种生活的历险。在中国许多乡村，进城打工被青少年称为"见世面"。社会网络也是一种影响人口迁移的社会力，早期移民在城市组成的社团或社区为后来者提供指引和庇护，使城乡迁移往往不受经济机会变化的影响而持续发生。

推拉理论通常用于解释城乡之间、发达国家和不发达国家之间的移民现象。对于相邻或相近社区之间的人口迁移来说，影响因素则比较简单，可能仅仅基于变更居住地点的需要。在当代中国，城市社区和乡村社区之间的人口迁移、城市社区之间的人口迁移都很广泛。前者源于城乡之间的二元结构造成的推力—拉力，后者源于城市改造和城市扩张造成的社区差异。只要有支付能力，人们倾向于寻找有更完善的公共设施和服务、象征更高社会阶层的住宅区居住。2010年以来，中国推行快速城镇化计划，导致城乡之间、城市之间和城市内部不同社区的人口迁移加快。反过来，农村社区往往由于人口减少而产生很多问题，如社区重要人才外流，不利于社区的开发，变迁与建设的速度也趋于缓慢，呈现衰败现象。国家因此而制定"建设社会主义新农村"系列政策，通过精准扶贫、实现全面小康等方式，改善城乡二元结构，使乡村能够发展，留住一定量的人口。

---

① 谢高桥著：《都市人口迁移与社会适应——高雄市个案研究》，（台北）巨流图书公司1981年版，第22页。

(二) 人口构成

人口构成包括多方面的特征，如性别、年龄、种族、国籍、语言构成，以及与此相关的其他方面：婚姻状况、家庭组成、职业类型、阶级阶层划分、民族组成和宗教信仰、教育、消费水平、城乡居住地类型等。出生地、国籍、民族、宗教、语言、种族特性和迁移或居住状况一般称为人口的本源结构。

除自然生育的性别比率之外，社区人口的性别构成也受到战争、迁移等因素的影响。例如近代中国侨乡地区向海外迁移的大多是男性，造成侨乡人口女性比例偏高；相反，当前吸收外来移民的城市工业社区男性比例通常较高。桑德斯（Irwin T. Sanders）还认为战争有降低男性比例的效果。[①]

人口年龄构成也是最重要的人口特征之一，它关系到消费结构、文化教育和公共福利需求。青年社区和老龄社区显示了社区的经济活动、消费需求及文化、娱乐的不同类型：一个老年人口众多的社区对安老服务的需求较大；相反，青年社区对教育和潮流性消费的需求较大。根据年龄可以把人口分成劳动者和非劳动者，就生活水平、投资、发展而言，成年人比例大而受抚养的老人和儿童比例小的社区就处于较有利的发展地位。用人口金字塔方法，按年龄构成特征可以把人口分成三种类型（表2-8）：递增型，静止型，退缩型。中国人口已由1964年的典型的递增型转入递增型与静止型之间，不过基本上还属递增型，人口增长仍在持续。根据年龄的中位数可以把人口分成年轻型、壮年型、老年型三类，其标准通常是中位数在20岁以下为年轻人口，20~30岁为壮年型人口，30岁以上为老年型人口。目前我国的人口类型已由1964年的典型的年轻型转向壮年型，这可从表2-9中反映出来。

表2-8　各年龄组所占人口比重　　　　　　单位:%

年龄/岁	递增型	静止型	退缩型
≤15	40	27	20
16~49	50	50	50
≥50	10	23	30

---

① 桑德斯著：《社区论》，徐震译，（台北）黎明文化事业股份有限公司1982年版，第94页。

表 2-9　第六次全国人口普查人口基本情况

指标	1953 年	1964 年	1982 年	1990 年	2000 年	2010 年
总人口/万人	59435	69458	100818	113368	126583	133972.5
男/万人	30799	35652	51944	58495	65355	68687.7
女/万人	28636	33806	48874	54873	61228	65284.8
性别比	107.56	105.46	106.30	106.60	106.74	105.21
家庭户规模/（人/户）	4.33	4.43	4.41	3.96	3.44	3.10
各年龄组人口/%						
0~14 岁	36.28	40.69	33.59	27.69	22.89	16.6
15~64 岁	59.31	55.75	61.50	66.74	70.15	74.53
65 岁及以上	4.41	3.56	4.91	5.57	6.96	8.89

说明：本表未包括香港、澳门特别行政区及台湾省数据。
资料来源：国务院人口普查办公室、国家统计局人口和就业统计司编：《中国2010年人口普查资料》，中国统计出版社2012年版。

社区人口的婚姻结构（包括单身、已婚、鳏寡或离婚的数量和比率）反映处于家庭当中和家庭以外人口的数量，以及其他相关社会特征如婚姻态度、家庭结构变动趋势、男女寿命变化等。过去较多学者认为，从社区人口的婚姻状况可以透视一个社区婚姻行为和婚姻观念的变化。但是，进入21世纪以后，全球及各国的政治经济状况多变，各国在考虑婚姻家庭生活安排和个人生活安排方面，观念已经出现很多变化，不能简单归类。表2-10所比较的是主要国家人口的婚姻状况。从表中数据看，各国的共同趋势是离婚率趋于上升，但结婚率的升降却不具有一致性。其中，中国和土耳其呈现高结婚率和低离婚率；日本结婚率趋降，离婚率趋升；荷兰结婚率趋降，离婚率趋稳定；俄罗斯则呈现结婚率和离婚率双高。这些国家分别处于不同的经济发展阶段，也具有不同的宗教、社会文化。因此长时期考察婚姻状况时，除了考虑历史、宗教文化与婚姻观念的关系外，也要考虑该地区的经济社会变化的影响。

表 2-10　结婚率与离婚率国际比较

国家	结婚率			离婚率		
	1990 年	2005 年	2012 年	1990 年	2005 年	2012 年
中国	8.2	6.5	9.6	0.7	1.4	1.8
日本	5.8	5.6	5.2	1.3	2.1	2.7
土耳其		9.5	8.0		1.4	1.7

续表 2-10

国家	结婚率			离婚率		
	1990 年	2005 年	2012 年	1990 年	2005 年	2012 年
荷兰	6.4	4.4	4.2	1.9	2.0	2.1
德国		4.7	4.8		2.4	2.2
俄罗斯		7.4	8.5		4.2	4.5
美国		7.6	6.8		2.9	2.8

资料来源：中国国家统计局编：《国际统计年鉴（2015 年）》，中国统计出版社 2016 年版。

社区人口的社会构成指的是人口在不同阶层、文化水平、宗教信仰、收入水平等方面的分布，它反映社区的现有生活水平、文化背景、受教育程度和权力结构及与之相连的互动形式、组织形式和社会问题。例如美国的剑桥大学区集中的是教师、学生和科研人员，社区就呈现一片宁静、协作、勤勉的气氛；曼哈顿区集中了金融界、企业界等专业人士，社区就显现强烈的竞争、拼搏及享乐主义的气氛。

总之，社区的人口构成不仅是社会历史的一种反映，而且还表征了社区将面临的显在的和潜在的社会问题。

（三）人口分布与人口密度

人们在一定的土地或地域聚居，人口分布现象千差万别。有的陆地至今荒无人烟；一些大都市人口稠密区，每平方公里土地上居住着几万到十余万人。邓肯—哥尔兹密德的社会分类法试图说明"人口的增长以及与之相辅相成的经济、技术和社会组织的变化"。表 2-11 即表示不同人口分布的社会类型划分。① 社区的规模较小，但也可以参照该分类法。

表 2-11 邓肯—哥尔兹密德的社会分类法

社 会 类 型	人口规模	人口密度
1. 游移狩猎和采集氏族	很小	低
2. 游移狩猎和采集部落社会	小	低
3. 定居狩猎和采集部落社会	小	中

---

① 裴德·马特拉斯著：《人口社会学导论》，第 63 页。

续表 2-11

社 会 类 型	人口规模	人口密度
4. 牲畜村庄和部落社会	中	中
5. 游牧部落社会	中	低
6. 农业国家社会，含农村和市民社区	大	中
7. 以城市为主的工业国家社会	大	高
8. 都市—大都市社会	很大	很高

社区的人口分布指某一社区体系中人口的自然或地理散布，包括人口的密度、距离、互相交往或与其他社区相联系的方式。可以说，社会结构在时间和空间上总是伴随着人口分布的变化而变化（从表 2-11 可看出）。从小聚落、村庄、镇、城市、大都市到国家，人口分布不仅仅是一系列个人自愿选择的结果，还受经济、政治、文化、科技因素的影响，如生产的发展与布局、商业和其他服务行业的吸引、工资福利水平的差异、国家的人口迁移及生育策略、战争、冲突、科学技术变革、节育和保健水平等。在现代，经济文化因素对人口分布的影响已比地理条件（如气候、地方自然资源等）更重要。

在农业社区，分散居住能使每个成员获得足够的土地以维持生计，农村社区长期孤立、静态的生活"是在谋生与安全之间选择一个折衷办法"[①]。在现代大都市内的社区，人口的分布就十分复杂，由不同职业身份、阶级身份和收入财富形成的区域有富人区、名人区、中产社区、绅士化社区、工薪社区和贫民区等。在不同的区域，其人口的社会构成迥异，包括外在景观布局、产业与职位、生活福利水平、社区文化、人际关系和邻里关系等都不一样。都市社会学家伯吉斯认为都市的一般区位形态乃由各种不同的人口分布与人口活动组成，此种不同人口与活动的分离，犹如树木年轮一般地由中心点（市中心）慢慢地一圈圈地向外扩展，富有的住宅区则离中心都市区较远，这是生存竞争的结果，适者生存，强有力者占据较为优越的地位。这种同心圆理论说明了西方都市社区人口分布的一种形式。随着生产力水平的提高、科技的发展，社区的人口分布受自然界的束缚也愈来愈少。社区人口分布主要受一系列社会、经济、文化因素的制约。不同阶级和阶层、不同种族和宗教信仰、不同教育水平和文化层次、不同经济财富收入、不同职业和趣味的人，可能为了自身群体、组织所追求的主要目标而集聚在一起。

人口分布和密度与社会经济发展有密切关系，人口过疏或过密都对社区的发展不

[①] 阿尔弗雷·索维著：《人口通论》下册，查瑞林等译，商务印书馆 1982 年版，第 258 页。

利。人口规模过大,会产生匿名性、个性异化和群体涣散;人口密度过高,会产生对地方、活动和制度优先权的竞争,形成分化、制度的复杂化,生活水平波动及社会秩序紊乱。① 相反,人口分布区域过大,密度过低,会出现劳动力不足、社区发展的成本加大、社会交往频率低、社会关系疏离等问题。社区人口分布具有惯性的特点,表现为居民在正常情况下,往往不愿意迁往他处,这不仅有经济福利上的原因,还有居住习惯和其他各种文化的、社会的原因。社区的人口分布也具有惰性的一面,表现为一定地域的居民在文化特征、生活方式、语言、行为模式、社会心理、公共福利等方面的排他性、封闭性。

根据胡焕庸先生的研究,中国人口分布的格局明显地显示出东南半壁与西北半壁的重大差别:从东北黑龙江省的瑷珲,向西南到云南省的腾冲划一条直线,位于该线东南的人口占全国人口的94.4%,土地面积则只占全国土地面积的42.9%;该线西北的人口占全国的5.6%,土地面积占全国的57.1%。胡先生从国土资源、历史、生态、经济四个角度将中国人口分布划为八个人口大区,即黄河下游区、辽吉黑区、长江中下游区、东南沿海区、晋陕甘宁区、川黔滇区、蒙新区、青藏区。另外,我国少数民族社区形成的大杂居、小聚居、交错杂居的分布格局,是长期人口频繁迁徙的结果;东南地区人口密集趋势则与经济发展等因素有关。②

(四) 人口素质

社区人口的数量、构成与分布形成社区的基础,决定了社区的存在和规模。但对社区的发展来说,人口的素质则更具有意义。社区的居民如果具有强健的体质、良好的风尚和较高的思想文化水平,社区就具有了更强的生命力。

人口素质包括人口的身体素质和文化素质,其中人口的文化素质是我国面对的重要问题。我国由于普及教育程度不够高、信息沟通慢、大众传播媒介落后,致使社区人口素质改善较慢,特别是边远的社区。但是,自2000年以后,全国基本实施义务教育,各地的人口教育程度普遍上升。例如,第五次人口普查中全国15岁以上文盲人口减少3041.3万人,文盲率从6.72%下降至4.08%;每10万人中具有大专以上教育程度的从3611人上升到8930人。从第五次人口普查的数据来看,各省人口的教育程度差异较大(表2-12)。对许多地区来说,提高人口素质仍然任重道远。社区

---

① 路易斯·沃思:《作为一种生活方式的都市生活》,孙逊、杨剑龙主编:《阅读城市:作为一种生活方式的都市生活》,上海三联书店2007年版,第2~18页。
② 胡焕庸著:《中国八大区人口增长、经济发展的过去与未来》,华东师范大学出版社1986年版,第2、9页。

人口素质的提高对社区的发展有巨大的推动作用,社区决策者应持之以恒地优先保证教育的资源投入。

表2-12 各地区按受教育程度分的人口("五普"数据) 单位:万人

地 区	15岁及以上人口	未上学（或文盲）	小学	初中	高中	大专以上
全国	124254.6	6213.6 (5.0%)	35721.2 (28.7%)	51817.6 (41.7%)	18664.7 (15.0)	11837.5 (9.5%)
河北	5976.1	187.7 (6.1%)	1771.9 (29.6%)	3190.3 (53.4%)	913.2 (15.3%)	524.3 (8.8%)
浙江	4732.8	306.1 (6.5%)	1568.5 (33.1%)	1996.4 (42.2%)	738.1 (15.6%)	507.8 (10.7%)
贵州	2598.2	303.8 (11.7%)	1368.1 (52.6%)	1035.1 (39.8%)	253.0 (9.7%)	183.9 (7.1%)
西藏	227.0	49.0 (21.5%)	109.8 (48.4%)	38.6 (17.0%)	13.1 (5.8%)	16.5 (7.3%)

资料来源:全国第五次人口普查数据,引自国家统计局数据网站。

第三节 社区组织

一、社区组织的意义

组织是指为了一定目的而组成的持续的、固定的人群关系。社区中并存着多种类型的组织,有些组织是大型社会组织中的分支,与社区外的社会系统有着直接的联系,而有些组织的活动范围仅限于社区之内。前者如党团组织、跨国公司分公司等,后者如社区内的商店、学校、俱乐部等。

社区中还有一类组织是社区居民为着动员全社区的人力、物力和财力,预防或解决社区内存在的各种问题,开展社会服务工作,提高社区居民的生活质量而建立起来的,社会学专称它为"社区组织"。例如社区福利组织就属这一类型。这类组织与社区发展有直接关系，将在第三章中详细讨论。

社区是各种组织相互联系、相互作用构成的有机系统。组织在社区中起多种多样的作用，概括起来主要有以下三个方面：

（1）社区中的组织把社区成员以不同的形式组织起来以实现个人往往不能达到或实现的整体功能。组织参与社区活动，能使社区成为一个高度组织化和有序化的有机整体。社区组织也是把个人与外界大社会系统联系起来的重要形式，是社区保持整合和正常运转的必要因素。

（2）组织是个人实现社会化的重要形式。社区是个人社会化的场所，各种组织则是推进个人社会化的具体单位。一个人要从一个"自然人"变成"社会人"，必须学习和掌握多方面的知识和技能，认识和接受现有社会价值观、社会规范、生活方式，了解环境和自己的角色，并把它们内化到自己的言行中去，获得社会成员资格。各类教育组织、企业、机关等则为个体提供了学习生活和工作的场所，它们使个体的适应能力和发展能力不断提高，这些组织的完善与否对个体的社会化产生较大的影响。

（3）组织是社区精神建设不可缺少的手段。不同组织能满足居民不同的精神心理需要，个体在工作和生活中总是追求一定的需要满足和自我实现，组织就是提供满足的场所。此外，在熟悉的相互认同的小圈子与其他人进行思想和情感的交流，可使个体获得一定程度的心理满足。再者，各类文化组织、传播机构可以传播各种新观念、新风范、新的价值观和生活方式，使社区和外界的沟通不断扩大，对社区的思想和文化发展起一定的改善和引导作用。协调社区各种组织，使之有效地发挥作用，是社区教化的重要手段。

因此，社区中组织的研究是社区研究的重要内容。

二、社区组织的类型

社会学家根据组织中的人际关系性质的不同，把社会组织划分为正式组织和非正式组织两种类型。社区中的组织同样可以区分为这两种类型。

社区中的非正式组织一般具有以下特点：①组织的形成比较自然，规模较小；②组织规范比较松弛，对成员的奖罚比较有弹性；③成员之间是亲密的、面对面的互动关系；④成员对组织有较强的认同感。非正式组织按其成员之间的关系可分为初级群体及次级群体。初级群体是指成员之间关系亲密、彼此关心，互动的内容常涵盖了全部人格。次级群体成员之间关系有一定距离，互动的内容只涉及人格的一部分。次级群体通常是建立在共同兴趣的基础之上的。

正式组织的特点是：①具有十分明确的组织目标；②具有严格的规章制度和执行

形式；③有正式的阶层结构和沟通渠道；④成员之间的互动以正式而又片面的方式进行；⑤组织的场地、设备、资源及活动程序也正式而明确。帕森斯（Talcott Parsons）依据正式组织的不同功能，把它们分为四种类型：①经济组织，包括各种实业公司、银行等；②政治组织，指为了保证各社会系统达到自身生存和发展的目的而进行权力分配的组织，如政党及政治团体；③整合组织，主要是调整社会内部关系，维持整个社会秩序的组织，如法院；④模式维持组织，包括教会组织、文化组织、教育组织等，它们是个人与社区之间的桥梁，在社区居民的社会化过程中扮演着重要的角色。社区的正式组织是维持社区正常运作的主要成分，社区中重要的政治、经济活动都在正式组织中进行。因此，正式组织在社区中完成决策过程和决策执行过程，而非正式组织一般来说作为社区运行的辅助组织而起作用。[1]

在传统社区中，生产活动简单，居民之间的互动是面对面的，因此传统社区中组织的结构也比较简单。许多较小的社区依靠非正式组织管理就可以运行，社区中的决策者往往是家长、族长或酋长等。随着社区的发展，人口增加，分工分业加深，社区的活动复杂化，正式组织就会出现，并逐渐掌握社区的决策权。近代社区变迁的特点是社区结构的复杂化和多元化，正式组织的数量也越来越多，规模越来越大，并向科层化发展。由于科层组织的效率高，适应现代技术的发展，因此它在社区中占有越来越重要的地位，以至取代或限制了非正式组织的作用。在现代社区中，科层组织是社区组织构成的主体，掌握着决定社区生存和发展的主要政治力量和经济力量。

三、社区组织管理

社区的组织管理包括三个过程：决策，沟通和控制。这三个过程由组织中不同的部分完成，同时也体现着组织整体活动的全部内容。

（一）决策

决策过程是组织寻求有效途径来解决存在问题的过程。组织的决策者犹如人的大脑，它的作用关系着组织的存在与发展。在较小型的、传统的组织中，由于它所涉及的决策内容比较简单，所处的环境比较简单，因而决策者常是某一个人。在复杂的组织中，组织的决策内容比较复杂，非一个人所能够完满解决，决策者就常由一群人来担任。组织决策必须遵循理性原则，即决策不是依据感情的好恶或个别利益，而是依据组织的整体利益以及有利与否的判断来做出。由于个人难免受非理性因素的影响，

---

[1] 帕森斯著：《现代社会的结构与过程》，梁向阳译，光明日报出版社1988年版，第37~38页。

而且往往因所涉及内容复杂难以独自完成，因此，现代组织一般都采取集体决策的形式。

（二）沟通

沟通是组织行为的核心活动，犹如血液循环对于人体一样的重要。沟通是信息的交换，其畅通与否关系组织上层决策的准确性和下层执行的有效性。沟通包括组织外的信息流通和组织内的信息沟通。从组织内部看，沟通可按其方向分为上下沟通、同层沟通和非正式沟通。上下沟通是从上向下传达指令，下级向上级反映执行情况以及指令的合理性等。在正式组织，特别是科层组织中，各级分工明确，等级森严，因此上下沟通是主要的形式。同层沟通是相同等级之间的信息交换，通过这种交换可以促进不同部门执行计划的优化，共同协调解决困难。组织中的沟通渠道除了按部门划分组成的正规渠道外，还有非正式渠道。它是一种不使用逐级传递的方式而进行的沟通。例如通过联欢会、酒会等，上层直接与下层接触，交换信息。这种方式往往更迅速、直接和准确。

（三）控制

控制是组织约束成员的越轨行为、保证组织各层次正常工作的过程。与社会控制相比，组织控制的特点是片面的和非暴力的。组织控制的内容，只与成员在组织内担任的角色有关，其他在社会或家庭所担任的角色是否胜任，则不在控制之列。控制的手段只能是劝导、指责或开除，而不能使用体罚、拘捕等方式。由于组织所吸收的是目标相同的成员，因此成员有自发控制的基础。当成员个别利益与组织利益不同而出现冲突时，组织采用劝导或制止的方法来控制成员的行为。为了保证有效控制，还要处理好一些技术问题，如一个控制单位的所辖范围不宜过大，控制者也要受全体成员的监督，等等。

由于组织的管理包括决策、沟通和控制三个过程，相应地，组织内部结构也可划分出提供这三种功能的不同部门或层次。在科层组织中，由于每一部门或层次都有相对独立的任务，因此每一部门或层次中同时包含三种功能的结构，以保证各部门的顺利运作。组织管理就是要保证组织有效地完成三大过程，使之在社区中具有竞争力。

四、社区组织体系

随着社会的发展，社区组织的类型越来越复杂，它们基于不同的功能需要和分工而在社区内组合起来。

　　社区组织体系是指社区里存在的各类组织相互联系、相互依存,在功能上相互影响、相互制约而形成的有机体系。从横向角度看,社区内存在着众多性质相近、地位相同的组织群。例如,就经济组织来说,围绕生产、流通、交换、分配及产前产后服务各方面的活动目标而形成的各种组织,它们既相互区别又相互依赖,形成组织体系。另外,这些产业组织还必须和其他组织发生联系,才能保证协调运转。产业组织所需的雇员要由各类教育组织来输送和补给;产业组织欲提高生产率,要求助于科研机构;社区生活服务机构为各类生产组织的雇员提供生活服务;行政机构和政法部门的职能则是依靠法律权力制定一套规则、政策、制度来实施管理,维持生产秩序,协调其他组织的活动。现代社会的发展,促使各组织相互协调、相互依赖,社区组织的有机联系大大增强。那些"孤岛式"的组织由于其前向和后向联系薄弱,最终必将难以立足,甚至瓦解。如果某个环节受阻,协作机制遭到破坏,则会出现局部性的功能失调,并可能引起连锁反应,引起组织乃至社区的波动和震动。

　　从纵向角度来看,我们可以发现社区组织之间存在着地位差异。以隶属关系维系起来的组织体系在社区中共存,形成多层次的结构。社区中常常存在各种部门,如行政、财贸、文教部门等,它们各自形成不同层次的行业体系,保持相对独立。就中国市一级的行政系统来说,市级行政机构下辖区级行政机构,各区之下还设有街道办事处和居民委员会,负责所辖区内的治保、计划生育工作以及核对户籍、组织居民、排解纠纷、生活互助、青少年的教育和管理等工作。下一级隶属于上一级,各级具有一定的管理区域,共同构成城市的行政系统。

　　社区是各种组织间发生的横向联系和纵向联系交叉复迭而成的网络系统。它们之间相互依存、相互制约,各自承担不同的社区功能,使社区保持运转。

(一) 社区组织体系的结构

1. 垂直式的等级结构

　　这是一种自上而下的金字塔组织体系结构,即由上级主管部门下达指令和计划,交由下面各级组织机构去完成,形成一种垂直式的权力和沟通体系,隶属关系界限分明,下级机构必须照章办事,业务活动只与上级发生联系,其领导和成员也由上级指派和补给,组织的活动和各项工作按规定的程序进行。这类组织系统自成一体,不与外界发生交流,形成小而全的封闭系统。

　　垂直式的等级结构使下级组织成为附属,缺乏自主权,下级组织可以不承担责任,主动性的发挥受到压制,使组织缺乏适应外部环境变化的灵活性和活力。另外,它还割断其他社区与本社区的组织的联系,不但不利于人才、信息、资金、物品的流通，使组织的协作机制遭到破坏，而且还会加重自身的负荷，反过来抑制组织自身的发展。

改革开放以前，中国城市的社区组织结构以垂直结构为主。在国家计划体制下，非政府组织难以生长，行政组织及政治组织是社区最主要的组织类型。

2. 水平式的网络结构

这种结构是指社区组织之间互不隶属，在平等的基础上共享信息和资源，通过各种沟通媒介（如电话、会议、交通网、大众媒介等）直接或间接地相互联系而联结成的组织体系。在这种结构关系中，各组织可突破地区、行业隶属关系和所有制的界限进行跨社区、跨行业的横向联系，满足一定的需要。

随着交通工具的发展，大众传播媒介的发达，社区对外联系大大扩展，改变了传统社区的封闭状态，使得社区组织更有效地发展社区内外的多元关系。网络结构可以提供等级结构无法提供的横向联系。美国华盛顿特区的"美国妇女保健网"就是以上述方式开展工作的，其活动范围扩展到全美。自1974年以来，该组织遍布美国各社区。网络的概念已成为时髦的流行语，许多组织都以"网"作为名称，如美国的"消费再教育资源网""加利福尼亚州食品网"等。

在中国，随着改革开放的深化，许多组织开始打破条块行政管理体制，加强横向联合，建立和发展了多种形式的全国性、区域性或地方性的组织网络，出现了一大批经济联合体和集团式企业以及各种工业网、流通网、信息网等商业性质的网络。社区是各种网络的节点，交织在社区中的网络越是多样，说明社区的开放性越强。社区组织的网络结构发展深化了组织的活动范围，加强了社区间信息流、人流、物流的流通。原来以政治行政为主的单一垂直结构的社区组织格局逐渐改变。

进入21世纪，随着中国实施快速城镇化发展策略，城市社区建设越来越受到国家和地方政府重视，投入资源也越来越多。许多城市政府一方面加强社区居民自治的培育；另一方面联合各级财力，通过政府购买社会服务的形式，对特定社群（如青少年、妇女等）和社区引入社会工作者和社工机构的专业服务，社工进入社区，指导和推动了社区居民组织的组成和发展。这样，全国城市的社区组织逐渐形成多元化的发展局面。在北上广等特大城市，社区组织的发展（包括组织结构和组织功能）各有不同特色，对强化社会治理发挥了重要的作用。

（二）社区组织的管理

1. 社区组织管理的含义

社区组织的管理主要是指社区管理部门通过一定的管理手段，协调社区内的各种组织的活动，使之在规定的范围内有秩序地进行，有效地发挥功能，以保证社区的稳定、发展和正常运转。这与各组织内部管理不同，它是指在社区层面上协调社区组织的活动。

社区组织管理的内容很广，社区大小不同，其组织管理的复杂程度也不同。

2. 社区组织管理的方式

社区组织的管理方式是由国家政治及行政制度决定的。在西方国家，社区组织一般是自治的，国家只能通过一些法律和相关社团条例来规范它们。在地方自治的政治体制下，西方国家鼓励社区组织发展，而且认为社区组织的发展有利于组织公民参与政治活动和社会公益活动，有利于公民社会的良性发展。

在中国，社区组织的管理方式比较复杂。自1949年以来，国家一直坚持中央集中领导的政治制度而非地方自治的政治制度，因此并不鼓励地方性的尤其是民间的组织发展。这样，中国城乡除了政府和政党的基层组织或政府、政党授权成立的基层组织之外，几乎没有比较成型的民间社区组织。政府组织成为社区建设、社区事务的唯一决策者、资助者和执行者。

为了保证中央集中领导兼顾地方灵活性，国家一直实行中央直接管理和属地管理并行的方式，这种方式造成了行政管理权"条块分割"的困局。在城市社区中，直属"条条"管理体系的组织往往与直属"块块"管理的组织难以相互协调、相互支持，街道办、居民委员会在推行某些工作项目时往往要为协调辖区内的组织而耗费很多时间和精力。

因此，21世纪第二个十年的政府行政改革把精简机构、政府职能外移作为一项重要内容。各省市因地制宜发展各具特色的社会组织管理模式。例如在广东省，各级政府推动工商界行业协会的组建和功能角色强化，成立社会组织管理部门实施组织管理。在社区层面，街道办联合区民政局共同管理社区组织和其他属地登记的社会组织，努力使社会组织的能力得以发挥，也使社会组织受到必要的监管。

第四节 社区文化

一、什么是社区文化

文化研究是社区研究中的重要课题，文化与社区不能分割。我们不能脱离文化而空谈社区。社区的基本结构所包括的人与人的互动、人群结合或分化方式都不是随机的、偶然的碰撞，而是受一种特定的因素所制约的。这种特定的因素就是文化。同样，我们也不能脱离社区而谈文化。因为文化存在于经济活动、社会活动与政治活动当中，即存在于社区之中，离开社区，文化就失去了具体的空间依托。

什么是社区的文化？文化的概念有多种外延不同的含义。最宽泛的定义是：文化指人类在社会实践过程中所创造的物质财富和精神财富的总和，与文明同义。次宽泛的定义是：文化指社会的意识形态以及与之相适应的制度和组织结构。① 而较为狭窄的定义是：文化指一个民族的生活方式所依据的共同观念体系。② 由于物质财富的生产方式与制度、组织和社会意识形态是相互作用的，而组织、制度等又最终反映民族的共同价值观念，因此一般而言，运用三种定义去分析一种文化的性质，其差别只是其涵盖的范围不同。

我国社会学家吴文藻认为："文化最简单的定义可以说是某一社区内的居民所形成的生活方式，……也可以说是一个民族应付环境——物质的、概念的、社会的和精神的环境——的总成绩。这样的文化，可以分为四方面：一、物质文化，是顺应物质环境的结果。二、象征文化，或称语言文字，系表示动作或传递思想的媒介。三、社会文化，亦简称为'社会组织'，其作用在于调节人与人之间的关系，乃应付社会环境的结果。四、精神文化，有时仅称为'宗教'，其实还有美术科学与哲学，也须包括在内，因为他们同是应付精神环境的产品。精神的文化是文化的结晶，是与各个特殊的文化系统相别的枢纽，……精神文化固为文化的重心，但不是独立的，而是与文化其他方面如物质文化、象征文化、社会文化，交互作用、互相维系的。"③ 英国文化人类学家马林诺斯基认为，从功能的角度考察，文化包括经济、教育、政治、法律秩序、知识、巫术、宗教、艺术及娱乐等八个方面。美国人类学家沃德·古迪纳夫（Ward Goodenough）则认为，社区的文化"包含在他们的语言文字、公共象征、知识信仰、价值体系以及有关行为活动程序中的惯例、规则与特别方式之中"④。

以上三位学者对社区文化所下的定义，就是应用了外延不同的文化概念，吴文藻的定义最为宽泛，马林诺斯基的定义次之，古迪纳夫的定义最狭窄。对社区研究来说，着重这种狭义的文化极为重要。因为，自然环境基本相似的社区，其物质生产方式也较为相似，但其发展的历史，或其他一些偶然因素的差别，却往往会在语言和共同观念体系中留下印记，成为一个社区的文化特质，从而使它与其他社区区别开来。

---

① 《辞海》"文化"条，上海辞书出版社 1980 年版，第 1533 页。
② 北晨编译：《当代文化人类学概要》，浙江人民出版社 1986 年版，第 53 页。
③ 吴文藻：《现代社区实地研究的意义和功用》（原载《社会研究》1935 年第 66 期），《吴文藻人类学社会学研究文集》，民族出版社 1990 年版，第 145~146 页。
④ 转引自桑德斯著：《社区论》，第 117 页。

二、语　言

人学习文化，语言是重要的媒介。狭义的语言包括口语和文字，广义的语言还包括各种附有意义的动作和事物。中国人谓"言传身教"，可见学习的第一种方式是语言。

语言是一个复杂的体系，具有整套的文法规则，指导字、词、句的使用和搭配。同时，人们还常常根据环境的变化和沟通的需要进行文法变通；此外，社区内发生某些重大的事件，或外来文化的入侵，也都会对语言产生影响。因此，一个社区的语言中，特殊的文法或发音往往反映该区居民特殊的交往方式，而特殊的词汇往往代表特殊的历史。因此，语言体系的界限往往就是文化的界限，或社区的界限。例如我国的京津一带的语言都属于北京话，但那里的居民，常常在只言片语中便能分辨出说话者是北京人还是天津人。在中国几千年的封建社会中，社区都是在封闭、半封闭的状态下独自发展的，同一语系中各社区的语言存在程度不同的差别。费孝通在其经典的社区研究成果《江村经济》中曾指出，江村人与外村人相比，说话时的发音趋于腭音化。

三、规　范

对人类社会来说，规范的根本性与重要性不亚于语言。人是聚集而居的，而有群体，就有规范。它通过一些特殊的方式，对个人的随意行为做出一定程度的限制，从而保证群体的生存和稳定，反过来也更有利于个人生存和发展。

规范就是人的行为准则。人类社会的规范是一个庞大的体系，它主要包括习俗、道德、宗教和法律，四者相互关联或包含。其中，习俗的范围最广泛。道德是习俗的一部分，与习俗是子集与母集的关系。宗教与习俗不等同，但宗教所涉及的行为守则或信念，通常来源于习俗并会成为习俗的一部分，故二者是交集的关系。在宗教影响很深的社区和社会，宗教和习俗会浑然一体。法律是大型社会的产物，它在习俗的基础上发展出来。现今的法律已逐渐脱离习俗的羁绊，有时甚至相互抵触。[①]

1. 习俗

习俗是指特定人群的生活方式及观念，长期沿袭而习惯。其范围很广，包括衣、食、住、行、婚、丧、交往、生产、祭祀等。习俗是人群共同生活经验的总结，并经

---

① 参见张德胜著：《社会原理》，(台北)巨流图书公司1986年版，第78页。

世代沿袭、演变而形成。在人类的发展过程中，绝大部分的民族都经历过分裂和迁徙，然后在某个地方定居下来，成为特定社区的居民，依据新的自然环境与生产方式发展出新的习俗。因此，从内容来说，习俗部分反映社区居民与社区自然环境关系的特点，部分反映居民所属民族的发展历史。习俗的分界，经常也是社区的分界。

习俗人人都必须遵循，但不同的时间和场合，要求也有所差别。例如，在自己家中活动时，遵循规范一般无须过分严谨；但在公共场合遵从规范就必须一丝不苟，否则会被视为不受欢迎的人。

有两类习俗具有特别的意义：一类称为过渡礼仪，在个人或群体改变身份时举行，如毕业礼、成年礼、婚礼、葬礼等；另一类称为强化礼仪，如定期的庆典、祭祀等。相对来说，后一类礼仪具有更深刻的社会含义，因此在不同社区差别常常比较大，而且其差别往往反映了社区之间质的不同。例如，在我国的山区，居民供奉山神；在水乡，居民供奉河神。

习俗对古代人的约束力比对现代人更强大，文化人类学认为有两个原因：一是因其灵验而使人产生敬畏，二是因封闭社区观念的单一使它具有不可争议性。而在现代社会，科学的发展与社会的开放对这两个基础产生了极大的冲击，习俗的权威逐渐失去，而其非正式的、保守的性质逐渐显露，因而对人们的约束力也就越来越弱。

2. 道德与法律

从社会学的角度看，道德是由公众所认同的价值观念所衍生的行为守则。有些价值观念是共同的、永恒的，如正义、忠诚等；大部分的价值观念是有差别的、变化的，如东方人较重视秩序，西方人较重视自由，古人主张礼让，现代人主张竞争，等等。

法律是近现代社会的产物，它是由议会制定、公布并命令执行的，其条文体现道德的精神。道德与法律都是大型社会的产物，因此它们不是社区研究的主要对象；但我们在研究社区文化时，却需要注意两者所产生的影响。

3. 宗教

现今世界上流行的三大宗教也是大型社会的产物，除此之外还有多种多样的民间宗教。在中国，宗教对社区的影响差别很大。地理条件是较为主要的决定因素。地理位置不同，三大宗教的影响不同。虽然佛教影响全国，但西北部地区受伊斯兰教的影响较大，东南部沿海有些地区则受到基督教的影响。自然环境不同，民间的宗教也不同。民间宗教多起源于古人对自然的崇拜，所以山区敬山神，水乡祭河神，渔村奉妈祖。由于我国的大部分社区在过去都是封闭的，宗教往往与社区习俗、道德伦理紧密结合，形成特殊的社区文化。在许多西方国家，社区实际上是由教堂所辖范围划分的。在中国的乡村，村庄共同体往往也是由共同供奉的神明和庙宇管理委员会成员划分的。

四、社区文化的变迁

导致社区文化变迁的因素主要有两种：一是社区自身的变迁，包括自然环境的重大改变以及生产方式的重要变化。当社区赖以生存的基本条件发生改变时，社区文化就会做出适应性的调整，社会学上称为调适。社会学家费孝通在《江村经济》中描写道：在洋货的入侵摧垮了江村的传统家庭手工业之后，适应市场的需求，江村兴起了蚕丝业，由此产生了一系列蚕丝文化。例如，蚕茧的生产技能决定妇女的地位，缫丝工业的发展改变了居民关于家庭分工、长幼秩序的传统观念，等等。不同社区的变迁历史不同，因此其文化的变迁也呈现出其独特的复杂性与偶然性。

导致社区文化变迁的另一种因素是外来文化的入侵。当这种情况出现时，一般的变迁路向是两种文化经过冲突、适应然后达至融合、同化。但外来文化的强度、传播方式及社区其他方面如人口、制度等变化方式不同，其结果会出现较大的差别。例如，中华文化因其博大精深，历史上凡有外来文化入侵，都被包容，最终被同化。但在我国香港就不同，其文化原属中国传统文化中的岭南文化分支，1840年后，香港为英国所强占，殖民者利用各种方式宣扬以英国文化为代表的西方文化，由于香港社会政治发展的特殊性，造成了两种文化对制度的不同结构层次、居民生活的不同方面产生影响的程度不同，形成了冲突、分隔、同化并存的社区文化现状。

五、社区文化的功能

文化在社区具有极其重要的功能，主要包括教化、认同、凝聚与延续等方面。

1. 教化

教化施于每一个社区的居民，特别是儿童；社区居民经过从童年到青年的不断学习，对自己生活的世界及应采取的行为模式都建立了一套概念性体系。这套体系的实质是，在个人天然素质的基础上注入社区文化，使每个个人具备与其他成员相似的行为或观念的取向，能够与他人沟通。个人在融入社区的同时，也能获得一个公认的身份和地位，得到他人的支持和接受。许多社区的集体行动，是基于教化产生的社区共识而产生的。

2. 认同

每个人都具有自我认同，即对自我及我在社区中的角色的看法。这种认同受文化影响，但不同个人之间的差别较大。社区认同是社区成员的共识，包括对成员个人身份的定义和行为观念的规范约束。在封闭的社区，居民的活动距离有限，人与人的互动非常全面，社区的认同常常能够决定个人的生存和发展环境，其重要性甚至代替了自我认同。例如，我国文学家鲁迅笔下的祥林嫂，就因不被社区认可而至疯、至死。在开放的社区，居民活动的范围较大，相互关系较片面，自我认同就可能比社区认同更重要。社区认同是个人产生社区归属感的重要基础。当个人赞同社区的共识、感觉到被社区接纳时，会产生社区归属感，这种归属感是社区团结和延续的基础。

3. 社区的凝聚与延续

由于具备前两种功能，社区文化能产生强大的凝聚力，使社区成员紧紧团结在一起。例如，广东潮汕地区的文化的这种功能就很突出，不但区内居民能够团结，而且散布在其他地区的潮汕人，也会因其相同的文化背景而迅速相聚而成为小团体。文化还能使社区延续。在社区快速变化或受到外来力量的压迫时，原有文化中可能有相当部分已不能再配合变迁，但一些基本的文化取向却会成为居民重获新生、社区重构秩序的依据。文化人类学理论认为，每一种文化都有工具性连环，即文化所推崇的目标行为策略，它使个人能够抵御社区变迁的冲击。文化具有这样的功能，因此，它常常被利用作为一种手段，通过激发人们的认同感，来增强社区的吸引力和凝聚力。

术 语 解 释

热岛效应：由于城市建筑密集，水泥和柏油组成的路面使地面吸水、吸热能力减弱，加上生产和生活过程中释放的大量能量，结果导致市区温度比四周郊区高的现象。

人口探究法（the demographic approach）：以人口特质为中心的社区研究。

推拉理论（push-pull theory）：以移出地和移入地对人口的不同影响力来解释人口迁移的理论。

适度的社区人口：一个社区以最令人满意的方式达到某项特定目标的人口。

科层化（bureaucratization）：指都市人的生活及日常活动都由大规模的科层组织来供应与控制。

科层组织：指分工精细、权力分层明确的正式社会组织。

思 考 题

1. 举一个实例说明自然环境对社区的影响。
2. 社区组织对社区有什么作用？举例说明城市社区中，中国与外国的社区组织从类型到作用有些什么不同。
3. 社区文化是什么？谈谈建设社区良好文化的重要性。

第三章 社区的动态系统

社区的动态系统是指社区的基本结构因素相互作用、推动社区变迁的过程。从静态的角度看，社区是一个具有特定结构、性质和特点的实体，这个系统一方面是其历史发展的结果或终点，另一方面又是其将来发展的原因和起点。社区处在不断的变化发展中。这种变化发展需要从社区整体与外部环境的相互作用，以及社区内部各个组成部分的相互作用——互动中去说明。前者将在本章第二、三节分析，后者则在本章第一节中分析。通过这种动态分析，我们可以更完整地把握作为时间和空间连续统一体的社区及其存在和发展。最后一节，我们讨论社区形态在20世纪最后20年的变化及其提出的理论挑战。

第一节 社区动态系统的基础
——社区中的互动过程

综观社会学各派理论：结构功能论、冲突论、交换论、符号互动论，其分析的出发点都是互动。因为它是人类社会活动的基本形式。社区中的互动是作为整个系统运动变化机制的基本过程和对象来研究的，如同交换、供求关系之于现代经济学一样。互动是基本的、广泛的，只要人们彼此接触，互动就开始了；特别是现代社会，人的一生由各种互动构成。对于社区而言，互动就更是永恒的，而其他社区现象都是它的延伸和结果。因此，互动不是孤立的、瞬间的现象，而是一种过程。互动的内容是丰富的。个人在家庭中与亲人交流感情，与邻居或同事相处，在工作中发出或执行指令，以至在各种场合中与人讨论、争斗、谈判或相互学习，等等，无一不是互动的具体表现。由于内容的千差万别，互动过程所采取的形式也多种多样。然而，即使各种互动之间有多么不同，也能找到一些基本特征。在这里，我们讨论五种最基本的互动形式，即合作、竞争、冲突、协调和同化，通过分析它们的特点和相互关系，说明它们的变化和发展对社区的整合、分化和适应的重要作用。

关于社区中互动过程的系统阐述，最早可以追溯到以帕克和伯吉斯为首的芝加哥学派对城市社区的研究。芝加哥学派在对芝加哥城市居民的互动研究中，借用了生态学的某些概念（包括合作、竞争、冲突、协调、同化）来探讨城市社区生活，并把这些互动形式作为构成社会过程（social process）的内容来研究，论证了以这五种形式为主的社区互动，其运动形成了社区一定的人口和组织的空间结构——社区的"内部生态组织"。从此，互动过程就成为社区研究中不可缺少的研究课题。正如沃思所说："城市内部生态系统组织的研究，要比从外部生态研究深刻得多，分析也要准确得多。城市外部生态学的研究，我们尚须依赖经济学家、地理学家和统计学家的进一步调查。人口形成地区性的聚集，这乃是由生态学因素所决定的。这类现象社会学家最容易理解。"[①]

一、合 作

合作是指两个或两个以上的个人或团体共同努力实现他们的相关目标的过程。目标的相关性是合作的前提，而且这个目标必须通过合作才能实现或较易实现。合作的参与者之间是一种相互依赖的关系。目标不同，决定了合作关系的不同，合作的性质和类型也不同（表 3-1）。

表 3-1 合作的类型

类型	合作的参与者	目标	参与者的关系	合作的利益
一	两个或两个以上的个人	共同的	稳固的	共同的
二	两个或两个以上的个人	互补的	共生的	个人的
三	两个或两个以上的个人	对抗的	协调的	个人的
四	团体或组织	共同的	稳固的	共同的
五	团体或组织	互补的	共生的	个别的
六	团体或组织	对抗的	协调的	个别的

资料来源：Gerald R. Leslie, Richard J. Larson, Benjamin L. Gorman, *Order and Change*, New York: Oxford University Press, 1973, p.66.

类型一是两个或两个以上的个人为了共同目标和利益而合作，这是最基本、最牢固的合作形式。例如，校际球赛，校队队员的共同目标是为本校争荣誉，这种合作是比较稳定的，队员的参与热情也高涨。

[①] 帕克、伯吉斯、麦肯齐著：《城市社会学》，宋俊岭、郑也夫译，商务印书馆2012年版，第186页。

类型二是目标互补的个人进行合作，参与者各自的目标是相互支持的，但不是相同的。上例球赛中，如果市长亲自到场鼓励球员，球员的目标是为本校争光，而市长的目标可能是鼓励学生的体育比赛，推动全社区体育运动的开展，但两者的目标是互补的。

类型三是目标对抗的参与者之间的合作，这种合作只是由于某种利益关系而勉强维持的，因而很不稳定。例如，市场上买卖双方的合作，买者想花最少的钱，卖者想出最高的价，交换是他们的共同目的，因此他们商讨某一个价钱交易，双方达成合作。这种合作隐含着竞争成分，有时难以分清其中哪种成分更多。

以上这三种类型的合作是比较直接的，多数是面对面的，因此也是初级的。社区的复杂化使人们的合作也复杂起来，少数人的合作往往不能达到目标，需要较多人有组织地合作才能完成。这样，就出现了团体或组织之间的合作。

团体或组织之间的合作同样可以按与个人之间合作的性质的相似性分为三个类型。类型四与类型一相应，社区中几个团体或组织联合实施某项计划，就属这一类型。如上例，社区举行校际球赛，各校要积极响应，组织球队参加，有关方面的组织也要出钱出力，做好各种组织安排，如场地布置、球员保健等工作。

类型五的合作，体现在目标实现必须通过相互依赖的关系。上例的校际球赛筹备，某厂家愿意提供费用，这样，学校利用这笔资金搞好比赛，而厂家通过捐款扩大自己工厂的影响及产品的销售，双方目标互补，从而合作。

类型六是目标相反的群体合作，厂家之间、厂家与商店之间的买卖关系，就属于这种类型。

社区越复杂，合作的形式也越复杂多样。表3-1中所列的六种类型，只是从理论上区分的理想型。实际上，社区中个人或团体之间的合作形式经常是复杂的，同一过程也可能包含不同的合作类型。社区之间也可能进行合作。如中心城市与它的卫星城市之间在环境保护方面的合作，这种大规模的合作，复杂性更高，牵涉的范围及其影响更广。

有些合作是社区所赞许的，这些合作与社区规范没有矛盾。有些合作则不为社区所赞许，因为它们超越了社区现行规范。例如黑市买卖或犯罪集团内部的合作。这些合作常常是不公开的，稳定性也较弱。

与其他形式相比，合作是社区互动过程中最基本的形式。社区的存在、社区生活的稳定、社区的发展都依赖合作活动来维持和促进。如果社区缺乏合作，它的存在就会受到威胁。因此，合作是社区互动的基础。

二、竞　争

与合作相似，竞争也是一种有目标的互动，是参与的个人或团体为了达到某个目标，以及控制实现目标的手段而进行的争夺活动。竞争可以在各种规模中进行。

竞争与合作经常难以分离：往往是竞争中有合作，合作中有竞争。如上面提到的校际球赛，球员们紧密配合、进攻和防守，这是合作；各个球员同时争取个人多入球得分，成为明星，相互间就存在竞争。在这种球赛中，就难以区分这两种互动形式。

一般说来，竞争具有以下特点：

（1）理性。竞争的参与者都有一定的目标，采取相关的手段，并设法充分利用资源，有效地发挥自己的力量以期取胜，而不会盲目地、任意地行动。

（2）有限性。竞争是在有限的目标、有限的范围内进行的，从而竞争双方的对立程度和所采取的手段也是有限的，进行的时间亦有限。竞争在某些理论中也会被作为无限的概念，例如，生态学上使用的"生存竞争"是无限的竞争。但我们现在把它作为一种具体的互动形式，放在社区中研究，它就是一种有限的形式。

在不同的社区文化中，人们对竞争的态度不同。一般说来，在现代社区中，人们受商品经济的影响较强，对竞争比较赞成；在传统社区中，人们更多地受传统的影响，竞争就会被压抑，而合作得到推崇。

竞争有其积极的影响。从经济方面说，竞争可以减少浪费，提高效率；从社会方面说，竞争可以加速人才流动，促进资源合理配置，改变人们的陈规陋习，形成生机勃勃的社区环境。

竞争也有消极影响。首先，竞争会带来一些我们所不欢迎的后果。竞争如博弈，是零和游戏，一方的得胜源于对方的失败，结果悬殊可能造成两极分化。这不期而至的后果，会导致第二个消极作用，即引起敌视的态度和情绪，失败者敌视得胜者。这种敌视态度和情绪可能导致第三种消极作用，即公开的冲突，失败者以其他手段报复得胜者。

三、冲　突

冲突是参与的一方蓄意地损害或毁灭另一方的行为。相比于合作和竞争，冲突的目的性更强，参与者情感性更强。它是一种极端的互动形式。冲突可以发生于两个或两个以上的参与者之间，随着程度的激烈，范围亦随之扩大。

社区中的冲突经常是竞争白热化的结果。例如，在非常紧张的球赛中，双方势均力敌，争夺中球员可能故意做犯规动作，引起两队球员冲突，类似事件很常见。竞争和冲突由于相互之间具有连续性,其程度上的差别就不容易区分。

比较竞争和冲突两种形式,有几点较明显的差别:①冲突中双方必须有直接的接触,竞争不一定;②冲突双方抱有敌对情绪,竞争不一定;③冲突是一种故意损害对方的行为,竞争不一定;④冲突表现为目标、利益与态度上根本对立,竞争不一定;⑤冲突以一方压倒另一方为终极,竞争双方是并存的。因此,冲突采取的手段是极端的。

社区冲突的原因可大致分为三种:一是经济上的,双方为物质利益而斗争,如钱、物件、自然资源等;二是权力上的,因为权力分配不平衡,有权者之间或有权者与无权者发生冲突;三是文化上的,不同的民族、宗派等,相互间也可能发生冲突。

在社区的发展中,有许多过程会触及上述几种因素而引发冲突。一般社会学理论认为,社区在其变迁过程中最容易爆发冲突。变迁所引起的权力和利益在分配上的变动,以及新旧文化的矛盾,均可引发冲突。社区各部分运行不协调,也会引起冲突。例如,学校的筛选制使部分成绩差的学生失学,而社区又不能提供相应的培训或就业机会,这些青年可能会结伙,进而损害公众利益。帕克就持这种观点,他认为未成年犯罪在某种意义上是社区组织不能履行其职能的标志。[①]

社区冲突具有三个特点:

(1) 累积性。冲突是一种敌对的、有破坏性的互动形式,它会积累起来,像滚雪球一样,双方的敌意日益加深,冲突的程度可能升级,范围扩大,破坏性也就越大。在一次冲突结束后,如果没有平息,随之而来的就是更大的冲突。

(2) 非理性。由于冲突是累积性的,随着程度的升级,参与者被深深地卷进去,敌对情绪越来越强烈,非理性的行为就越频繁发生。

(3) 潜在的毁灭性。冲突从开始之初就潜伏着毁灭性。非理性化的程度越高,毁灭的危险性越大。所以激烈的冲突多数带有可怕的结果,如人员死伤、房屋损毁等。当然,并不是所有冲突都会出现"滚雪球"效应。假如在它发生之初就及时抑制、平息或使之转化为其他形式,破坏就不会发生。所以毁灭只是一种潜在可能。

西方社会学家通过对社区冲突的系统研究提出,增强或削弱冲突的控制变量有四个:①认同。居民对社区的认同感愈高,阻止或激化社区内冲突的能力愈强。②社区的密度,特别指社区的组织与团体的密度。密度越大,一个社区出现对立面的压力越强。③参与者在社区居民中的分布。在一个分层程度高的社区中,大部分的居民将超然于冲突之外。④组织成员的团结形成的交叉压力增强或削弱冲突。

冲突的消极后果是明显的。它破坏社区原有的秩序,造成人反对人、组织反对组织,使社区生活失去了原有的和平有序而深受损害。冲突的范围愈广,程度越深,社

[①] 帕克、伯吉斯、麦肯齐著:《城市社会学》,第97页。

区所付出的代价越大。新中国成立前我国农村社区里发生的宗族械斗就很能说明问题。

虽然冲突有许多消极后果，但客观地分析它，我们也能发现积极的影响。社会学中的冲突论就持有这种观点。社会学家甘曼（Wilian Gaman）在分析了318个英国社区之后，认为传统社区是缺乏暴力冲突的，因此也缺乏变迁，缺乏发展和成长的刺激因素。科塞（Lewis A. Coser）认为，冲突可以增进团体团结。由于受到外来威胁，团体内成员将团结得更紧密，以增强自身力量。科塞还认为冲突促进了社区结构的重建，使之更合理、更有效率。在某种意义上讲，冲突也是社区向前发展的动力。

四、协 调

前面说过，竞争激化会转变为冲突，冲突是一种公开对抗的形式。如果冲突越演越烈，危及了社区生活秩序，甚至使环境对参与者也变得不利时，它就必须受到制止。协调就是中止和防止冲突的方式。协调在这里的意义，与我们通常使用的有点不同，它是指冲突双方尽管仍未解决争端，互存敌意，但它们通过某种方式达成某种程度上的合作。必须注意到，协调是脆弱的，不能保证冲突不再发生。因此，它只是在双方做出一些让步的条件下才达成；假如有某些事件破坏了这些条件，协调就会瓦解。但由于冲突本身的特性，决定了它不能无止境地进行，只要争端不解决，冲突和协调的可能性永远存在。从这方面看，协调又是持久的。

协调可以有许多种形式，常见的有以下五种：休战，妥协，容忍，调解和越级仲裁。

休战是冲突双方在争端没有任何缓解的情况下，同意在一个有限或无限的时间内停止冲突。休战一般出现在力量相持不下，但双方在短期内愿意停止冲突的情形里。双方通过某种协议来确认休战的期限和附带条件，双方达成这个协议时，没有做出实质性的让步。一般来说，休战之后，可能会出现缓解的机会，这样，休战的时限能继续延长。

妥协是参与双方协商做出让步从而全部或部分地解决争端，至少阻止冲突发展下去。妥协可以通过双方协商做出。有时双方不能直接商议，通常请一位第三者参与传达双方的意愿和条件。这第三者所起的作用就是调解。调解是由第三者介入使冲突的双方达到休战、妥协或容忍，双方不受损害。调解的结果是双方都得到一些利益，牺牲一些利益。如果这个第三者拥有远远大于冲突双方的力量并处于比冲突双方更高权力层次时，它可能会凭借自己的威力决定双方谁负谁胜。这时，调解就变成越级仲裁。越级仲裁是由权力比冲突双方都高的、具有制裁力的第三者来强制性地终止冲突。仲裁结果可能是双方受益，可能是单方受益，无论前者或后者，都不是冲突双方商议做出的。

相对来说，容忍要平静得多。容忍是双方同意，至少是默认：一方不能或不应击败另一方，而必须忍受对方的存在。容忍是自觉达成的，不需要协议或第三者。容忍作为一种协调方式，在互动过程中出现得最多，经常出现于种族、宗族、伦理及风俗习惯上的差别的协调过程中。

举个例子来说明这五种形式的区别。有两个邻居，一个喜欢听广播并把音量调到最大，另一个喜欢弹琴。在缺乏隔音设施的情况下，两家必定互相影响。如果双方都不愿意放弃自己的爱好，又无法终止对方的爱好，就只好互相容忍对方的干扰，这是容忍形式的协调。假如双方为此而争论不休，互相报复，就会出现几种结局：冲突已久，双方不堪其烦，又不肯退让，于是商定在一段时间内停止活动，一个不听广播，一个放弃弹琴，这是休战形式的协调；如果两个邻居关系恶化到不能面对面谈判，要请第三个邻居来传达各自的条件，这就是调解；若调解不成功，双方冲突加剧，街道保安人员来干预，命令他们按规定时间各自行事，或完全放弃爱好，就成为越级仲裁。

协调是抑制冲突、促进合作的手段。它通过温和的方式终止争端，维护或重建了社区生活秩序，减少或避免了更大的冲突所造成的损失。因此，协调对社区的整合有着重要的作用，也是冲突参与者之间进行合作的开始。

五、同 化

没有一种协调的方式可以持久地消灭冲突，因为它们都建立在勉强妥协的基础上。同化则可以持久地减少或消除冲突。同化是个人或群体间的差别逐步消失的过程。争端与冲突源自差别，差别消失了，冲突也会消失。

同化一词经常用于文化研究。19世纪末到20世纪初，大量欧洲居民涌入美国各个社区，他们原有的本土文化就逐渐改变，向美国文化靠拢。我们说他们被同化了。在我国社区中，同样可以看到这样的事例。清代满族人入主中原，执政几百年，满族和汉族在不断的交流中相互学习，满族人逐渐接受了汉族的生产技术、语言及其他风尚，汉族人也接受了满族人的某些生活习惯。例如，现代汉族妇女喜爱穿的旗袍，就是从满族服装演化来的。

文化研究认为同化出现于社区不同群体的文化冲突和交流中。当外来文化入侵社区时，与社区本土文化相接触，同化就开始了。

同化可以产生于群体之间，也可以产生于个人之间，两个人交往多了，会变得趋同起来。我们经常看到好朋友的行为是比较相似的，恩爱夫妻的行为也是趋同的，就是个人之间相互同化的结果。

综上所述，我们可以认为，同化产生于任何持久的互动过程，它是缓慢的、综合的，有时是难以觉察的。

同化过程具有以下特点：

（1）它是一个双方同时进行的过程。同化由于是互动产生的结果，因而它是双方的，即使其中有一方占较大的优势，也只说明有时占优势的一方改变不太明显、不易觉察罢了。

（2）发生于持续的互动中。互动越持久，同化程度就越深。

（3）同化是不完全的。现实中很难找到完全被同化了的例子。两个不同的群体或个人，具有不同的文化根基，相互之间即使趋同再大，总会保留某些自己原有的特点。

（4）同化过程是不平坦的。虽然同化是必定产生的，但它并不是迅速和广泛的，而经常是曲折的。国际上，教派之间、种族之间冲突不断，在我国社区内也存在少数民族与汉族之间的矛盾和误解。一般说来，同化的曲折程度随语言、宗教和种族差别程度的大小而变化。

同化对社区有两种正功能，即发展和保护自我的功能。同化可以看成一个优选的过程，特别是在不同群体或文化之间的互动中，一方接受另一方的，一般是比自己原有的更进步的东西，群体就从同化中得到了更新和发展，从而也保护了自己。

同化也可能失败。当新与旧不能协调，而在一个群体或一个人的性格当中产生激烈的冲突时，将导致群体或个人的毁灭。这在文化的融合过程中最容易找到例证。美国社会学家发现许多移民是孤独的人，他们不能很好地和其他人相处。因为同化是不完全的，他们的判断标准同时受原有的传统文化影响及现在的外来文化影响，他们与原来族人及美国人都不相同。他们没有朋友，没有所属群体，不能享有正常生活。对这些人来说，两种文化不能协调，同化就是失败的。在具有深厚文化传统的社区的现代化过程中，也常常出现这种同化失败，社会学称之为"文化断层"。

上面分别论述了社区互动过程中五种互动形式各自的性质和特点，通过认识这些形式，从而认识互动作为基本过程，决定了社区各组成部分之间的有机联系。这样，社区就有了特定的性质、结构和功能。另外，互动也导致了社区这些结构发生两种不同性质的改变：社区的整合和分化。

六、社区的整合和分化

社区的整合是指社区内所有趋势都有一种共同的取向，人们有一种参与和认同感；并且社区中每一种相互依赖关系都能顺利地突破阻碍，而对整个社区有所贡献。

社区整合的类型可分为四类：第一类是文化的整合。它具有可构成各种文化标准的特征，借以判断社区个人和组织的行为。如果社区里的各种价值观、信仰和标准都彼此充满矛盾，那么具有共同意识的社区就很难形成。进一步说，不同的功能团体对个人的观念要求是不同的，有时甚至是相互矛盾的，如无私与竞争性。如果社区居民在其思想中存在很多这些相互矛盾的观念，那么他们就很难团结起来。文化的整合正是为着解决这一困境。第二类是规范的整合。这种整合简单明了。如果人们不能遵守已生效的规范，就会受到制裁。这种整合可能会有副作用，就是限制了新事物的诞生。第三类是参与整合。这种整合是在社区中或团体中发生的，居民对整体行动参与越多，越容易形成认同感和归属感。第四类是功能上的相互依赖，其中最重要的是社区中的分工。社区分工程度越高，相互依赖程度越强，人们将为了自己的利益同时也是整个社区全体的利益而团结起来。

但社区并不总是整合的。社区都存在于某个地理环境中，具有一定的文化，与外部社会有一定的联系，换句话说，每一个社区都有特定的外部和内部的自然环境和社会环境。这些环境发生变化就形成了对社区结构的压力。穆尔（Willent E. Moore）曾引证了三种引起社区内压力产生的因素：第一种是人口的不平衡，社区人口经过一段时间后就会在总数和构成上发生变动，从而产生对家庭、经济及社会组织其他部分的压力；第二种是由于资源（包括时间、权力、财富等）的普遍匮乏，它们分配的不平衡在社区造成紧张局面；第三种是所谓规范选择之间的辩证法的冲突，即授予一个人社会地位和威望是根据他的出身，还是他的成就——这类什么是合理、什么是不合理的关于规范选择的问题，也会在社区中产生紧张状态。社区外部环境的变化包括自然灾害、政局动荡或现代化浪潮等。诸如此类的压力促使社区做出反应，以缓解这些压力引起的紧张。这时，社区的分化就发生了。

社区分化是一个社区单位分解为两个或两个以上的新单位。这种分解出来的单位各具特殊功能，同时各单位相辅相成，更加有效地发挥其应有的功能。新单位在结构上是独立的，它们的总功能等于或大于母单位。

社区分化具有六种特点：

（1）分化是社区发展历史过程中的主要原动力。

（2）分化可能出现于社区结构与文化。

（3）分化可提供我们研究和划分各种社区结构形式和结构阶段的基本概念。

（4）分化是不可避免的。

（5）分化是一种有益的过程，因为经由人们对自然及社会控制的增强，人们的自主性与社区的成熟性必然增加。

（6）分化是内部的过程，它只能在社区系统内部产生。

虽然分化能提高社区系统的效能，但分化使原有的社区大系统分裂出更多的子系统而使系统复杂化，可能产生更多的问题，甚至导致冲突。因为子系统因其独立性和特殊性而与原系统疏远，或者可能因目标、利益不同而引起子系统与大系统、子系统与子系统之间进行竞争，从而引发冲突。但是这些冲突可能因为另一些因素的同时出现而得到缓解。各种功能的子系统相互重叠和渗透，使相互依赖关系加强，并且大系统可以依靠自己较强大的资源来制止冲突。此外，特定的社区控制组织会随分化的固定而产生，如法律、警察等，这些中间组织控制和缓解冲突，规范人们的行为。这样，虽然整合的社区发生了分化，并可能带来新问题，但分化会发展出用于补救及调整这些问题的新工具（包括社区新意识、新制度），从而达到另一个更高程度的整合。

　　分析社区整合与分化的概念和特征，可以得出整合和分化与社区互动的关系。由于社区中的居民进行不同功能的互动，形成了特定形式的互动关系。随着这些互动过程的加深，这些关系将会固定化和制度化，形成一定的组织或团体，即社区具有一定的结构、一定的制度规范、一定的互动关系网络和某些互动形式。这些规范关系的存在形成并维护了社区的整合。互动的深化以及社区外环境变化的压力，使原有的结构系统已不足以应付，社区系统就产生分化，分化过程又产生新的工具，使社区整合达到新的水平。社区就是通过这个互动、整合、分化的过程不断发展。

　　不同的互动形式对社区的整合和分化的作用不同。合作、协调和同化具有抑制或消除冲突、团结协作、提高社区凝聚力的功能，因而它们促进了社区的整合。对互动的这些整合性质论述得最多的莫过于以帕森斯为首的结构—功能学派。按照帕森斯的理论，随着互动的增强，互动就制度化了；制度化了的互动中，人们的行为与角色期望是一致的，一般的价值观和文化通过角色行为的规范内化于人格，使社区结构得以建立和维持。这样，互动的形式就是合作、协调与同化；冲突形式是极少出现的，因为它缺乏产生的基础，即使产生了，也能受到有效的抑制。用他的话说，均衡才是"社区惯性的第一定律"。

　　相反，竞争和冲突的结果更多地具有促使社区分化的作用，它们的共同特点是互动的参与者的目标对立。这个特点决定了它的过程的不稳定性，形成对社区结构的压力，产生分化。冲突论认为，由于社区中权力分配不平衡，社区长久地分化为统治和被统治两大阵营，相互之间的冲突加深了分化并迫使社区结构改变。

　　社区的分化和整合都是为了提高社区对内外环境或结构变动的适应能力。适应是社区活动的总目标、总过程。互动双方必须改变自己以适应对方，才能保证互动的维持；同样地，社区也要通过整合和分化，以保护和发展自己。

　　在不同的社区中，社区的互动、整合、分化过程的时间、规模、形式等特征都不同。各种互动形式在社区中的活动频率也不相同，这导致各种互动形式在社区中起不同的作用，即在社区的全部互动中，有些形式起主要作用，其他一些起次要作用。在不同的社区中，起主要作用和次要作用的互动形式不同，从而使社区的整合和分化程度不同，这些不同的作用使社区具有共性和个性。

在传统社区中，居民的生产活动单一，生活内容单调，他们的日常活动范围比较窄，因此居民的互动就呈现出形式比较单调、直接、稳定的特点。费孝通笔下的 1936 年的开弦弓村就是很好的传统社区实例。开弦弓村居民主要从事谷物和蚕丝生产，他们日常生活的范围就是地里、家里、左邻右舍，即使盛大的庆祝、祭祀活动也在村里举行。这样，他们的交往是面对面的、祖辈相传的和功能全面的。在这种亲密的关系中，合作是主要的互动形式，竞争和冲突受到限制。由于近村结婚，村民中有许多亲族群体，亲属是自己人，原则上是痛痒相关的，相互欠人情，有来有往，谁也不会去清算这笔账。没有竞争和冲突，相互之间的矛盾就采用容忍这种协调方式来解决。而外地人迁来，必须先被同化，然后才能为社区所承认。这种以合作为基本互动形式的社区，无疑是一个整合性很强的社区。

而现代都市的开放社区，其情形就有很大差别。例如，广州市的居民在八小时工作时间以外，各自依自己的爱好来娱乐和休息，像舞厅、酒吧、俱乐部、文化夜校及各种沙龙等都是他们的好去处。他们除了亲族及工作上的同事外，还有夜校同学、画友、影友等；这些关系不是固定的，不断有旧的离去，新的加入。这样，城市里无数文化服务性企业、民间社团应运而生。在这种社区里，合作主要表现为非情感性的功能相互依赖，竞争是很受赞同的；相互协调的方式也比较多样，容忍、妥协、仲裁等都可能在不同的合作中被采用。加入这个社区的人，不一定必须被同化，因为每一种互动关系均表现为功能单一，参与者无须了解对方别的情况，只要对方能担当某种角色或提供某种功能。社区的这种单一功能的互动，加深了社区分化，并因分化加深而得到进一步巩固，从而社区显示流动性、竞争性和多元化。社区的整合则由规范、制度和功能的相互依赖来维持。

虽然上述两个社区各自具有明显不同的特征，但它们都宣扬合作，压制冲突，这些社区共性是中国社区传统文化决定的。开弦弓村社区的特点与那时的社区环境、村内伦理和文化，以及它所处的地理位置有关；广州社区的特点亦与现代商品经济发展、广州人的思想心态相连。它们是不同时代、不同环境的产物。所以说，互动过程的特殊性和普遍性形成社区的共性和个性。它们适应社区的内外环境而定型和深化，从而推动了社区的分化和整合。

第二节　社区的变迁

社区系统时刻都处在运动和变化中。其变化的动力可以来自外部，在社会环境的压力下，社区内部结构做出相应的调适；动力也可以来自内部，社区内环境的改变，或互动引起的整合和分化达到某种程度,使社区结构发生改变。因此,社区系统的运动是以结构的变化为特征的。我们把社区结构局部地或全部地因时间或相关要素的改变而发生质或量的变化,称为社区变迁。

社区变迁相对于社区互动和整合、分化来说,有以下差别:社区变迁一般是指一种较大范围、较长时间以及程度深刻的结构变动;社区互动、整合和分化是指较短时间的局部的变动和调适,并且,整合和分化由于涉及面小,程度要积累到足以影响全社区结构时,才成为变迁。因此,互动、整合和分化可以看成社区变迁的原因,而变迁是结果。

由于社区变迁的特征是结构变迁,因此,通过分析社区结构变迁,我们可以更深刻地理解社区变迁的意义。

一、社区变迁

(一) 社区阶级结构的变迁

社区阶级结构的变迁表现在社区内各个阶级自身的变化及阶级之间关系的变化上。社区内阶级自身的变化是指社区内阶级人数的增减、力量的消长以及社区内阶级特征的变化。社区阶级关系的变化是指社区内一个阶级相对于另一个阶级的政治经济地位的改变。例如新中国成立前,我国大多数农村社区中存在两个主要的阶级,即剥削阶级和被剥削阶级。其中贫下中农是被剥削阶级,地主阶级是剥削阶级。新中国成立后消灭了剥削阶级,中国的农村社区阶级结构发生了巨大的变迁,由此引起了中国农村社区发生了翻天覆地的大变动,从而从根本上推动了整个中国社会的发展。所以,社区内阶级结构的变迁是社区结构变迁中最基本、最重要的变迁之一。

(二) 社区职业结构的变迁

社区中职业结构的变迁是随着生产力的发展和科学技术的进步以及社区中分工的发达而展开的。在早期社会中,生产力不发达,科学技术水平低下,劳动分工程度低,职业结构变化不大,所以社区的变迁也非常缓慢。随着生产力的发展和科学技术的进步以及劳动分工的发达,人类历史上出现了两次大分工,产生了农业社区和牧业社区,后来又出现了城市工业社区。

就以劳动分工引起社区职业结构变迁为例来看,劳动分工的进步对社区变迁的重要性是显而易见的。法国社会学家涂尔干(Emile Durkheim)在他的著作《社会劳动分工》一书中研究了分工的社会功能,并揭示了决定分工的原因和条件。他认为,造成分工的原因是人口的增加，而随着人口增加生存竞争也在加强。在此种情况下，分工是保持和维护该社会的唯一手段，也是建立新的团结、使社会有可能朝着进步方向发展的唯一手段。他把社会分为两种：机械团结的社会和有机团结的机会。前一种是由个人的相同性与相似性决定的，它靠超越于个人之上的传统权威来维持。古代的、不发达的社会就是这样的社会。有机团结的社会就像具有各种器官的有机体一样，个人按分工执行着专门的职能，因而相互依赖而结成有机的整体。所以涂尔干说，当同质的结构、简单的社会向异质的、结构复杂的社会变化时，劳动分工是维持社会团结的基础，它使社会中人们之间的相互依赖性加强。① 这样，由劳动分工所引起的社区职业结构的变迁就构成社区变迁的另一个主要的方面。

下面我们通过对 20 世纪 80 年代广州鹭江的个案分析，就可以看出劳动分工所引起的社区职业结构的变迁。

鹭江村是广州市海珠区新滘凤和乡的一个自然村。村落本身占地约 0.21 平方公里。截至 1983 年底，全村常住人口为 2175 人，总人口比 1948 年的 1000 人增长了 97.7%。② 全村人口的居住密度为 10357 人/平方公里，比广州市区平均 26569 人/平方公里的居住密度低一半多。③

据我国老一辈社会学家杨庆堃教授的研究，20 世纪 40 年代的鹭江社区的自给率相当高，约为 77%④。其劳动分工主要还是在年龄和性别的水平上，因此相互依赖范围主要还是限制在家庭内、邻里内，社会团结也就是以此为基础。可见当时这个邻近城市的广州农村社区还相对封闭。到 1988 年，据郝令昕研究⑤，鹭江村自给率几乎为零，劳动分工已发展到劳动专门化的水平上。劳动分工引起了社区职业结构的变迁。鹭江村家庭的非农业劳动力比例达 46%，职业异质性也高，家庭手工业已完全从农业中分离出来，运输、商贩、饮食、建筑等专门的行业也相继形成，商品经营范围也扩展到鹭江这一小社区之外。这样，相互依赖范围由具体的小社区扩大到社区外各种不同行业之间，由乡公所维系的团结也扩展到比鹭江村大得多的较大社区中。可见鹭江村已变成一个开放的社区，成为更大社区中的一部分。我们从鹭江社区职业构成的纵向变迁中可以看出，与 40 年代相比，鹭江社区目前无论是集体经济的农、工、副业分工或是家庭内与家庭间的劳动调剂分工，都在向着生产专门化方向发展。我们可以从一个社区的职业结构的变化方面看出一个社区的变迁，以及它的发展水平和劳

---

① Emil Durkheim, *The Division of Labor in Society*, New York: Macmillan Company, 1964, p.131.
② C. K. Yang, *A Chinese Village in Early Commiunitst Transition*, Massachusetts: M.I.T. Press, 1959, p.14.
③ 《广州年鉴（1985 年）》，广州年鉴出版社 1986 年版，第 165 页。
④ C. K. Yang, *A Chinese Village in Early Communitst Transition*, p.54.
⑤ 参见中山大学社会学系研究生：《社区研究论文集》（1985 年），第 45 页。

动分工的发达程度。例如，一个社区过去绝大多数成员是从事农业劳动的，现在从事工业、商业、服务业、交通运输业和科学文教事业的人的比重显著增加，这就表现出这个社区的职业结构变化，从而导致其发展水平亦发生了巨大的变化。

（三）社区中组织的变迁

社区中的组织是为了适应一定的社区生活需要而建立起来的，每个组织都有自己的目标和特定的功能。为了实现组织的目标，组织内部都有相应的结构和管理体系。随着社区生活的发展和人们需要的变化，社区中的组织也是在不断发展变化的。例如，1958年我国农村社区普遍建立了人民公社管理委员会，成为我国农村社区中行政管理的组织形式。到1982年，由于客观形势发展的需要，撤销人民公社管理委员会，改为乡人民政府。原有的县—社—队的农村组织管理结构是适应"人民公社化"的农业生产资料公有化和军事化原则建立的，实行从政治生活到劳动分工的统一控制；1982年的县—区—乡组织结构则是实行家庭联产承包责任制后，为适应生产、生活家庭化而非集体化而建立的，其建立又促进了家庭联产承包责任制的发展。这样，由于农村社区中的组织制度的变迁，使得整个农村社区都发生了巨大的变迁。这种变迁一方面反映了社会的发展对社区的制约和要求，另一方面也反映了社区中组织的变迁产生的重要影响。

（四）社区文化价值观与行为规范的变迁

社区文化价值观及行为规范是社区成员活动的导向与标准的体系，它包括了社区中的习俗、道德、礼仪、宗教、法律制度等。社区文化价值观及行为规范的产生根源于社区成员共同生活的需要。由于社区成员在共同的社区生活中结成稳定的社会关系，采取了共同活动的方式，这样就产生了共同的文化心态，并在客观上要求有一定的规范来引导所有社区成员的思想、行为。这样就导致了社区文化价值观及行为规范的产生。

社区文化价值观及行为规范的变迁也受社区一定的政治、经济和文化发展程度的影响和制约，同时也影响着社区生活的其他方面，构成了社区变迁的一个主要的方面。

任何一个社区的成员都有一定的价值观念和对事物的基本态度。这种价值观和态度决定着社区成员的行为动机、行为趋向和行为方式，从而进一步影响社区成员的社会交往和他们之间的社会关系。这些社区成员的价值观的变化受到社区内外多重因素的影响。

例如，在20世纪初期我国云南的一些山区，社区成员把放火烧山看作正当的行为，把做买卖、商品交换看作不光彩、不道德的勾当。一户农民要种十多种以至几十种作物，以求自给自足。云南省勐海县西定区有一户人家，杀了口猪在区上卖，卖了三天还没卖完——没人买。据王小强、白南风的研究，与发达地区的社区成员相比，落后地区的社区成员普遍存在着进取不足而守成有余的明显特征。他们认为，落后地区社区与发达地区社区一样，都在经历一个由传统到现代、由守成到开拓的观念变迁。但是由于落后地区社区成员的观念变迁动力不足，会日益落后于发达地区的步伐。[1]

反过来说，当社区观念发生了变化时，也会极大地影响社区成员的行为取向。如在我国农村改革初期，宣扬劳动致富观念就是至关重要的一步。当社区中劳动致富的观念被认可，人们不会谈富色变，这就会使社区成员把劳动与自身利益联系起来，从而焕发出更高的劳动热情。又如尊重知识的观念在一社区被确立，就会影响该社区成员的受教育水平、职业结构、权力关系和管理方式等。

由此可以看出，社区文化价值观和态度的变迁与社区的变迁息息相关，并且又互为因果。在考察社区变迁时，一定要注意到这互为因果的两个方面，对社区文化价值观的变迁在社区变迁中的地位和重要性做出准确的评价。

社区的各种结构变迁是相互联系的。结构的变迁引起价值观和行为规范的变迁，而价值观、文化观念的变化又可以促进结构的变化。二者相互影响、互为因果。一般来说，社区内的结构变迁引起社区内的文化变迁；社区外的结构和文化变迁将影响社区内人们的观念，从而促进该社区结构的变迁。我国农村家庭联产承包责任制的实行使沿海农村社区人们的价值观和行为方式产生了很大的变化。这些变化及其产生的物质成效影响并改造了内地农村干部和群众的思想，使最初对家庭联产承包责任制有抵触或抱观望态度的某些地区实行了家庭联产承包责任制，生产迅速发展。由此可见社区这几个要素变迁的紧密联系。

二、社区变迁的一般性质

（一）社区变迁的时间性

社区变迁按经历时间的长短可分为长期趋势的变迁、循环变迁及短期变迁等不同形式的变迁。[2]

---

[1] 王小强、白南风著：《富饶的贫困》，四川人民出版社1986年版，第59~60页。
[2] 参见蔡宏进著：《社区原理》，第205~206页。

社区的长期变迁是指从一个长时间去看社区的全部要素或部分要素具有朝同一方向变化的趋势。例如，农村社区向城市社区这种从传统到现代的社区转变，就是一种社区的长期变迁。

社区的循环变迁是指变迁有周而复始的特性，过一段时间之后就有可能回复到变迁的原点。例如，对家庭的观念，美国人从传统的重视家庭至20世纪六七十年代的抛弃家庭，现在又开始回到家庭中去，呈现出循环的变迁现象。

社区的短期变迁是指短时间内社区中突发的、持续时间较短的变化和摆动。如天灾给社区带来的影响，如大的地震、洪水等一夜之间能把社区的设施、建筑等几乎全都毁掉，造成社区成员的大量伤亡。这种变迁历时短，但对社区的影响却很大。所以在研究社区变迁时，对这种突发的、灾难性的短期的社区变迁及影响要有足够的注意。

（二）社区变迁的范围

从社区变迁所涉及的范围来分，可以将社区变迁分为超社区的变迁、全社区的变迁和社区局部的变迁。①

所谓超社区的变迁是指变迁的范围不仅涉及社区的全面，而且还涉及整个社会。社区的变迁仅是这种整个的社会变迁的一部分而已。这种变迁通常是根本的，并且也是较重大的，如战争的发生、大规模外族入侵、整体经济的急速增长以及波及社区的社会运动都属于这种超社区的变迁。这种变迁不仅涉及社区的整个结构以及社区生活的各个方面，而且社区外的社会成员也受其影响。

全社区的变迁是指社区整体的变迁，一方面属于社会变迁的一部分，另一方面属于本社区所独有的。如深圳整个城市的变迁从整体上说属于中国社会变迁的一部分，但其具体的变迁过程和变迁的方式有些又是属于深圳经济特区所独有的，影响到该社区全面的、各个方面的结构。如其经济活动以发展外向型经济为主，人口以新移民为主，所有社区成员的生活就必然呈现出不同于内地其他社区的特点，如人际关系较疏远、行为规范与观念趋向功利主义等。另外，如社区内某些综合规划的完成，也属于社区内独有的全社区的变迁。

社区局部的变迁是指社区结构的一部分或社区生活的局部方面所发生的变化。如社区内领导人员的更替，某些生活条件的改变，一部分社区成员的更新，都是社区局部结构或局部性质的变迁。这些变迁相对来说程度较轻，所牵涉的面也较小。

---

① 参见蔡宏进著：《社区原理》，第205页。

（三）社区变迁的方向

我国台湾学者蔡宏进认为，社区变迁的方向可从不含价值判断的客观观点和带价值判断的主观观点来分析。他根据对台湾的研究，指出了台湾社区近年的变迁特征（也是社区现代化过程中呈现的普遍特征）。[①]

从不含价值判断的客观观点来看，社区变迁一般具有以下特点：

（1）社区中社会产品的数量增加。一般来说，社区中社会产品的数量都呈上升或增加的趋势，自然资源却处于减少的趋势。如房屋住宅、车辆、日用品以及垃圾都在增多，耕地面积、森林面积和矿藏量都呈下降趋势。

（2）社区中原来的带有神圣性的价值体系逐渐消失，变得具有世俗性和功利性。例如，传统农村社区中宗教活动非常活跃，很多农民都崇拜神灵。经过多年的社会变革和社区变迁，现在农村居民对神灵的虔敬程度已大大下降，年轻一代的农民更注重对经济利益的追求，更趋向于世俗性和功利性。在都市社区中这种世俗性、功利性就更为明显。

（3）社区由较同质性变为较异质性。在社区变迁过程中，尤其是在社区人口增加很快的沿海城市社区和特区社区，社区结构的复杂性大大增加，由于迁入人口的背景差异较大，分工更为专门化，所以社区居民价值观以及行为的差异也更大。就是在内地一些变迁速度较慢的社区中，由于与更大的社会进行着不断的信息流、物质流的交换和人员的流动，所以社区成员的态度行为也从较同质性变为较异质性。

（4）社区从较重视习俗变为较重视科学。当今科学技术的发展成为社会发展的主要动力。无论在农村社区，还是在城市社区，一般社区成员都能接受和使用科技产品和成果。原来靠天吃饭、靠经验种田的农民，现在也能接受科学思想与观念。旧的风俗习惯在年轻一代中的影响力已逐渐减弱。科学技术发展的结果引起了农村社区中许多民俗信仰与技艺逐渐削弱甚至消失。而在城市社区中，人们更是崇尚新的思想、新的潮流和新的生活方式。

（5）社区成员从较初级的关系变为较次级的关系。社区成员间彼此不计利害的亲密的社会关系逐渐削弱并消失，代之而起的是次级的契约式的社会关系。这种变迁的方向与人口都市化和社会经济的急速发展有关。

另外，从带价值判断的主观观点来看，社区变迁有以下几种变迁的方向：

（1）变迁是一种令人高兴的进步趋势。从主观的价值判断出发，可以把社区变迁看成一种令人高兴的、具有进步意义的趋向。认为社区变迁可以强化合理的社区结

[①] 参见蔡宏进著：《社区原理》，第206页。

构现状，淘汰落后的生活方式。社区变迁的结果也常可使社区的生产效率更高，生活内容更为丰富。

（2）变迁是一种令人悲哀的、退步的、产生社区问题的变迁趋势。社区变迁从另一方面看也常被人感到是一种令人悲哀的趋势。因为在社区变迁过程中产生出许多新旧观念与制度的冲突，常使一部分社区成员感到不习惯，感到心理压抑。另外，有些社区变迁产生的副作用太多，也常令人困扰。如工业化所带来的社区环境污染就是现代化发展中所面临的一个很大的问题。

（3）社区变迁是无所谓令人高兴还是令人担忧的自然过程。有一些微小的社区变迁，其影响不大，不能引起社区成员强烈的好坏之感，故听之任之，随其自然发展；有些社区变迁所带来的好处和恶果都差不多，基本上抵消，这无所谓好坏，也就不以好坏作区分。

三、影响社区变迁的因素

影响社区变迁的因素错综复杂，社区变迁往往不是由某一孤立因素所造成，而是由许多相互关联的因素所引起。这多种因素彼此紧密相联，任何一个因素发生变化都会影响到其他因素的变化。同样，任何一个因素也会与其他因素相结合，共同对社区变迁产生重大的影响。例如，社区的人口通过社区的组织和技术的改变而适应社区的环境，社区在自然环境和人文环境方面的变化都必然会引起社区组织方面的变化。

通常能够对社区产生根本性的影响的主要因素有科学技术、人口和环境三个。

（一）科学技术对社区变迁的影响

马克思主义认为，科学技术是生产力。科学技术是社区变迁的一个非常重要的因素。以中国农村的最近变迁为例。从20世纪90年代开始，中国提出要推进农业高新技术产业化，农业部自1998年组织实施农业科技产业化项目，对加快农业科技成果转化、农业产业化迅速发展和重大优势农产品竞争力的提升起到良好的促进作用。2005年国家发布《中共中央国务院关于推进社会主义新农村建设的若干意见》，大幅增加对乡村基础设施的投资，推动农业现代化。

表3-2的数据显示，全国农村农业机械拥有量在1978—2014年间增长10倍以上，2000年以后的增长速度大大高于之前，反映出近年全国农村农业生产的机械化程度大大提高。农业技术的改进对村落产生了重要影响：①使农村剩余劳动力进一步解放出来，可以从事其他行业，使乡村职业多元化；②与工业化一起，促进乡镇企业的产生和发展，吸纳农业剩余劳动力；③提高了对农业劳动力的素质要求，增强乡村

人口进行教育投资、人力资源投资的动机；④提高了农村的整体生产率和经济收益；⑤国家加快对农业现代化的引导是农业工业化的根本途径，也是突破城乡二元结构和农业、农村发展相对缓慢局面的一个重要手段。

表3-2 全国农村农业机械拥有量

年份	农业机械总动力/万千瓦	大中型拖拉机 数量/台	大中型拖拉机 配套农具	小型拖拉机 数量/台	小型拖拉机 配套农具	农用排灌柴油机 数量/台
1978	11749.9	557358	1192000	1373000	1454000	2657000
1980	14745.7	744865	1369000	1874000	2191000	2899000
1990	28707.7	813521	974000	6981000	6488000	4111000
2000	52573.6	974547	1399886	13643696	17887868	6881174
2010	92780.5	3921723	6128598	17857921	29925485	9462526
2014	108056.6	5679500	8896400	17297700	30536300	9361300

资料来源：《中国统计年鉴（2015年）》。

日常生活中的技术变革主要包括消费劳动产品（电冰箱、洗衣机等）、技术空间产品（空调、电梯等）、休闲娱乐产品（电视、照相机、电影等）、信息和通讯技术产品（手机、网络等）、交通技术产品（摩托车、汽车）等五大类产品的使用及改进，从而带来生活方式上或显或隐的改变。这些技术产品在农村中普及使用（表3-3），对农村人际关系、生活习惯等产生了重要影响。例如，21世纪之前没有乡村家庭汽车拥有量统计，2014年平均每百户已有11辆；同期摩托车拥有量增长3倍。这两种交通工具的增加大大便利了乡村农户的运输和出行，对生产和生活都产生了积极影响。

表3-3 全国农村居民家庭平均每百户年底耐用消费品拥有量

耐用消费品	1998年	2005年	2014年
家用汽车/辆	0	0	11.0
摩托车/辆	16.5	40.7	67.6
洗衣机/台	24.32	40.2	74.8
电冰箱/台	10.64	20.1	77.6
彩色电视机/台	38.24	84.0	115.6
照相机/架	2.7	4.5	4.5

资料来源：《中国统计年鉴（2015年）》。

传统的农村中，农村家庭需要有相当的劳动力投入家务劳动中，如做饭、洗衣服等，这主要是女性在充当这个角色。消费性产品如微波炉、洗衣机的使用则大大减少了家务劳动的时间，使劳动力在某种程度上解放了出来，从家务劳动节约下来的时间可以用于休闲或者从事其他工作。从性别分工角色看，从家务解放出来的妇女投身于其他非全日制劳动或生产，改变了农村中的性别分工关系。电视在今天的农村已经普及，乡村居民能够通过电视了解全国乃至全球的资讯，但同时可能使邻居串门的频率下降。20世纪90年代以来，村民采用电话、手机越来越普遍。这类通讯方式的改进最直接的一个结果是与距离远的人联系方便了，也即"距离的消失"，村民可以通过这类产品取得与外界的联系和获得外界的支持。公共交通工具的改善及私人交通工具的运用，不但能够增加市场机会、拉动地方的发展，也使村民的生活更加便利，与外界的联系更加密切。但是，这些也必然会导致社区内邻里关系和人际关系的变化。

（二）自然环境因素对社区变迁的影响

自然环境变化对社区变迁的影响往往是根本性的，但发生时间长短不同，可分为突发型和渐变型。自然灾害是最常见的突发型的环境变化，如地震、风暴、泥石流、火山喷发等。自然灾害能够彻底改变甚至摧毁社区。

以地震为例。最近一次发生于中国的强烈地震是汶川大地震。北京时间2008年5月12日（星期一）14时28分04秒，震中位于四川省阿坝藏族羌族自治州汶川县映秀镇与漩口镇交界处，根据中国地震局测量地震烈度达到11度。这次大地震把接近震央的映秀镇几乎夷为平地。强烈地震造成的地裂、山体滑坡、河流改道等使映秀镇及其附近村落原有的居住区被彻底摧毁。国家以及其他省市提供了大量人力、财力和物资支持映秀镇重建，三年后在原址隔河对岸重建起一批居民安置区。然而，未等灾民完全入住，又遭遇2011年"8·14"泥石流袭击，受影响的住宅项目需要搬迁重建或者重新评估修复。经历两次重大自然灾害之后，映秀镇重建为"旅游温情小镇"，居民能够再次聚居于自己的故乡。但显而易见，原有的社区已经完全改变。新建的七村一社区街道左边是一式羌族碉楼式民居建筑，右侧一式是川西式四合院建筑。居民住户有原来的映秀镇居民、也有来自附近或更远地方的居民。对于这些居民来说，"重建"不但指房屋、公共设施，也指生活方式和家庭关系、邻里关系。一些社会学研究指出，对于震后余生的个人或家庭来说，关系的重建和生活的重新适应甚至比生活设施的重建艰巨得多。

渐变型的自然环境变迁对社区的影响持续时间很长，可能从某个方面、某一部分开始逐渐深入、扩展，最终使社区完全改变。中国甘肃省民勤县位于河西走廊、腾格里和巴丹吉沙漠之间的绿洲之上，是古代丝绸之路的重要中转站，为汉代以来各朝代重要的戍兵或屯丁之地。清朝重视边政，努力招募人口到该地区开垦，人口越来越多，20 世纪人口继续增加至 10 万人以上。绿洲生态环境脆弱，水源有限，河流和地下水都难以负载过多的人口和过度的农垦。随着开垦深化，绿洲逐渐沙漠化，表现为石羊河枯竭、地下水因过度抽取而水位下降、土壤盐渍化，导致人畜饮水困难，树、草和农作物都难以生长。[①] 自然环境的生态脆弱性和沙漠化使民勤县一直被外界列为贫困地区和生态移民输出地，其社区也不稳定，处于持续变化中。

　　实际上，自然环境的渐变是直接或间接由人类活动造成的。科学技术进步使人类开发和利用自然资源的能力增强，但资源的过度利用反过来恶化了自然环境。在民勤地区，当河水和泉水不足时，居民打井修渠开采地下水，地下水水位下降使地表植被死亡、土地沙漠化，无法支撑社区生存。有些社区本来就是由于资源开采导致的人口与相关产业聚集而兴起的，本书第二章所列举的资源型城市就属于这种类型。这些社区也会由于资源枯竭而衰亡。学者指出，这种资源枯竭社区在中国有多个（表 3 - 4）。当依靠自然资源成长并支撑社区生存的主要产业由于资源枯竭而衰落时，社区经济就需要转型，寻找新的经济资源发展新产业，否则经济无法支持人口生存发展，就会发生人口迁移，相当于某种"生态移民"，而人口特别是青壮年劳动力、高素质劳动力的流失会导致社区进一步衰落。

表 3 - 4　资源枯竭型城市地区与产业分布

城市类型	城市数量/个	城市名称及地区分布
煤炭城市	22	地级市：辽宁阜新、辽宁抚顺、吉林辽源、黑龙江七台河、安徽淮北、江西萍乡、山东枣庄、河南焦作、陕西铜川、宁夏石嘴山；县级市：山西孝义、辽宁北票、吉林九台、吉林舒兰、湖南耒阳、湖南资兴、广西合山、四川华蓥；市辖区：河北承德鹰手营子矿区、河北张家口市下花园区、辽宁葫芦岛市南票区、辽宁辽阳市弓长岭区
有色冶金城市	7	地级市：安徽铜陵、湖北黄石、甘肃白银；县级市：湖南冷水江、云南个旧；市辖区：辽宁葫芦岛市杨家杖子区、云南昆明市东川区
黑色冶金城市	1	县级市：湖北大冶

[①] 秦小东等：《沙漠化地区乡村社区生态移民影响因子与预测模型研究——以民勤湖区为例》，《西北人口》2007 年第 2 期。

续表 3-4

城市类型	城市数量/个	城市名称及地区分布
石油城市	3	地级市：辽宁盘锦；县级市：湖北潜江、甘肃玉门
森林工业城市	6	地级市：吉林白山、黑龙江伊春；县级市：黑龙江五大连池、内蒙古阿尔山、吉林敦化地区、黑龙江大兴安岭地区
其他城市	5	地级市：江西景德镇、重庆市万盛区；县级市：河南灵宝、湖北钟祥、贵州铜仁

资料来源：张亲培、孙悦：《资源枯竭性城市转型的个案研究》，《经济纵横》2010 年第 9 期。

（三）人口因素对社区变迁的影响

社区人口包括社区原住民和外来移民，其数量、结构、移出和移入都能够影响社区的状态。人口数量是影响社区变迁的重要因素。以中国甘肃省民勤县为例，人口聚集开发绿洲，发展农业和服务业，形成繁荣的社区。但当人口总量过大，过度开垦破坏了社区人口与资源之间的相对平衡时，环境沙漠化导致生产能力下降，社区长期陷于贫困状态，于是民勤居民持续移出，寻找生存条件更好的社区。20 世纪下半期以来，全球城市化加速，由于城市具有更多的工作、教育等发展机会，公共服务设施通常较乡村更完善，不少乡村社区人口迁移到城市居住，从而导致乡村社区衰落。近年中国大陆和台湾地区有不少出现这种变迁的社区探索和发展出复兴社区的方式，通过修复社区可供利用的景观、引入投资和产业、激活原有资产等，吸引居民和游客，使社区再现活力，称为"社区营造"。

四、中国传统乡村社区的变迁分析

社区变迁是外力和内力相互作用的结果。20 世纪中国传统乡村社区的变迁尤其能够体现这种复杂的过程。费孝通对江苏省吴江县（今苏州市吴江区）江村社区 50 年来的追踪考察，勾画出一个比较完整的社区变迁历程的图景。

江村位于河渠纵横、气候温暖的长江三角洲上。1936 年的江村，面积 3065.8 亩，人口 1458 人，江村的自给自足性很强，河道把它与其他地方划分开来。它有自己的农田和水域，有自己的航船从事交通和运输，宗教、娱乐活动也只在村中举行。①

江村的这种地理环境及其社会生活条件，决定了江村社区具有较强的封闭性，村内居民对这个社区有强烈的认同和归属感。费孝通指出本村具有与外村显著不同的三个特点：①本村人说话时，吐字趋于腭音化；②妇女不下田干活；③妇女总是穿裙子。外来户即使在村中居住很多年，仍然被看作外来人。

传统的封闭社区中，居民们的关系是合作的、协调的，很少竞争和冲突，社区的权力结构简单，居民世代遵循祖传的习惯行事。江村社区中，村长是村中的领导人，他负责处理村政府的日常公务，如接待来访者、代办书信公文、仲裁争议、管理公共财产、传达上级命令等。村长不是世袭的，一般推举有文化、有威望的人担任，没有特定的经济报酬，但受人尊敬。村中重男轻女思想较重，在家庭中，妻子必须恭顺丈夫，服从婆婆，没有独立的权利。

江村社区有着比较独特的生产结构。江村以农作物种植为主业，种稻的收入占一半以上；蚕丝业是最主要的副业。这种生产结构影响了社区居民的文化和价值观念。蚕丝生产一般由妇女担任，妇女的社会地位就受她的生产技能的影响。新入门的媳妇必须经过这样一种考试：婆婆在媳妇新婚后第一个春天送给她一张经过挑选的好蚕种，她要靠自己的能力来喂养这批蚕，如果她养得好，就能赢得婆婆的好感。这段时间被认为是妇女一生最重要的时刻，据此确立她在夫家的地位。

滕尼斯指出，传统社区的特征与现代社区的特征明显不同：传统社区富有人情味、非形式化、传统、感情多样化，总而言之，社会关系的基础为感情及内在投入；现代社区是非人格化、契约式、功利主义、理性、专门化的，总而言之，社会关系的基础是利益的竞争和冲突。费孝通所描写的20世纪30年代的江村正是传统社区的写照。

虽然这种传统社区是稳定的，但社区外环境发生了变化而对社区产生影响时，社区内部就产生竞争或冲突的压力，迫使社区发生结构变迁。

1936年前后，由于世界生丝市场变动，生丝价格下跌；同时由于农村蚕丝生产技术落后，生丝质量低，从而市场需求减少。这导致农民收入降低，传统家庭蚕丝业濒临破产，较大地影响了农民的生活。这时，由江苏蚕丝业学校发起并协助进行的蚕丝生产技术改革，很快为江村农民所接受，并实施起来，成为江村社区变迁的契机。首先是对蚕丝生产过程——从选种喂养到防疾病等过程进行技术指导，提高了蚕茧质量和产量；其次是改革传统缫丝工艺，引进加工机械，通过机器生产，生丝质量有所提高，农民增加了收入。从此，村里出现从事另一种职业的人——缫丝工人，这对江

---

① 本小节以下资料及引述均来自费孝通著：《江村经济——中国农民的生活》，商务印书馆2001年版。

村社区文化产生了影响。

缫丝厂的出现，对家庭关系的直接影响是：改变了厂内女工的经济地位和家庭地位。女工自己有了经济收入，她在家中不再总是一个附庸，她有权力自由支配一部分收入，有权力陈述自己的意见；因为媳妇工作，婆婆还会接替她的家务。这样，家庭成员就开始有平等化倾向。有这样一个例子，一个在村中工厂工作的女工因为下雨时丈夫忘记送伞给她，竟敢公开责骂丈夫。

由于缫丝厂为社区提供了新的职业和收入来源，因而也增加了社区成员社会流动的机会。以前由于蚕丝业衰落，以及高利贷的压迫，村民向下流动的可能性较大。现在工厂在社区兴起，社区成员的水平流动就增加了，一些有技术、有知识的人还获得向上流动的机会。例如村中的周先生，读过书，在家务农，由于他认识字，有能力，较年轻，成为蚕丝技术改革工作的助手，最后被高一级的行政管理机构任命为乡长。他的向上流动机会是通过参加这项改革计划而获得的。

可见，在蚕丝价格的变动及技术输入等外部因素的影响下，农民为生计要求生产改革的推动下，江村社区进行了生产改革。这个改变使原来家庭成员之间的主从关系和社区的管理权力这些稳定的社区关系出现了新的竞争因素，家庭中夫妻关系、婆媳关系趋向平等，社区的管理者之间出现了竞争。但此时江村社区的变迁主要是在外部因素的作用下产生的，而在这些因素中，市场价格的升降是独立于社区外的，即蚕丝质量的提高不一定能增加销售量。同时，在社区内部，办工业所需的资金严重缺乏，销售渠道单一且不畅。因此，社区内外环境对社区工业发展总的来说是不利的。故而因工业的出现所引起的社区变迁规模较小，结构和功能分化也较浅，这个变迁是短暂的。尽管如此，乡村工业仍以其不同于农业的优越性在农民心中种下了根，其影响是不可低估的。

1951年进行土地改革，彻底改变了土地私有制，实现耕者有其田。其后，又进行了合作化运动，实行集体生产、集体分配。这些全国性的发展运动推动了江村社区的发展。首先是社区管理体制的建立，实行了分级管理制，各乡村每一级有一个委员会和一个领导人，委员会由18岁以上村民民主选举产生，村领导同时负责合作社的工作。新社会提倡男女平等，妇女在家庭外工作的时间转多，因此平等及婚姻自主等新思想开始生长，但家庭中的传统主从关系仍占主要地位。这样，由于土地所有关系以至生产关系的转变，管理制度开始专门化、形式化，家庭成员之间的竞争关系趋于明朗化。首先，农业结构的调整，实行多种经营，较大地提高了农民的收入，积蓄增加。其次，调动了农民的积极性，新的劳动组合提高了劳动生产率，从而把原有的潜在过剩劳动力释放出来。人口的绝对增长（从1936年的1440人增加到1980年的2308人）和劳动力的相对过剩，形成了一股强大的内部压力，促使社区产生第三次，也是最具意义的发展——乡村工业的重建和迅速成长。

江村一带具有悠久的家庭缫丝和丝织手工业史,该行业是农民收入的第二个主要来源。1936 年建的缫丝厂在抗战中被拆毁,但多年来村里的农民对它仍念念不忘。"因为村里有一个小工厂,好处是太多了……",它增加了工作机会,培养了技术工人,对农民收入的提高的作用是很显著的,因而农民对办企业有浓厚兴趣。费孝通认为,这个农工相辅的传统是乡村工业兴起的另一个内在动力。1968 年,江村开始重建缫丝厂,但水平很低,一直到 1975 年,才真正有所发展。1979 年起推行的农村经济体制改革,更大大推动了农村工业的发展。以该乡南郊的两个村的收入来看,1979 年农业占 50%,工业占 27%,副业占 23%;1980 年农业占 41%,工业占 40%,副业占 19%。1985 年,江村工业产值占工农业总产值的 60.4%。江村在 20 世纪中后期的变迁,是在中国社会大改革的浪潮推动下,在乡村农民的热烈响应下发生的。内外因素的交互作用形成的强大动力,使江村社区的结构分化,无论在社区分工、分层、权力结构、家庭、组织等方面的分化变迁比以往任何一次都深刻得多。

农村工业化对农村社区有强大的冲击力,它向来是传统社区向现代社区转化的契机。结合整个苏南地区,考察江村社区的发展,可以总结出乡村社区变迁的以下特点:

(1) 工业的发展促进了农业发展,"以工补农""以工建农"形成良性循环。仅苏州一个市,"六五"期间用于补农、建农的资金在 5.5 亿元,相当于国家同期投资的 4 倍多。苏州市 42 个工业发达的村实现农业机械化,三麦、水稻从种植到收割的机械化程度分别达到 85% 和 55%。农民收入大大增加,1981 年江村人均收入 130 元,1985 年增加到 712 元。收入的增加促进了农民消费观念的改变。如今整个吴江县农民的生活标准是:"吃饭讲营养,穿衣讲式样,住房讲舒畅,走路就方便,用品要高档"。江村社区农民的生活消费水平已接近甚至超过了城市居民的平均水平。

(2) 职业结构也出现了分化。乡村工业的兴旺发达,是因为出现了大批兼职农民,这些农民以工业为主,农业为副,工农兼顾。随着工业的扩大发展,农村中的工人阶层正在日益扩大。

(3) 分工和职业结构的分化改变了江村社区的文化和价值观念,以潜移默化的方式使商品思想、现代化思想逐渐取代了农民原有的封建小农意识,并通过增加收入和扩大互动关系网,使农民认识到现代生活的宏大画面,从而其观念不知不觉地发生变化。这些变化表现为几方面:

第一,追求知识。为了在商品市场上出奇制胜,必须依靠科学技术,农村社区兴起学习文化、科学技术的热潮。邻近的沙洲县甚至自筹资金办起全国第一所县级大学——沙洲工学院,从 1979 年到 1984 年间,用于人力投资的数额累计达 4000 余万元,受技术培训和委托中专以上学校代培学生达 7 万余人。

第二,商品经济观念充分发展,竞争观念代替了封建的传统观念习惯。千百年来以农为本、轻视工商的思想被彻底打破，代之以"户户做工，人人经商"，计算效益、开展竞争的商品经济观念得到宣扬。从他们对"人无我有，人有我优，人优我新，人新我廉，人廉我转"的经营口号的强调可见一斑。

第三，社区在传统的合作、协调的互动关系中出现了竞争、冲突的互动关系，使社区互动的内涵更丰富了，封建的人伦关系、宗法关系、平均主义为竞争关系、利益关系、制度化关系所代替。费孝通在《乡土中国》和《江村经济》中描述的重人情、轻交易、"出入相友，守望相助"的关系逐步改变，相信契约而非惯例，"亲兄弟，算明账，比收益"等观念开始在农村中流行。在工业创始阶段的一家一工、家庭式管理的企业，已逐步转变为择优录取、制度化和科层化。

由于江村一带乡镇工业多是轻工业，特别是纺织业，大量妇女进入工厂劳动，使家庭关系发生新变化。婆媳、夫妻、亲子间都趋向于平等互助。

（4）乡村工业打破了传统的、封闭的、地域的或血缘的共同体，逐步向开放社区转变。乡村工业化促进了人口流动、商品流动和文化流动，交通运输、通讯条件的改善把社区与外部社会紧紧连接起来。区域性经济联系由于生产和市场的关系而稳定地建立起来。封闭被打破，内外沟通加强，社区的异质性亦随之增加，逐步变为开放的、专业化的社区。

（5）乡村工农业的迅速发展使乡村社区结构和文化异质性增强。由于上述各过程的进行和加深，社区组织结构变得复杂化，文化多元化，异质性因而增加。收入的不同把江村居民划分为三个层次：①管理层，包括社区干部、科技人员与村级以上的企业管理人员；②非农雇员层，包括乡村工业、服务业和其他非农人员；③务农层，即纯务农人员，包括农、林、牧、渔各业从业人员。这些阶层的人数、比例在不断变化，由第三层转向第二层的越来越多。

从以上分析可以看到，现在的江村社区，从传统的社区转变为现代的社区而具有更多的滕尼斯所界定的现代社会特征，即社区结构分化进一步深入。

农村经济体制改革带给乡村的并不仅是分化，还有新的整合。制度整合和功能相互依赖整合的加强是不言而喻的。我们要特别注意的是家庭功能的再整合。

在人民公社时期，公社就是一个大农场，农民各司其职。80年代实行家庭联产承包责任制后，农田以家庭为单位进行包干，农作物生产从耕种到收成以至运输、销售由各家庭成员协同完成，这样，乡村中的家庭重新成为一个具有综合生产功能的单位。特别是乡村工业化后，家庭工业再度兴起，在长江三角洲和珠江三角洲这种状况特别明显。

费孝通在苏南调查中曾谈到这样一个典型例子。这户人姓杜，是杨中县新坝乡一个专门制造电冰箱所需的钢把锁的专业户，家中有老汉两夫妻、两个儿子、两个儿媳与一个女儿共7人。1981年他们家花了400元买了一台钻床，另外花150元买零件自装了一台小车床,用这点简陋设备,组成了一个家庭工厂。他们利用工厂的废钢料和钢渣,从熔钢、刻模、浇铸到切削加工,全由这个家庭承担。这个家庭工厂由家长杜老汉任厂长,兼供销及钳工工作,一个儿子负责车床,另一个儿子负责出模,儿媳、女儿当助手,妻子料理家务。家庭工厂开办以来,杜家建了6间两层的新房,除上交5%的产品加工税和1%的工商管理费外,积累资金添置5000多元设备,还有流动资金约5000元。家里3亩多责任田仍由自己种,年产1200斤粮食以作口粮。像杜家这种专业户,单是杨中县就有600多户。

从这些家庭工业户里,可以找到当年费孝通描写的江村家庭手工业的性质:家为单位,农工结合。家庭功能经过几千年曲折分化,再次成为具综合生产功能的单位。由于家庭功能的增强,促进了家庭成员关系的加强。有调查表明,家庭联产承包责任制实行后,家庭合作以亲属间的合作为主,亲属关系密切。但是,这种家庭功能的再整合,并不是传统血缘家庭整合的简单重复,它在许多方面与传统家庭不同。

首先是生产水平不同。无论是家庭农业还是家庭工业,现代家庭的生产水平都比传统家庭有了较大的提高,家庭经营的环境(包括资金、技术、市场等)也都比传统家庭好。家庭生产已不再是自给自足的小庭园经济,而是加入社会商品生产行列,成为供应整个商品市场的一个生产单位。如杜老汉家的钢把锁,大部分销给乡镇企业作为电冰箱配件。

其次,亲属之间的关系非宗法化。虽然在家庭经营单位中,分工和权力分配可能按照传统家庭的自然分工和长幼顺序来安排,但亲属成员的合作关系是以经济利益为纽带的,具有经济交换性质。以杜老汉家为例,厂长也是家长,主掌供销及生产计划大权,妻子当后勤,儿女当工人;但家庭收入是按讨论的原则,以计件工资形式进行分配的。这就破除了封建家庭宗法,亲属成员成为新型经济合作者。

最后,亲属成员的合作一般是非契约性的,流动性也较强。许多亲属成员的合作是暂时性的,忙时请来帮助,闲时各干各的。像杜老汉家这种单个家庭直系亲属之间的合作,则相对稳定一些。

可见,现代家庭的再整合,不是传统家庭的翻版,而是经历了一系列分化,在更高的层次上实现再整合。竞争关系的介入,并没有片面地引起社区的分化和冲突,而是同时引起了互动中合作与协调关系的深化。从整个社区看,家庭功能的这种整合由于具有比较浓厚的感情色彩,对促进社区的文化整合具有重大意义。它有别于西方社会学者所描述的资本主义工业化使社区分化程度提高、整合程度下降的状况,显示出中国工业化与传统文化相结合的现代化的特质。

总的来说,江村社区由于它原有的封闭性较强的同质性,以及它与邻近其他社区的相似性,它的变迁只能是由于强大的外力推动才发生的,但这种社会对社区的影响并不是某种简单的、彻底的强制,而是促使社区面对新的挑战。尽管这种社区的变迁相对于总的历史进程来说是十分迅速的，但从该社区具体的变迁过程中，我们可以看到它在经济、权力、人际关系等方面的渐进历程，这反映了中国传统农村社区在新中国成立前后，尤其是在当前改革中的变化。

第三节 社区的发展

社区发展是一种有方向性的变迁，它指社区的变迁是具积极性的。例如生产的增长、公益事业的完善等。社区的变迁可能是由自然因素引起的，如自然灾害、瘟疫等，或者是在外力推动下自然的变化过程；但社区发展就只能是有目标、有计划的、在人为的积极控制和推动下才发生的。因此，我们也可以把社区发展的过程，看作社区中的人们以积极的行动来改造社区，使之更适合于环境和人们的生活愿望的过程。

按1960年联合国发表的《社区与有关服务》（"Community and Related Servies"）一文[①]中所述认为，社区发展已经成为一个国际通用的名称，专指人民与政府协同改善社区的经济、社会及文化状况，把这些社区与整个国家的生活合为一体，使社区人民能够对国家的进步有充分贡献的一种过程。这种复杂的过程包括两项重要的内容：一是人民本着自动自发的精神，参与改善自己的生活水平；二是鼓励自动、自助、互助的精神，并使这种精神更能发挥效力，其表现方式是制定出各种目标不同的具体改进方案。

我们认为，社区发展是社会行动过程在社区中的具体化。它是人类有组织、有目的、有计划地在具体社区中，将社区各要素有机地组织起来，根据社区的共同需求，协调社区中各种力量，充分利用社区内外各种资源，采取一系列的步骤，其目的在于更好地解决社区问题，促进社区中物质文明和精神文明的建设，从而使整个社区处于良性循环之中。

一、社区发展的理论模式

由前述对社区发展的解释中我们知道，社区发展是一种组织民众、教育民众、引导社区变迁与促进国家现代化的工作过程。我们可以参考社会变迁和社会发展的一些重要理论模式，以之作为社区发展工作的理论指导。这样在具体进行社区动员时就会

---

① *Economic and Social*：*U. N. Official Records of the* 24*th Session*，Appendage item 4，20th Report of the Administrative Committee on co-ordination to the Council，Annexe Ⅲ，1956，p. 14.

有较清楚的认识,对社区发展的目标、方法,都会有全面和深远的考虑。这些理论模式中较重要的有系统模式(system model)、均衡发展模式(balanced development model)和问题解决模式(problem-solving model)等。

(一) 系统模式

所谓系统,是指"在一个因果脉络之中,各种要素或成分直接或间接关联的一个复杂体"[1]。其每一构成要素与其他要素相互关联,当某一要素改变时,引起其他要素随之改变。持系统模式观点的社会学家把社会系统当作一个功能性的实体,一个社区也可看作一个系统。这一学派的理论家,如帕森斯、霍曼斯(George C. Homans)和戴维斯等人提出系统平衡(system equilibrium)的概念,把系统平衡作为社会系统运行的目标或理论境界。系统在平衡的状态时,系统内部各单位互动关系十分良好,没有冲突与紧张,各部门的功能也发挥良好。

应用系统模式的理论指导社区发展时,首先要对这一理论模式的基本概念有一个了解,然后才能了解如何促使一个社区系统达到平衡状态。系统模式的重要概念包括:①一个系统有一定的范围,其范围内应包括多个互有关系的子系统和单位;②一个系统有其特有的目标与规范;③系统内含有角色、地位及阶层结构的性质;④系统内容包括奖惩的制度;⑤一个社区系统所包括的重要子系统有地方的、家庭民族的、非正式组织的、正式组织的、宗教的、教育的、政府的、卫生的、图书馆及新闻、大众传播媒介方面等。

为使一个社区的结构保持平衡,社区发展的设计或行动者要具备以下能力:

(1) 对来自系统外的冲击力及其对社区的影响力有深入了解,并能做出适当的阻止、保护、修改和适应的计划和行动。

(2) 对系统内一部门的变迁与其他部门变迁的相互关系要有深入认识,并于变迁发生的时候能设法维护原来各部门之间的平衡性,或顺应发展趋势将系统推向新的平衡状态。

例如,中国特有的镇社区就是一个多层次的社区系统。各个不同层次的镇社区彼此之间有着密切的联系。每一个镇是小的社区系统,它和更大的中心区以及更小的基层村相互依存,相互制约。镇社区还是联结城市社区和农村社区的纽带。所以,城市社区、农村社区和镇社区构成一个相互依赖的有机整体。我们无论是在研究城市社区,还是在研究农村社区和镇社区时,都不能把其中一个社区与其他几种社区分离来看,或把某一种社区发展作为一个孤立的发展过程来看,而要把它们作为同一社会经

---

[1] Malfer Backley, *Sociology and Modern System Theory*, New Tersey: Prenctice-Hall, Inc., 1967, p.41.

济变化过程中的不同侧面。这样，我们在做社区研究时，才能较客观地把握研究对象的特征和规律，才能得出科学的结论。

（二）均衡发展模式

社区发展的内容有二：一为经济发展，二为社会发展，这两者缺一不可。经济发展是促进社会进步的手段，而社会进步才是经济发展的目的。如果经济发展不能促进社会进步，那就不是一种好的发展方式。因此，世界各国经过长期的经验总结，形成了均衡发展的理论模式。这种理论模式运用于一个小社区之中，即将经济开发和社会发展看作一个变迁过程的两个方面，实行均衡发展。相反，在一个社区中，如果经济发展太快，而社会发展迟缓，两者差距越来越大，势必产生文化失调现象，引发许多社会问题。

例如，社区经济发展处于全国领先地位的浙江省温州地区在经济飞速向前发展的20世纪80年代中后期，出现了一些令人担忧的社区问题，如社区成员文盲率上升、中小学学生弃学率增加、违法活动增多等。这种社区发展中的经济、社会发展不平衡的问题，在其他经济发达地区也不同程度地存在。这是值得社区发展工作者注意和思考的问题。

另外，均衡发展模式的社区发展理论着重于以下几个概念：①社区的结构不断发生变迁，而变迁的方向都朝着引导性的目标；②所谓发展的目标是指向更进步、更成长、更成熟、更丰富并更有成就；③发展具有阶段性、层次性、时间性及可辨别的状态性；④发展的形式有很多种，可能是直线向前、螺旋式推进、定期摆动前进，或趋向专门化或特殊化的形态；⑤促进发展的因素包括一般自然的力量、社区外在环境的冲击力、社区内部的紧张因素；⑥社区或社会系统的发展效果因为各自发展潜力的不同而显出差异性。

（三）问题解决模式

社区设计人员与社区发展的实际工作人员常用这一理论模式处理社区发展的事务。运用问题解决模式常包括以下几个步骤：
(1) 确认问题性质。
(2) 建立与问题有关的处理结构。
(3) 研究解决问题的种种政策或方案，并对这些适用的政策和方案进行挑选。
(4) 提出并实施可以达到目标的方案。

(5) 对方案的实施进行监督和检查。①

对这一理论模式的运用关键在于如何确认社区发展中问题的性质和确定合适的解决政策这两个步骤上。要把所要确认的问题放在整个社区系统中加以确认，并从整体的角度去研究解决的策略，这样才能照顾到整个社区系统的平衡。例如，我们在做农村社区发展规划时，首先就要弄清本社区农业的基本特点，如本社区在全国或全省中的经济地位、人、地比例，生产布局现状与发展，并且要充分了解本社区所具有的农业生产特点与相邻社区的差别。然后要综合分析，评价各种自然资源和经济条件，发挥地区优势，克服不利因素，提出适应、利用和改造的途径。最后做出科学的论证，提出本社区发展中首先应解决什么问题，对解决这些问题提出技术上可行、合理的意见和建议。

以上三种理论模式不能绝对地分出优劣来，只能说在特定的情况下使用哪一种较好，或者也可以把三种理论模式综合加以运用。在使用一种理论模式的时候必须顾及其他，目的在于实现社区的均衡发展，使社区功能更为完善，各方面水平更加提高，社区成员的生活质量得到更大的改善。

二、社区发展的原则

由于社区发展是社区内各种要素和事物为达到一个目标而朝着正向的社会变迁的过程，所以在进行社区发展时要遵循以下原则。

(一) 民主原则

民主原则是指社区的发展目标及达到目标的步骤与方法，是经过民主程序制定的。社区推行一项服务计划，或修建一项公共工程，都必须提出几种方案并提供各种详细信息供居民参考，广泛征求社区内甚或社区外居民的意见。这样既可集思广益，少犯错误，又可最大程度满足社区内居民的需要。如广州市政府在兴修地铁时就通过大众传播媒介公布了几种修建方案，并在报纸上登载了各方面的不同意见，使大多数居民通过争论达成了共识。通过这种方式，在广州市地铁工程开工时，就在各方面得到居民的支持，因为居民也参与了社区决策的过程。

---

① Robert Perlman and Arnold Gurin, *Community Organization and Social Planning*：New York：John Wiley and Sons Inc.，1972，p. 58.

(二) 解决问题的原则

社区发展的目标应该指向解决社区问题，否则发展的结果就不能有效地改进社区的现实生活，也难以合乎社区的迫切需要。社区的问题有多种，但对社区成员来讲，这多种问题中有轻重缓急之别，所以社区发展到底要解决什么问题，就应该深入研究。所以本原则认为，在人力、财力、资源及时间都很有限的情况下，应先解决最迫切的问题。

(三) 自力更生的原则

社区自力更生的原则具体表现为：①应充分运用社区内部所提供的资源；②应充分依靠社区内部具有发展设计能力的人才；③应努力激发社区成员发展的需求。当然，自力更生并不是绝对排斥外援，但基点在于自助。例如，某村发展敬老院，虽然可以聘用外边的人来帮忙，但一定要立足于依靠自己的社区成员同心协力把项目办好，这样才符合社区发展的基本原则。

(四) 全体参与的原则

社区发展事务是全社区成员共同的事业，应该尽量由全体居民参与并推动。在开始进行时，可能会有部分社区成员不了解社区发展的意义与方法而不太乐意参与，或有人怕担负责任而不愿参与。在这种情况下，社区领导人员应带头做出示范并进行引导，减轻其他人的心理压力。如1987年在巴黎开展的"我爱巴黎"的运动，动员全体巴黎居民参与，收到了很好的效果。

(五) 自下而上的原则

社区发展的目标应该是社区大多数人所需要的，而并不是一小部分领导人员有要求。所以社区领导人要依据基层居民的意见，提出社区发展目标，才会得到大多数社区成员或下级组织的支持。社区目标的产生也应先由居民进行讨论，然后做出决定并贯彻执行。

(六) 物质文明与精神文明同步发展原则

社区发展是有目标的，改进社区的经济与文化条件是社区发展的重要目标。不但要大力发展社区的物质文明，而且还要大力发展社区的精神文明。从影响社区成员的衣、食、住、行条件到人的思想观念，人与人之间的关系都要同步发展。否则，虽然经济得到发展，物质财富也得到增加，但如果因此丧失了精神文明，丧失了社区的良好风尚，我们要付出的代价将是不可估量的。我们所说的社区中的两个文明同步发展，就是要两者全面地、协调地发展。两者相互联系，相互促进，相互制约，不可偏废。

三、社区发展过程

根据前述社区发展的理论模式和原则可以看出，社区发展应是一种由下至上的全社区成员参与的过程。在这种发展过程中，首先应发现社区存在的问题，找出社区成员共同的需求，然后针对这些问题和需求制定出社区发展的规划并进行实施。

(一) 发现社区问题和需求

所谓社区问题是指降低大多数社区成员生活的素质并给社区成员带来生活、工作、心理、文化等方面不良影响的因素。社区问题可能由自然灾害引起，也可能由社区变迁带来；可能由社区中一部分越轨分子故意制造出来，还可能由于社区执行发展规划时考虑不周所导致。社区发展的失衡引起社区生活的变化，尤其对城市社区成员的个人行为和态度等特性发生重要影响，由此引发的社区问题被一些学者称为城市社会病。例如，在西方，一些城市社区中犯罪、同性恋、家庭分裂、吸毒及病态心理等异常行为比例要比郊区和农村人口相对稀疏的社区中高出 1~3 倍。社区环境的恶劣也会影响居民生活，中国目前城市环境问题就十分突出。中国城市社区绿地面积普遍较少，同时城市社区大气污染情况也十分严重，人们生活在污浊的空气中，一些居民因环境污染而生病，甚至死亡。另外，噪声、工业污染和废物处理不好，也给社区生活带来很大的影响。

所以，社区发展要有效并产生令人满意的结果，首先就要找出社区问题产生的根源，并针对社区需求制定出社区发展规划，根据社区实际的人力、财力、物力，有计划、有步骤地解决所产生的社区问题，满足社区成员的共同需求，以推动社区在不断发展的过程中逐步提高全体成员的物质、精神生活的水平。

要发现社区的问题和需求，一般来讲可由以下几种方式进行：①由社区中的领袖、专业人士、社会活跃分子等敏锐且热心于公众事务的社区成员等发现。②由社区成员开会集体讨论。针对一些存在的现象，对社区现状进行分析讨论而发现。③由外来的专家帮助而发现。如社会心理学家对社区成员进行心理卫生普查时发现社区成员的心理疾患发病率上升。④由上级政府有关部门人员对社区进行全面调查时发现。如进行人口普查时发现社区中文盲率上升等。如能将上述几种方法相互补充而使用，就会尽早尽快发现存在的社区问题和需求，以求及时解决这些社区问题。

（二）制定社区发展规划

制定社区发展规划的主要目的是：有效地利用社区资源，合理配置生产力和城乡居民点，使部门之间、企业之间、生产性与非生产性建设之间在地域分布上协调组合，提高社区的社会经济效果，保持社区良好的生态环境，促进社区的开发与建设。

社区发展规划有三个基本的特点：

（1）战略性。这是指社区发展规划要对社区经济建设的战略布局做出重要决策，对社区的社会发展、经济发展将产生重大而深远的影响。

（2）具体性。这是指社区发展规划不能照本宣科，而是要根据不同社区的不同地理条件、社区成员构成、不同社区文化心态，做出具体的、因地制宜的发展布局和设想。

（3）综合性。这是指社区发展规划应采取现代综合分析方法，由自然科学家、社会科学家、政府工作人员和社区中的居民共同协商，相互配合，集思广益，以求制定出社区发展的最佳方案，并要注意社区中经济、文化、科技、社会的协调发展。

另外，由于社区发展是多因素、多变量、多目标并随时间而变化的复杂的动态系统，因此还可应用系统工程方法对其中不同变量之间的相互作用和因果关系进行量化描述，建立系统模型。还可使用电子计算机进行数据处理，以求找出实现社区发展目标的最佳方案。完成一个全面的社区发展规划，需要经过非常繁复的工作，这是任何个人均不能独自完成的。为着更有效地调动全社区的人力和物力，协调个人和各个组织之间的行动，需要特别成立一个组织来专门负责有关工作，这就是第三章曾提到的第二种类型的"社区组织"。社区组织专责于主持讨论问题，制定规划，执行规划全过程所涉及的人力、物力的调动工作；在规划完成之后，还常常负责做出重新检讨。一般来说，涉及面比较广的规划，要成立专门的组织担任主持；涉及范围较小的社区发展工作，则由常设社区服务组织来完成，如社区福利中心等。

（三）社区发展案例分析

我们现在通过对广州市一个街道——1987年江南中街的个案分析社区发展工作在中国进行的实践。

这里所说的"街道"一词与一般意义上的"街巷道路"不同，它是中国城市街道行政管理区的代名词，准确地说，它应称为"行政街道"。街道行政区范围包括一条主干街道和相连的几条小街巷，住户为4000~6000户，人口为20000~30000人。尽管街道行政区最初是为了加强都市控制而设立的，未必能完全顾及城市街巷的传统地域特点，但由于它长期以来担负了某些社会分配、社会协调、社会控制的职能，从而使辖区内居民在日常生活中对它有较多的依赖。街道的管理机构是街道办事处，负责街道社区主要的行政管理和规划发展工作。

广州市江南中街社区以江南大道中段为主轴，南起江南新村，西与联星乡接壤，北与宝岗街为邻，面积约1平方公里。江南中街社区发展的特点是"同地而居，同求康宁"，即以街道办事处为中心，社区成员和所辖机团单位多方联合共建社区文明。为此，江南中街在社区发展过程中充分运用了民主原则。街道办事处召开社区恳谈会，召集所辖区域的大中型机团单位聚会，如南海东部石油公司、万宝工业公司经销部、南丰商场、中国旅行社、益丰搪瓷厂等，各方联络感情，启迪"共建"意识。通过恳谈会，各机关团体认识到相互依存的利害关系，明白到携起手来共同建设街道社区的必要性和重要性。在此基础上，他们成立了广州市江南中街文明共建委员会，使推动社区发展工作有一个中心组织。

为了巩固社区文明意识，江南中街街道办事处参照其他社区的经验，创造性地召开了第一次居民（地区单位）代表会议，并使之制度化，使"同地而居，同求康宁"思想深入人心。他们明确提出了以"街道促社会"为社区发展目标；指导思想是"勇于开拓，为民造福，建设社会主义文明街道"；具体内容是把原来功能单一的行政管理转变为综合性社区服务，打破原来封闭的自足状态，使街道的社区发展工作拓展到整个社区各方面都参与的"文明共建"活动。

有了社区发展的目标和指导思想，并辅之以行之有效的方法，江南中街的社区发展工作在短短几年里就有了很大的进展。

街道办事处为社区实实在在做了几件社区发展的大事。例如，积极争取市区有关部门投资150万元，把一条多年来污染社区环境、影响社区居民生活的露天臭水沟全部改成暗渠，并对这段路的破烂路面和排水系统进行全面的翻修和铺整；发动社区辖内的许多机团单位一起出资，把社区中2000多平方米的烂泥路改建为混凝土道，还修筑了3000多米长的花基花栏。

我们可以从 1987 年江南中街评选"建街三周年十项成就"结果中看出群众和单位对街道社区发展的评价。当时发出选票 442 张，收回 410 张，结果如下：

第一项　迎全运，建成"江南花之路"（得票 379 张）；

第二项　兴办 5 间幼儿园（所），其中 2000 平方米的江南第一幼儿园正向一流幼儿园迈进（得票 336 张）；

第三项　工商业生产经过调整布局，生产后劲足，利润增幅大（得票 343 张）；

第四项　江南新村管理出成果，"新村展新貌，新居育新人"（得票 342 张）；

第五项　建设了一支团结开拓的领导班子（得票 338 张）；

第六项　彻底根治冲尾涌，臭涌成渠换新貌（得票 318 张）；

第七项　改善办公环境，办事处迁入新办公大楼（得票 305 张）；

第八项　南丰商场—紫来大街口"脏、乱、差"整治初见成效（得票 278 张）；

第九项　建成文化站，文化建设有阵地（得票 275 张）；

第十项　成立江南地区体协，成功举办第一届地区运动会（得票 263 张）。

上面我们通过对广州市一个街道社区的社区发展工作进行个案分析，可以看出城市街道社区与传统社区不同。传统社区的社会关系以各种类型的感情和传统为基础；街道社区的社会关系体系的社会行动取向基于两个方面，一是符合社会期望的合理性，二是利益的考虑。以"社区发展"为目的，正是寻求一种符合社会期望的合理性目标，以诱导社区成员产生"责任"动机，从而积极主动提供社会支持。但无论是街道社区还是其他类型的社区，在做好社区发展工作时，我们前几节讨论的原则和理论都是行之有效的。江南中街街道办事处正是把握了广州市社区社会关系的特色，才能在社区发展方面做出可喜的尝试。

进入 21 世纪，中国城市全面实行社区建设，社区发展个案与经验不断创新。在中国向现代化发展的进程中，无论是农村社区还是城市社区，或是小镇社区，或是范围更小的社区，如街道社区、牧区社区、大学社区、工矿社区等，如何进行具有中国特色、符合社会主义初级阶段社会发展要求的社区发展工作，这是每一个社会学者的重要课题。

第四节　社区空间形态的转变及其理论挑战

20 世纪以后的世界发展进程呈现出两个显著特征。一是工业化和现代化在全球范围加速推进，许多发展中国家也主动或被动地选择了这一发展道路，20 世纪 80 年代以后国际经济贸易的快速发展更推动了全球化。这些过程的推进打破了区域之间的封闭,增加了人口、资本、文化的流动性。二是技术进步出人意料,交通设施、通讯技术迅速发展,特别是电脑技术和互联网技术的发展完全更新了传统的沟通概念,大大扩展了人际沟通的空间,大大提高了跨越地理、族群、制度和社会文化的障碍而进行人际沟通的可能性。这些大型社会变迁对传统意义上的社区及其结构产生了很大的冲击,从而令很多社会学者质疑社区是否仍然存在,社区研究是否仍然具有学术上的启发性。毫无疑问,传统社区在转变,学术界也需要对社区进行重新审视、定义和探讨。

一、社会变迁与社区结构形态转变

如第一章所述,在传统的研究和学说中,社区包含了三种基本要素:①在相同的、具体的地理空间中生活的人群;②这些生活在同一地点的人具有比较稳定的相互关系以提供相互支持;③团结的情感或行为取向。这种费孝通称为"地域社会"的社区,其本质是由邻里构成的社区。不少西方学者认为,20世纪的现代化和城市化使社会大环境发生了很大的变化,滕尼斯所描述的传统社区在大都市当中不复存在。换句话说,社区在现代西方社会中已然失落。

(一) 城市化与社区转变

城市化是20世纪上半期西方国家发生的最显著的社会空间形态变化,这种变化一直延伸至20世纪后半期的发展中国家。这个变化过程与工业化、科层化、现代交通、通讯技术进步和资本主义的扩展过程相伴发生。西方社会学者认为这些过程的特征改变了城市人的生活方式和人际关系:①民族—国家行动的增加伴随地方社区低水平的自治与团结[1];②全球化的推进伴随地方社区基层发展的不确定性增加并推动工人迁移到存在更好工作机会的地方[2];③工具性的科层制发展把社区支持关系引向契约化和更狭窄的交易关系;④大城市中利益群体的多元化创造了人口和组织的多元化[3];⑤人口各部分互动的高度异质性造成各种组织和群体的复杂性[4];⑥在流动性

---

[1] Tilly Charles, "Do Communities Act?", *Sociological Inquiry*, 1973, 43: 209-240; Tilly Charles, *Big Structures, Large Processes, Huge Comparisons*, New York: Russell Sage Foundation, 1984.

[2] Castells Manuel, *The Urban Question*, London: Edward Arnold, 1972.

[3] Wirth Louis, "Urbanism as a Way of Life", *American Journal of Sociology*, 1938, 44: 3-24.

[4] A. R. Gillis and John Hagan, "Bystander Apathy and the Territorial Imperative", *Sociological Inquiry*, 1982, 53 (4): 448-460.

提高的条件下都市人相互联络的方式也趋于多元化①；⑦交通、通讯网的发展使人们方便联络更远处的人们，多元化的社会网得以维持②。

1. 对生活方式和人际关系的影响

城市化的主要特征是人口和产业在某个特定地区大量聚集。沃思指出，城市具有三个显著特点：人口众多，密度高，异质性强。沃思认为，这三个因素会使生活在城市环境中的个人对人际关系变得更加冷淡和疏离，而且逐渐产生焦虑和精神压力，并引导出各种不正常行为或反社会行为。沃思从个人和群体行为出发，分析大都会生活方式的特点及其影响，影响了很多后来的城市研究学者。西方学者也分析了城市生活方式对社区的影响。他们指出，经济竞争和劳动分工而产生各种专门的社会群体和组织，促使人们不得不分别投入一个个没有联系的组织、群体和地方，这样，个人在家庭、学校、工作单位、消闲场所等不同时空的社会生活发生分裂和分隔，从而弱化了家庭、邻里和朋友这些基本社会群体之间的联络和团结、相互支持和控制。虽然城市也发展出越来越有效的、以理性主义为基础的社会组织和制度（如志愿组织、警察组织和社会福利制度等）来执行社会服务和社会控制的功能，但沃思认为这些组织不足以代替初级社会群体所能提供的社会支持和道德力量，因此，个人在孤独、混乱的城市生活中容易选择反社会行为。

2. 对邻里关系的影响

现代社会流动性增加是社区失落的最重要因素。城市产业和发展方式的快速变化、区域之间和社会阶层之间的相互开放推动人口的区域流动和社会流动的速度大大加快，规模大大扩展。城市当中充满移民，这些移民并不一定会定居下来，而是在不太长的时间内再度迁移。凯勒（Suzanne Keller，1988）认为，由于经济组织变化和社会价值观转变的双重作用，美国城市中的邻里关系普遍衰退，其成因有：①大众媒体、旅行、志愿组织和工作地点远离居住地使人们能够通过多种渠道获取信息；②交通发达；③人们在兴趣、愿望和工作节奏等方面的个人差异越来越大，削弱了邻里间交往的动机；④服务越来越社会化，社会、经济的制度性保障更完善。当人口的空间移动频率增加、社区中的居民住户经常变更时，社区中的邻里关系便难以形成。即使在乡村地区，居民稳定性丧失、社会竞争性加剧也破坏了社区邻里关系，社会中普遍存在的功利主义和个人主义侵蚀了社区的集体性。在这种情境下，即使邻里之间能够

---

① Jacobs Jane, *The Death and Life of Great American Cities*. New York：Random House，1961.
② Barry Wellman，"The Community Question：The Intimate Network of East Yorker"，*American Journal of Sociology*，1979，84（5）：1201－1231.

维持某种相互关系，也未能从中产生出促进社区居民团结的情感和行为动力。①

城市的居住方式对邻里关系也有很大影响。城市扩建和重建过程中产生了许多新型住宅区，这些住宅区的共同特点是私人空间增大而公共空间缩小，住房的样式多呈独立套间或独门独户的房屋。这种住房格局使居民之间的空间距离增加，而空间距离的增加导致了社会距离增加，减低了社会互动的可能性。

不同社会特质人口的空间聚集对人际关系和社区之间的关系也有重要影响。人文生态学理论曾对美国城市社区中不同族裔、阶级的居民聚居区之间的聚集和隔离现象进行过深入分析，认为城市中不同族裔、阶级的家庭聚集，形成同质人口聚集的居住区，住房的隔离导致了社区公共设施如学校、商店和休闲设施在使用权上某种程度的限制和分隔。这样，不同族裔、阶级之间的物质不平等通过住房的分隔得以持续，导致种族主义和阶级不平等结构再生。

（二）全球化与社区转变

自20世纪80年代以来，"全球化"一词越来越广泛地被应用于各界分析和报道之中。全球化指各种生产要素的全球流动引致世界一体化的过程。全球化至少在两个方面比较显著地改变了社区的形态和特征。

1. 人口的全球流动

国际移民组织发表的《2003年全球移民报告》指出，全球移民的数目由1975年的8400万增加至2000年的1.75亿，并预测到2050年移民人数可能升至2.3亿。该报告指出，全球人口的流动性已愈来愈高。当国际移民活动日渐活跃时，对大部分国家的经济、社会、文化及政治政策的冲击可能会越来越大。大规模移民对移出国和移居国都会产生显著影响。对移出国来说，大规模移民导致原社区由于大量失去主要社会活动者而产业发展不振，社会组织涣散。对移居国来说，大量移民使社区人口、文化和组织的异质性增加，这种现象在全球化城市中特别明显。来自不同族裔的移民聚居于大都市，其中不少相同族裔的移民还建立自己的社区，如英国伦敦有多个印度人、华人和黑人移民的社区，美国纽约则有更多由墨西哥人、意大利人、华人、黑人移民聚居的社区。与19世纪末20世纪初的移民不同，全球化过程中的移民在收入、教育和社会阶层等人口特征方面呈现出较大的差异，使全球化大都市的结构特征趋向多元化；即使在比较偏远的社区，其原有结构和发展方式也程度不同地受到人口全球

---

① Frederick Jackson Turner (1893), "The Significance of the Frontier in American History", In: Turner, *The Frontier in American History*, Tucson: University of Arizona Press, 1992, pp.1-38.

流动及跨国投资的影响。

2. 文化的多元发展

全球化也表现为大多数国家都相继选择了对外开放的发展方式。伴随跨国投资输入的是外国文化的输入，文化全球化与本土文化变迁的关系成为全球化理论讨论中一个最重要的主题。不少研究者发现，各国文化变迁呈现出双向的过程。一方面，地方文化逐渐受到外来文化的影响而发生改变，由于混合了一些外来文化的类型和表达方式，原来在结构特点和表达方式上都存在较大差异的地方文化呈现出某些与外来文化相似的性质或特点。李特舍（George Ritzer）在其著作《麦当劳化的社会》中指出，随着麦当劳分店在世界各地建立，快餐式的生活方式和价值观也被销往世界各地，影响着拥有不同地方传统的人们。① 另一方面，在遭遇外来文化入侵和面对文化变迁时，社区中的人们会重新寻找本土文化的根源和意义，甚至有时会做出更加强烈的反击，可以看到，在一些地区，民族主义和全球化是相伴发展的。在大多数地区，文化的变化呈现出双向过程，全球文化本土化和本土文化全球化的过程相伴展开。罗伯森（Roland Robertson）指出，日本受到多种外来宗教的影响而逐渐形成一种宗教调和主义，多元宗教的结合使日本文化呈现出既有全球化的开放性质，也具有统合日本人思想的独特性质②，体现出文化全球化过程的双向性。伯格（Peter L. Berger）认为，全球化不是单一的"美国化"，而是有多种可能的变化方式。③ 社区、族群文化的多元发展既在一定程度上破坏了封闭社区的统一性，也在一定程度上形成或提高了社区文化的适应性。

（三）网络社会出现

20世纪的技术进步当中，通讯技术的进步对人类的沟通方式产生很大影响，越来越密集的通讯网以及费用越来越低廉的通讯工具和通讯服务使人们能够进行跨越区域的密切联络。这种联络即使是远距离的，由于通讯服务费用低廉，联络频率仍然可以较高。移动电话的普及使用进一步推进了即时、即地的联络，无须受特殊地形、地域服务的限制。由于使用方便、限制小，移动电话迅速普及。据统计，从20世纪80

---

① George Ritzer, *The McDonaldization of Society*: *New Century Edition*. Thousand Oaks: Pine Forge Press, 2000, p. 232.

② 罗兰·罗伯森著：《全球化——社会理论和全球文化》，梁光严译，上海人民出版社2000年版，第249页。

③ Peter L. Berger, "The Cultural Dynamics of Globalization", In: P. L. Berger and S. P. Huntington ed., *Many Globalizations*: *Cultural Diversity in the Contemporary World*, New York: Oxford University Press, 2002.

年代推出使用之后，全球已有超过 20 亿人使用移动电话。① 这样，人与人之间的沟通也不再依赖于面对面的方式，而可以借助于通讯工具来进行，而且有可能比面对面的交往更加频密。如果我们把社区理解为由一群关系密切的人构成，那么在通讯发达时代社区的边界已经大大扩展，从邻居伸展到不同国家、不同大陆的亲友。

20 世纪对传统社区的构成方式影响最大的世界范围的社会变迁当数网络社会的出现。互联网作为一种极其方便、快捷的沟通方式和信息收集方式成为全球普及最快、使用最广的新技术。自 80 年代初开始，个人电脑逐渐进入全世界的企业与家庭当中，在北美、欧洲和东亚国家中，个人电脑的普及速度甚至超过了其他很多通讯产品。1999 年 50%的美国家庭拥有电脑，33%的家庭可以联网。② 在中国，个人电脑的普及率增长也很快。2012 年，全国城乡居民家庭平均每百户计算机拥有量达到 55.9 台，其中城市居民每百户家庭 87 台，农村居民每百户家庭 21.4 台；全国移动电话用户数为 11.12 亿户，移动电话普及率达到 82.6%；全国城乡居民家庭平均每百户拥有彩电 127 台；城市网民普及率达到 57.3%，农村则为 24.3 %。③ 经济越发达、个人收入越高的地方，电脑及互联网沟通方式的应用越普及，网络化成为城市化和现代化的重要内容。

通过互联网方式进行人际沟通和收集信息的特点和优点是免费、快捷，不受时间、成本和空间距离限制，因此，互联网沟通的空间可以无限扩展，同时其亲密性不会减弱。如此一来，许多传统上在特定物理空间进行的活动，转而在互联网这个虚拟空间进行，如交朋友、聊天、结社、公开讨论，甚至组织发动社会运动等。如果说交通、通讯工具改变了社区和人际沟通的地理边界，那么互联网同时改变了社区和人际沟通的形式和性质。奇妙的是，虚拟空间并不是孤立的，它和现实空间交叉存在并具有密切的相互影响。

二、社区转变的理论挑战

社区转变对社区的传统定义及其理论提出众多挑战，这些挑战可概括为几个方面：社区的边界和成员的身份，社区内人际关系及其沟通方式，结社方式，权力结构，资源的流动和社会资本。

---

① 国际市场调查机构 eMarketer 公布的 2016 年估计数字。
② 林南著：《社会资本——关于社会结构与行动的理论》，张磊译，上海人民出版社 2005 年版，第 211 页。
③ 《中国数字鸿沟报告 2013》，http://www.sic.gov.cn/news/287/2782.htm。

（一）社区的地域性及其边界

当社区由邻里关系及其相近居住的居民组成的志愿组织构成时，社区的边界是比较容易辨认的。例如在中国的农村地区，一个自然村构成一个基本社区单位，它的地理边界和关系丛的边界基本重合，具有可视性。在各国的大城市，由同乡、相同族裔移民组成的社区也具有类似特点，例如中国北京市"浙江村"、美国纽约市"唐人街"等。然而，当邻里关系由于居民的区域流动性提高而中断，社区还存在吗？如果存在，我们能够怎样辨认出来？相当多的美国学者认为经历了大规模都市化之后，社区在美国社会已经逐渐消失，义工组织的成员人数及活动都急剧下降，邻里关系、社群关系趋于瓦解。

20世纪八九十年代，不少西方学者注意到世界上一些大城市出现都市运动和都市主义文化思潮。卡斯特（M. Castells）指出，这个时期的都市运动有三个主要目标：对生活状况及集体消费的都市需求，对地方文化认同的主张以及关注地方政治自主性、市民参与。不论这些运动是否产生明确的成果，运动本身能够产生社区意义，这种意义存留于都市运动和社区居民的集体记忆中。都市社会运动的出现，卡斯特认为其本质是人们抗拒个人化及社会原子化，他们喜欢聚集在社区组织中，逐渐产生归属感；因此人们必须参与都市运动并在其过程中发现彼此共同的利益，新意义在分享生活的过程中产生。[1] 都市运动的出现和卡斯特的观察都印证了社会学家费舍尔和韦尔曼对都市社会学的旧论辩曾经提出的批评：认为空间和文化之间具有系统的共变性是一个过于简单的想法。[2] 即无论在乡村或城市，人们都会建立自己的社会网络，但构建的方式和互动的模式会极为不同。

费舍尔和韦尔曼1970年以来研究都市中个人与社区的关系，他们发现在大都市中生活的个人，和他的亲属、朋友、邻居、同事和相同组织成员保持着稳定联系。韦尔曼将他在1978—1979年对加拿大东约克郡居民所作的访谈资料与他在1968年对相同地区、相同被访者所作调查的资料进行对比，发现东约克郡居民的个人社会联系当中只有3/4是活跃的，其他部分是潜伏的。在这些活跃关系当中，比较亲密的关系占40%，经常联络的占25%，亲属，尤其是兄弟姐妹是亲密关系的主要构成成分，邻居、朋友、同事则构成日常联系的主要关系成分。这些社会联系的频密程度并不与相互居住的空间距离成正比，联系的空间距离总体来看以相同城市（1.1~30英里）为

---

[1] 曼纽尔·卡斯特著：《认同的力量》，夏铸九、黄丽玲等译，社会科学文献出版社2003年版，第69页。
[2] Barry Wellman, "The Community Question: The Intimate Network of East Yorker"; Claude S. Fischer, *To Dwell among Friends: Personal Networks in Town and City*, Chicago: University of Chicago Press, 1982.

最多（占 40%），其次是 100 英里以外（占 20%），相同大楼和街区以及 0.2~1 英里范围内的联系分别占 15% 和 6%；在比较活跃的关系当中，相同城市占 47%，相同大楼和街区以及 0.2~1 英里范围内的联系分别占 18% 和 6%。从这些调查研究资料来看，大多数个人并未因为都市化生活方式导致完全孤立，都市中的个人保持了自己稳定的社会联系，邻居关系虽然仍然是日常联络的几种主要成分之一，但其重要性已经下降，而且地域范围比较模糊；也就是说，从地域边界的角度来看，社区的范围已经难以定义。因此，韦尔曼提出，在现代大都市中，社区的边界不应依据邻居的空间范围来划分，而应依据个人的社会联系构成的社会网络范围来划分，即"个人的社会网就是社区"（personal network as community）①，个人社会网中的成员就是这个社区的成员。这个社区没有清晰的地理边界，而只是一个承载着多个潜在关系丛的地理区域。

应该指出，以个人社会网和社群边界来定义、划分社区并非完全否定社区的地域性和物理空间，而是强调在沟通媒介和联络方式日益多元化的情况下，社区的地理边界只能被视为可变的、多样化的、很多时候也是模糊不清的，这种社区边界的弹性为个人社会网和社群之间的多重交叠提供可能性。那种由边界严密、能够在空间层面明确界定的社会支持及其具有地域归属性质的社群观念和文化认同等要素构成的社区，在历史上也不一定是普遍的，而且在当今的工业国家里无疑已经消失无踪。②

社区边界的模糊性和可变性在以互联网为沟通媒介的社群——虚拟社区中更加显著。虚拟社区通常是指自我界定的、以互联网为互动沟通媒介、围绕着某种共享的利益或共同兴趣与目的而形成的互联网群体。社会关系按强度可分为弱连带（weak tie）和强连带（strong tie）。互联网特别适于发展多重弱连带，它的优点是容许陌生人之间形成互动，使个人社会特征的差异对相互沟通不会构成限制和阻碍；互联网还能够以低成本供应信息和机会，因此成为 20 世纪末普及速度最快、应用范围最广的沟通媒介和群体关系的载体。③ 与韦尔曼的个人社区相比，虚拟社区具有更大的开放性，由于成员的加入和退出都是自主的，而且几乎没有成本，网上的个人和群体无法确知其联系的实际规模，因此虚拟社区（或虚拟社群）的边界更加难以确定。

学术界曾经争论虚拟社区或虚拟社群是否具有实质性，如今社会学者们已经收集到大量实证资料证明，虚拟社群和社群的成员之间具有实质的、经常的联系，提供心理上的相互支持，而且发生实质上的资源流动。④ 韦尔曼等学者出，虚拟社群和实质

---

① Barry Wellman, "Studying Personal Communities", In: Peter V. Marscleu and Lin Nan ed., *Social Structure and Network Analysis*, Beverley Hill: Sage Publications, 1982, p. 63.
② 曼纽尔·卡斯特著：《认同的力量》，第 444 页。
③ 曼纽尔·卡斯特著：《认同的力量》，第 445 页。
④ 林南著：《社会资本——关于社会结构与行动的理论》，第 218 页。

社群乃是社群的不同形式,具有特殊的法则和动态。以地域为根基的社群只是社会网构建和维持的众多可能选择之一,以互联网为根基的社群是另一种选择。[①] 林南进一步指出,互联网社区是现代社会运动的基础。[②]

(二) 成员的社会特征及不平等

以地域和邻里关系来定义的社区,其成员身份是由居住区的范围内外来识别的;以个人的社会网或虚拟社群来定义社区,其成员身份是由自我关系来识别的。根据社会网和小群体的研究,个人交往及其社会交换遵守"同质原则",霍曼斯提出互动、情感和活动之间存在正相关[③],后人把霍曼斯的理论假定扩展为似我(like-me)假设,"社会互动倾向于在有相似的生活方式和社会经济特征的个体之间发生"[④]。格兰诺维特(Mark Granovetter)把包含情感分享的关系分类为强连带,把非情感分享的、互动频率较低的关系分类为弱连带,并断言强连带涉及的情感支持较多、资源流动较少,弱连带涉及的情感支持少但资源流动较多。[⑤] 林南把强弱关系的原理置于社会资源等级分布的框架中考虑,提出个人的社会网具有同质互动产生的强关系基础,但由此扩展出去的弱关系则有利于稀有资源的获取(access),因此理性的个人同时具有构建强关系和弱关系的动机。

根据同质互动的原则,个人的社会特征会对实质的互动产生影响;与之相反,个人的社会特征在互联网互动中能够产生的影响很少或者几乎没有影响。互联网能够让陌生人之间直接相互沟通,适合于弱关系的发展;这样,存在于互联网中的个人社会关系网应该比存在于实质社会的个人社会关系网具有更大的异质性。但是,由于利用互联网沟通必须具备某些技术和个人技能的条件,因此虚拟社区的成员具有某些一般社会特征。根据美国商业部对美国公民使用互联网通讯的调查,1999 年,年收入超过 75000 美元的美国家庭使用电子邮件的比例是 40% ~ 50%,年收入低于 14999 美元的家庭这一比例只有 4% ~ 6%;拥有大学以上学历成员的家庭使用电子邮件的比例接近 40%,有高中以下学历成员的家庭这一比例不足 4%;城市家庭比乡村家庭更多使用互联网。据此,林南认为虚拟社区也存在有限制的资源占有和获取能力的不平等,而且这种差距在 1994 年至 1998 年之间有不断扩大的趋势。其他社会学者的研究

---

① Caroline Haythornthwaite, Barry Wellman, "The Internet in Everyday Life—A Introduction", In: Barry Wellman and Caroline Haythornthwaite ed., *The Internet in Everyday Life*, Malden: Backwell Publishing, 2002, p. 33.
② 林南著:《社会资本——关于社会结构与行动的理论》,第八章。
③ George C. Homans, *The Human Group*, New York: Harcourt Brace, 1950, pp. 37 - 38.
④ 林南著:《社会资本——关于社会结构与行动的理论》,第 38 页。
⑤ 林南著:《社会资本——关于社会结构与行动的理论》,第 219 页。

也有类似的结论：美国的白人、男性、高学历和高收入者利用互联网的比例高于非白人、女性、低学历和低收入者。[①] 由于具有边界模糊、非面对面互动、匿名性和流动性高等特点，虚拟社区或虚拟社群当中由地域因素及先赋的个人因素（如阶级、种族等）所造成的社会不平等相对于实质的社区和社群而言比较弱，但是仍然在一定程度上复制了实质的社会制度和社会分层状况。

（三）社区个人化、虚拟化对社会结构的冲击

社区个人化、虚拟化对社会结构的冲击是正面的还是负面的？20 世纪 90 年代后半期美国政治学者普特南在美国社会科学关于社会资本的研究中提起一场争论——社区个人化导致了美国人际关系疏离，进而导致社会资本和公民政治参与热情下降。在《独自打保龄：美国社会资本的衰落》一文中，普特南指出，以前人们会相约一起打保龄球，现在则独自一人前往。电子媒体的发展使美国人越来越倾向于留在家中看电视、上网，不与邻居、朋友来往，不参加社区活动，不参加义工组织。[②] 普特南的观点是，社区个人化和虚拟化分隔、疏离了公民之间的相互关系，因此它对社会整体结构的冲击是负面的。一些对虚拟社区的研究也支持普特南的观点，这些研究指出有些人因花大量时间上网而忽略了和家人、朋友沟通，影响了家庭关系，经常上网、沉迷电脑的人患精神压抑的可能性较高。

不少学者的研究却提出相反的结论。费舍尔对 50 个美国城镇 1050 个男女居民的问卷调查发现，美国居民并非生活在完全孤独的状态，而是生活在由朋友、同事等关系构成的社会网当中；虽然都市社区已不复再如乡村小镇社区那样以邻里团结为基础，但城市居民发展出更为多样化的社会支持方式，也就是说，社区的个人化特征不是个人孤立，而是个人社会网以及能够获得的社会支持多元化。[③] 韦尔曼等多位学者的研究指出，在多数情况下互联网没有显著恶化个人的社会联系状况，而是增加了个人与远距离朋友联系的可能性和渠道。一般来说，社交比较活跃的人更倾向于使用互联网和朋友沟通，同时也不会显著减少和这些朋友面对面沟通的频率；同时，较高的社区参与程度与社区组织之间和个人之间较多使用互联网沟通联络相关。韦尔曼等学者的研究显示，个人生活采取与其他人隔离还是和其他人相联系的态度，并非被动地

---

① Caroline Haythornthwaite, Barry Wellman, "The Internet in Everyday Life—A Introduction", In: *The Internet in Everyday Life*, p. 17.
② Robert D. Putnam, "Bowling Alone: American's Declining Social Capital", *Journal of Democracy*, 1993, 6 (1): 65 - 78.
③ Claude Fischer, *The Urban Experience*, 2nd ed., Orlando, FL: Harcourt Brace Jovanovich, 1984, p. 260.

取决于沟通的方式和外界环境,个人具有主动性,在转变的环境中学习不同的生活方式。①

互联网为组织参与以及某些社会运动提供另一种参与及组织方式,而不是增加或减少这些参与。学者的研究反映,真正的社会参与依然是面对面的,而且增进参与的热情也有赖于面对面的互动;但是互联网有助于提高组织及联络的效率。例如,中国有一些歌迷会就是以互联网为组织方式的,这些社群在平日沟通、讨论时可说是虚拟的;但当组织歌迷去参加演唱会或歌星与歌迷见面会等活动时,可说是实质的。在今天的西方国家,有些政治参与活动或社会运动全过程都是通过互联网来发动和组织的。通过这些经常性的网上联络以及实质的情感支持、社会支持和社会活动,经常使用互联网的个人也能逐渐培养出一种比较泛义的与实质社群相连的社区意识。基于这些研究,韦尔曼等学者提出互联网增进了社会资本、公民参与和社区意识的发展,经常使用互联网的个人能够获得更多社会支持,实质地改善自己当前的和未来的生活。②

那么,所谓"虚拟的社区"究竟是真实的还是虚幻的?卡斯特认为答案既是肯定的,也是否定的。虚拟社区是一种人际社会网,大多数以弱连带为基础,极度多样化且专业化,并能够通过持续互动而产生互惠与支持。③ 但虚拟社区作为互联网社区,与实质社区在不同的现实层面中运作,不一定遵从实质社区的互动模式;它超越了互动的空间距离限制,虽然专业化,但允许个人在不同社区中拥有多重成员的身份。同时,虚拟社区没有和其他社会交往的形式相分离,而是强化了以个人为中心来构建社区的趋势。

(四) 社区转变对社区研究范式的挑战

自滕尼斯到帕克,社区研究都非常强调特定空间的、地域的因素,社区研究都包含这样的假设:社区内个人的基本社会连带(primary ties)和社区团结、社区归属感是由特定的地域性质来构建的。这种假设符合对传统村镇等小型社区的观察,这些传统小型社区通常具有比较清楚的地域空间边界,除血缘关系之外,邻里关系是第二重要的基本社会连带,由同地而居形成的共同利益和相互支持是社区团结的基础。由帕克开创的的城市社会学研究同样非常关注城市人口的空间分布以及人口集聚而产生的

---

① Caroline Haythornthwaite, Barry Wellman, "The Internet in Everyday Life—A Introduction". In: *The Internet in Everyday Life*, p. 29.

② Anabel Quan-Haase, et al., "Capitalizing on the Net: Social Contact, Civic Engagement, and Sense of Community", In: *The Internet in Everyday Life*, p. 319.

③ 曼纽尔·卡斯特著:《认同的力量》,第445页。

社会系统的结构变化。这种由特定地域空间进入社区的考察分析角度倾向于首先划分社区的地理边界，然后考察这一界域内的互动和感情，它在应用于工业化前期和工业化过程的社会研究时比较容易把握。

社会学研究清楚地显示出发生在20世纪后半期的社会转变使个人行动和个人基本社会连带发生了空间的扩散，同地而居、邻里关系已经不再是社区团结的基础，甚至社区团结在大都市中也难以观察到，不少社会学者因而认为"社区失落"（community lost）（如沃思的观点），只在一些具有特点形成基础的居住区（如相同族裔移民聚居区）能够观察到"社区留存"（community saved）（如甘斯的观点）。然而，一些学者观察到，生活在后工业化时代的都市人实际上并不是生活在孤立的个人状态中，他们仍然主动积极地构建着自己的社会连带并从中获得社会支持（如格兰诺维特和费舍尔的观点）。这种观点被称为"社区解放"（community liberated）。

社区的范围已经超出了某个特定的地理空间，有些社区的属性甚至与特定地域没有任何必然联系。因此，倘若研究者固执于把社区定义为地域性的社会，那么在分析新的社区类型和社区变迁时恐怕就会遇到理论的难题。特定的地域范围和性质是传统社区研究范式中必不可少的因素，抽离了这个因素，社区研究要做出重要的范式转变。

西方学者指出的路向是回到社会关系，把社会网、社会关系丛视为社区的基础，而且把分析社会关系的视点从团体和组织转向个人。社会网分析范式主要关注关系结构和行动变化的描述，通过观察社会关系而不是社会团结，使社区研究能够突破注重规范和空间的传统研究范式，直接针对社区研究的基本主题——社会关系。这种研究范式对现代西方大都市的社会结构以及由互联网为媒介构成的社群具有一定的解释力，但由于它是从个人的社会网进入社区的，依靠个人的主观判定，因此它并未解决社区研究的理论方法所面对的挑战——社区有客观的边界吗？社区的成员怎样为他人所识别？

在今天的中国，大部分地区仍然处于工业化过程，因此社区的地域性仍然比较显著，而且中国的行政管理方式自1949年以来基本上使用"属地管理"的方式，这种方式强化了中国城市和乡村社区的地域性，并从利益分配上强化了社区的边界。然而，中国在1978年改革开放以后迅速卷入全球化，居民的区域流动性大大增加，互联网使用在城镇迅速普及，西方国家后工业化的某些社会特征也同时出现在中国城市。这样，社区研究在今日中国将面对更多理论和方法上的挑战，而研究者和政策实践者将要做出更细致的比较、分类和选择。

术语解释

合作：指个人或团体共同努力以实现他们的个人目标或团体目标的过程。

竞争：参与的个人或团体为了达到某个目标，以及控制实现目标的手段而进行的争夺活动。

冲突：参与的一方蓄意地损害或毁灭另一方的行为。

协调：中止和防止冲突的方式。

同化：个人或团体间的差别逐步消失的过程。

社区发展：指人民自己与政府机关协同改善社区的经济、社会及文化情况。

虚拟社区：指自我界定的、以互联网为互动沟通媒介、围绕着某种共享的利益或共同兴趣与目的而形成的互联网群体。

思考题

1. 社区互动有哪些形式？请举例说明。
2. 社区整合和社区分化的特征是什么？
3. 进行一次小型社会调查，分析一个社区的变迁。
4. 影响社区变迁的因素是什么？
5. 有哪几个因素导致了社区的转变？这些转变带来了什么影响？试举例说明。
6. 说说你对社区个人化、虚拟化的认识。
7. 网络社区有哪些特征？如何研究网络社区？
8. 多维度分析一个身边熟人所处的各种社区。
9. 针对社区发生的变化，社区研究范式发生了什么样的改变？

第四章 农村社区

农村社区研究强调社区特性,着眼于乡村特定区域内各种结构要素和社会成员之间的互动关系与过程,通过比较不同农村社区个案的研究可以推论农村社会的普遍特征。

第一节 农村社区的特征与分类

一、农村社区的定义与特征

"农村"一词有多种定义。一般英文词典的解释是"城镇以外的地方"。《现代汉语词典》(第6版)对"农村"的解释是"以从事农业生产为主的人聚居的地方"。中国农村社会学家杨开道把农村定义为一种以农业作为主要职业的地方共同体,它包括四种要素:第一是农民,第二是共同生活,第三是特定地域,第四是农业。[①] 可见,我们可以从三个基本角度来把握农村社区的特征:一是把农村社区看作一种人文生态构成,即把某种形态的人口空间分布——人口密度相对低的地方称为农村;二是把农村看作一种行业构成,即把农村看作一种行业——农业生产所在地;三是把农村视为一种社会文化构成,即把农村的特征描述为同质性较高的、情感性较强、遵从与农业生产相关的集体生活方式的群体和文化单位。这种理解合乎社会学家所谓的"社会学的意义",但也仅是对所认定的"农村"的描述,而不是对农村的界定。

可见,我们通常所说的农村是从一种综合角度对社区所作的一种划分,它是与城市相比较而存在的。在人文生态意义上划分了农村社区与城市社区,在经济产业意义上划分了农业与非农业,在社会文化意义上划分了"农村的"(或传统的)与"城市的"(或现代的)。这表明对农村的界定和认识不是单一的,而是综合的。

---

① 参见杨开道著:《农村社会学》,上海世界书局1929年版。

因为自然环境、产业构成、社会及文化方面的种种差异,使农村社区和城市社区具有不同的结构和变化过程,由此可概括出农村社区以下方面的主要特征:

(1) 地理特征。农村社区总是限定在一定规模或空间的范围之中,受自然环境的直接影响。不仅农作物的种植与具体的地理条件密切相关,住宅的建筑特点、人际关系等也有很强的地域和地缘特色。例如,黄土高原的窑洞村落、江南的水乡村落等。

(2) 人口特征。农村社区人口以小型聚落分布为主,相对密度较小。一般来说,比较典型的农村社区人口流动性较小,职业分化程度较低,平均教育程度较低,异质性也较低。

(3) 经济社会特征。农业一直是农村中的主导产业,其发展程度由农村的土地性质、气候、降雨量、日照等自然条件决定。自然条件较好的地区农业一般都比较发达,生产技术的进步也比较快。在农村社区,邻里关系是一种非常重要的社会关系,原因是生产互助是农业生产组织的重要方式,如兴修水利工程或灌溉设施不可能由单个家庭完成。由于单个农村社区一般没有大型的公共服务设施,守望相助是生活的重要方式。两种需要促成了亲密的邻里关系,因此农村社区的集体性很强。

(4) 文化心理特征。农村社区文化的特征主要表现为以家庭、村落为核心的集体的规范和仪式文化,居民对社区的认同感和归属感较强;乡土观念、家族观念浓厚,容易安于现状。农村居民的心理倾向于保守型和情感型。但值得注意的是,随着近年来农村外出务工人员的增多,城市的文化和价值观对传统的农村文化的冲击也逐渐加深。

二、农村社区的类型

不同的农村社区具有差异性或特殊性。对此可以根据不同的目的,从不同的角度对农村进行分类。常用的分类标准是按农村社区的功能来分类,功能相同的社区尽管规模有大小,形态有差异,但其起源、特点、内部结构及其今后发展方向是类似的。也可以按社区的规模、聚落形态来分类,突出多种环境因素的综合作用。最后,以"农村—城市"模型为标准进行分类,是把农村社区视为一个变化的有机体,反映出农村社区社会经济和文化等方面的综合发展水平、发展趋势及其与城市之间的差别。

农村社区通常可以按经济活动的性质、社区的规模及形态、社区的发展水平进行分类。

(一) 按经济活动的性质分类

1. 农业社区

(1) 农村。是以从事田间耕作业为主业的居民点,此外也兼营动物饲养、果树栽培和其他家庭副业。我国大多数的乡间村落都属于这一类。这种村落大多分布在平原和河谷地带，它们的规模与形态都相差极大。

（2）牧村。在广大的干旱与半干旱地区普遍存在，包括流动的、半固定的和固定的居民点。由于牧业生产的特点，单位面积土地上的经济收入一般低于耕作业。草原的载畜量有一定的限制，不同的牲畜的放牧半径不同，因而牧村都较小而分散，间距大。

（3）渔村。世界各地沿海有许多专以捕捞业为生的渔业村落。它们的生产地是广阔的海洋，在优良的渔港内可以形成规模很大的社区。浙、闽、粤等省的渔业村镇人口常达数千人以至上万人。在江河下游的平原低洼地区，不但有以捕捞业为生的村落，而且有专以养鱼为生的渔村。我国是世界上淡水养殖业最发达的国家之一，产量占世界的1/10，在珠江三角洲、长江中下游平原等地都有这种专营淡水养殖的村落。

（4）林果业村落。是以经营林业和果业为主业的居民点。在世界上，森林地带、玫瑰之乡及柑桔、葡萄、香蕉产区等并不鲜见；在我国，还有许多经营竹、木等用材林和桑、茶、果、油桐、油茶等经济林的专业村落。

2. 非农业社区

这类社区位于农村，但不以经营农业（大农业）生产为生，它是介于农村和小城镇之间的类型。农村中非农业社区的种类主要有：

（1）镇社区。我国除了建制镇以外，还广泛存在着许多自然的集市和镇。这些镇的特点是：①有较多的人口。人口中大部分仍是农业人口，他们居住在这些镇上，从事农业劳动；也有一定数量的工、商、文教和行政等非农业人口。②一般是乡政府或村居委会驻地。③这些镇都有一段街道，两旁有若干商店，与本村落的房屋道路布局格式不同，这段街道往往处于社区的中心位置。④大都有一个集市。我国传统的镇都有一个市场，有些省份（如湖南）的居民会把这种镇称为"市"。"市"的形式多样，各地称呼不同。有每天上午设市（赶场、赶集、赶墟）的大集，也有几天一市的小集，有的"市"仅是定期贸易集散地，很少居民。墟日或逢三、六、九，或逢五、十不等，各镇墟日相互错开。在这种经常性的集市之外，还存在着一年一次的大集，大多在春季。

（2）小工业和矿业社区。由于开发某些特有的自然资源，如矿产、森林、水力和经济作物等，使一些偏远的农村地区出现了农产品加工厂、小矿山、水电站和林木加工厂等。这类聚落一般远离城镇，居民较少，与当地农村联系密切，但又不同于农村社区而自成一个独立的社区。

（3）旅游社区和宗教社区。因名胜古迹和宗教庙宇而建立，并从而出现膳宿、生活用品供应而形成的社区，不但存在于世界各地，在我国少数民族地区也广泛存在，在汉族的佛教、道教胜地和名山大川也有这种社区。

严格说来，非农业社区并不能划入农村社区，因为它缺少农村社区的基本经济特征——农业；但它们规模太小，散落于自然环境之中，未及城市或镇的聚集规模，在地理位置、经济生活和社会生活方面和农村关系密切，所以把它们作为农村社区的一种特殊类型。①

（二）按社区的规模及形态分类

1. 按社区的规模分类

我国农村社区的规模相差极大，有多至数千人的村，有少至一二十人的村。

大村内的服务设施较多，功能较齐全，有一定数量的供销商店和文化教育生活服务单位。这种村落大多分布在耕地密集、地少人多的平原地区，华北、东北较多，长江中下游、东南沿海的河口冲积平原等地亦有大村存在。

中等村庄是我国最常见的一种村落，广泛分布在全国各地，在地少人多地区这类村落更多一些。这种中等规模的村庄一般由几个村落组成一个大村，其中较大的一村常成为中心村落，服务设施有代销店、理发店、小学校等。中等村庄的存在有着它的基础：村庄过大则离耕地太远，于生产不利；村庄过小则不利于安排生活服务设施，公共服务较少。近年来进行规划新建的许多村庄，其规模以中等村庄为多。

小村人口较少，通常没有街道、商店和学校，住宅布局散漫，聚落占地面积较大。小村的分布以山区和丘陵地区最为普遍。在山丘地区，耕地常零星分布于河谷坡麓，面积较小，加上地形复杂，不宜建造大村。这种小村多与作物种类、地形和历史习惯有关。随着城市化加速、农业经营方式向集约化转变，小村落在中国的数量已经越来越少。

2. 按社区的聚落形态分类

（1）团聚状。呈圆形或近于不规则的多边形，其南北轴与东西轴基本相等，或大致呈长方形。这种村落一般位于耕作区的中心或近于中心。位于平原和盆地的村落多属于这一类型。

（2）条带状。位于平原地区的村落，有因靠近水源而沿河道或避免洪水浸淹而沿山地成条带状延展的。在山谷有沿河谷阶地伸展而建造聚落的，或若干村落首尾相连而成串珠状的。在公路交通线上，有沿公路两旁作长条式发展的村落。

（3）环状。山区的环山村落及河、湖、荡、塘畔的环水村落即是，它也可以同

---

① 参见李旭旦主编：《人文地理学》，科学出版社 1985 年版。

属于串珠状及条带状。

（三）按社区的发展水平分类

1. 初级社区

初级社区是指那些社会分化不明显，主要从事农业和家庭手工业生产的农村。一般说来，这类村落地处偏远地区，交通不便，与外界交流极为有限，社区生活相对封闭；自然资源比较贫乏，社区深层开发潜力有限，自然经济是社区的主要经济形态；社区成员的社会需求少，社区服务设施也相应较少，而且功能综合；社区内没有明显的社会组织，家庭是社区生活的中心；社区规模一般不大，血缘关系重要，社区的社会结构与家庭结构基本吻合。

2. 次级社区

次级社区一般有一定程度的社会分化，农业仍是社区的经济基础，但第二、第三产业已经初步从家庭手工业中分离出来。这类社区有较好的土地资源和气候资源，土地承载容量大；社区的地理位置好，接近社会发展水平高的城市中心，交通便利，易受城市文化的影响，社区生活呈开放型；社区内有为本社区居民提供服务的基本生活设施；家庭仍是社区生活的基本单位，但也有一些地域联合体和产业联合体；社区组织有一定的规模，社会结构日趋复杂，社区生活较为丰富；社区的人口规模和聚落规模一般较大。

第二节 农村社区的环境与人口

一、自然环境

农村社区的自然环境是由气候、土壤、植被和水文等组成的自然综合系统，是农村社区存在的物质条件和自然基础。农业生产是非常依赖自然环境的生产方式。农村社区受环境的影响也比城市社区更为显著，农业生产的节奏回应环境和气候的规律，决定了农民的生活节奏，也影响农民的心理。例如中国的农历，不但体现了气候变化，也体现了农业生产的时间安排规则，还体现了中国民间节日和习惯。农村居民的生产与生活体现了人类活动与特定环境的统一。

农村社区的自然环境的构成要素主要有：

1. 气候与地形

气候是由降雨量、温度和风向决定的，其中降雨量是重要的因素。沙漠是无人居住的干旱地区，降雨量小的地区主要是草原。放牧是这些地区主要的经济活动，与之相伴随的是游牧或半游牧的社区生活；只有充足的降水才适应各类农作物的生长，从而产生大型农业社区；人口聚居有利于修筑农业生产所必需的水利灌溉工程，依靠水利设施的农业社区也比较强调合作精神。

农村社区以农业生产为经济基础。地势平坦、河流纵横的地区，一般土质肥美，耕作便利，农业有较大的发展，在一定面积的土地上可以承受较多的人口，社区规模较大。此外，这类地区便于发展交通及传播业，使外界文化容易渗入，与大社会可以建立较为密切的联系。在山区则较少有大规模社区。因为在山区或地势倾斜，或高山峭壁，难以开展田间耕作；即使有一些特产或天然资源，也因交通不便，运输迟滞，致使工商业难以发展。而且由于地势关系，社区之间相互隔离，信息难达，自成一个孤立区。这些社区即使生活稳定，变迁也会较慢。

2. 土地

土地是农业生产重要的生产资料，也是农村社区赖以生存的重要资源，土地的多寡、肥沃程度和利用状况直接影响了农业经济的发展水平，从而影响社区的社会生活。土质较好、利用合理的地区，有利于发展专门化生产，促进农产品的商品化；在一些土地资源贫瘠的地区，人们仅能维持温饱，呈现贫困的生活方式。

3. 地理位置

与经济中心的距离也是农村社区的一个重要的环境因素。靠近城市地区的农村及城郊农村，易于受到城市的政治、经济、文化的辐射，使农村社区的生产结构、技术水平和生活方式发生变化；在边远的农村，难以受到城市的影响，容易停留在相对落后的水平上。

农村社区在一定的自然环境中发育和成长，自然赋予了社区独特的乡土特色；社区在其发展过程中，也改变着自然的面貌。即社区同自然的关系是双向的，自然环境影响着社区，社区生活也影响着自然环境。社区的兴旺繁荣取决于它所在自然环境的优劣。在旱涝灾害较少的平原上的农村社区，农业发达，经济收入高，因此人口增长快，社区规模不断扩大。一旦人口过多，开垦过度，又会反过来影响水源、地力等。随着科学技术的进步，社区对环境的作用力（包括建设力和破坏力）更加强大，而环境的反作用也随之增强。因此，在改造农村面貌的同时，需要注意社区与其环境的相互关系。

二、人　口

农村人口常常被人们理解为农业人口，实际上这两个概念是有区别的。凡是以经营农业（大农业）为主要职业的劳动者及其赡养（或抚养）的人口，无论其居住在农村或是城镇，均属于农业人口；农村人口则是指居住在农村地域内的人口，不管他们的职业和工作性质如何。这两个概念的区别有重要的社会经济意义：农村人口所表明的是人口的地域分布形态；农业人口表明的是人口的经济构成形态，农业人口与非农业人口构成比是国家工业化和农业现代化的重要标准。同时，这两个概念又有着密切的联系。因为农业人口主要聚居在农村地区，而非农业人口主要聚居在城镇地区。

（一）农村人口的数量

中国是世界上人口最多的国家，农村人口在总人口中占有较大的比重。1949年农村人口占总人口的89%。新中国成立后，尤其是改革开放以来，国家有计划地重点发展城市工商业，城市化进程逐步加快，使城镇人口的比例逐渐上升，农村人口比例逐年下降（表4-1）。进入21世纪以后，中国在成熟工业化的基础上，实施快速城镇化策略，全国人口城市化率迅速提高，2011年中国城镇人口占总人口51.27%，城市人口超过乡村人口，标志着中国的农业人口大国格局已经完全改变。2015年国家宣布城镇化人口占比为56.1%。

表4-1　我国城乡人口比例　　　　　　　单位：万人、%

年份	年底总人口	城镇总人口		乡村总人口	
		人口数	比重	人口数	比重
1978	96259	17245	17.92	79014	82.08
1985	105851	25094	23.71	80757	76.29
1990	114333	30195	26.41	84138	73.59
1995	121121	35174	29.04	85947	70.96
2000	126743	45906	36.22	80837	63.78
2005	130628	56157	42.99	74471	57.01
2010	133972	66557	41.76	67415	58.24
2015	137462	77116	56.10	60346	43.90

资料来源：《全国人口普查数据及年度统计公报》，国家统计局网站发布（http://www.stats.gov.cn/tjsj/tjgb/rkpcgb/qgrkpcgb/200603/t20060316_30326.html）。

从表 4-1 中可以看出，1978 年后中国工业化和城市化加速，人口城镇化率大幅上升。乡村人口每 10 年下降 10% 以上；尤其是 2010—2015 年间，乡村人口比重更下降了近 15%。可见国家加快城镇化战略成效显著。虽然与发达国家相比（表 4-2），我国农村人口的比例较高，但变化很快。

表 4-2 2005—2014 年世界各国农村人口比重变化比较

单位：%

国家和地区	2005 年	2010 年	2014 年
世界总计	51.0	48.5	46.5
日　本	14.0	9.5	7.0
菲律宾	53.4	54.7	55.5
印　度	70.8	69.1	67.6
美　国	20.1	19.2	18.6
墨西哥	23.7	22.2	21.0
德　国	26.6	25.7	24.9
英　国	20.1	18.7	17.7

资料来源：中国国家统计局数据中心：《国际统计年鉴（2015 年）》（http://data.stats.gov.cn/files/lastestpub/gjnj/2015/indexch.htm）。

2014 年我国农村人口比重与世界平均水平相近，与西方发达国家相比农村人口仍然较多。由于中国农村人口基数很大，生育率较高，虽然城镇化、工业化程度已经大幅提高，但能够吸收的人口和劳动力仍然有限。同时，为了避免出现人口过分膨胀而导致就业困难、住房拥挤、环境污染和交通秩序混乱等"城市病"，各大城市对吸收乡村人口的数量和规模增长比较谨慎。近 10 年人口快速城镇化的主要动力在于中小城镇发展较快，吸收大量乡村人口。

仅仅依据人口统计数值并不能准确了解中国农村人口的实际分布。依据学界的观察和分析，当前农村人口数据反映的是农村户籍人口数量，当中大部分实际上并不在农村居住，而是长期在城市之间流动。中国每年各大城市的"春运"规模和压力，反而能够比较形象地反映出乡村人口跟随城市产业变化而聚散的格局。

(二) 农村人口的构成

农村人口的构成可分为自然构成和社会构成。

1. 自然构成

(1) 年龄构成。根据全国第六次人口普查数据,2010 年我国有 6.63 亿农民(不包括 1964 年以后的新建制镇人口)。其中,65 岁以上的老年人口有 6667.3 万人,占 10.1%,相比"五普"(2000 年)的 8.0% 上升了 2.1 个百分点,表明中国农村人口老化程度越来越高(联合国规定的老年型社会的标准是 7%)。虽然人口老化是全球许多国家需要面对的问题,但我国农村是在经济尚不太发达的背景下进入老年社会的,农村人口的自然构成已经成为我国农村地区经济发展需要考虑的问题。

(2) 性别构成。反映性别构成最重要的指标是性别比。农村人口的性别比逐年提高。我国农村人口的性别比(男性/女性)的周期性表现得不很明显。1949 年的性别比是 111∶100,1951 年下降到 104∶100,随后又上升到 1958 年的波峰 110∶100;随后逐渐下降,到 1961 年到达波谷,男女人数基本持平;1962—1977 年我国农村性别比基本上保持在 105∶100 的水平上,1979 年到达低点 102∶100;进入 80 年代,经过一个短暂的波动后,从 1987 年起农村性别比逐年上升,到 1999 年达到最高点 126∶100。① 根据"六普"数据,2010 年农村人口性别比为 104.87∶100。

2. 社会构成

(1) 教育构成。人口的教育构成是反映人口质量的重要标准。由于历史原因,我国农村教育还相当落后。按照《中国教育改革和发展纲要》的总体规划,到 2000 年,我国基本普及九年义务教育。2000 年,国家宣布如期实现了"基本普及九年义务教育""基本扫除青壮年文盲"的任务。从 2010 年国家人口普查数据来看,实施普及义务教育成效显著,全国乡村小学和初中的人口比例超过 80%;但高中及以上的教育超出义务教育范围,其比率就大幅下降。表 4-3 比较分别位于南、北、东、中、西区域的五省乡村人口教育程度,可以见看到各省的差异依然比较明显,而且经济发达的省份,其乡村人口的教育程度不一定比经济不发达省份更高。

---

① 朱忠文、王红梅:《从"民工荒"看未来若干年农村劳动力的供求》,《统计研究》2006 年第 2 期。

表4-3　2010年中国五省乡村人口教育构成比较　　　　单位：人、%

省市	六岁以上人口	未上学	小学	初中	高中	大专及以上
全国	609708623	7.2	38.1	44.9	7.7	2.1
内蒙古	10350768	7.3	37.2	44.1	8.0	3.4
浙江	19714793	10.1	39.3	38.9	9.0	2.7
广东	32276810	4.5	35.4	48.8	9.4	1.9
贵州	20913860	13.3	50.1	31.4	3.7	1.5
云南	27544959	9.8	56.0	27.8	4.5	1.2

资料来源：国家统计局人口和就业统计司编：《中国人口和就业统计年鉴（2011）》，中国统计出版社2012年版。

（2）职业构成。1997年第一次全国农业普查数据快速汇总结果显示，1996年末，全国农村从业人员为56085.58万人。其中，从事农业人员为42441.19万人，占75.67%；从事非农业人员13644.39万人，占24.33%。2008年第二次全国农业普查数据显示，2006年末，农村从业人员47852万人，占农村劳动力资源总量的90.1%。其中，从事第一产业的占70.8%，从事第二产业的占15.6%，从事第三产业的占13.6%（表4-4）。

表4-4　我国东、中、西部地区农村从业人员行业结构

单位：%

行业	全国		东部地区		中部地区		西部地区	
	1996年	2006年	1996年	2006年	1996年	2006年	1996年	2006年
农业	75.67	70.8	66.50	52.4	79.88	76.8	84.38	86.3
非农业	24.33	29.2	33.50	47.6	29.12	23.2	15.62	13.7

资料来源：《第一次全国农业普查快速汇总结果的公报》（1997年）和第二次全国农业普查主要数据公报（2008年），国家统计局网站公布。

由于东部地区农村经济发展快于中西部地区，其从事非农业人员所占比重也明显高于中西部地区，而且1996—2006年10年间东部农村劳动力从事非农产业的比重也呈显著上升趋势；相对来说，中西部呈下降趋势，部分反映出这10年间中西部的乡村非农产业发展缓慢，或者由于人口流出量过大而不进反退。

(三) 农村人口流动

1980年以后中国东部沿海地区工业迅速发展，尤其是东南沿海劳动密集型产业蓬勃兴起，城市对劳工的需求大大增加，吸引了大量农村劳动力。这些来自农村的流动人口被称为"农民工"。农民工实际上包含了三种空间的、社会的流动：一是在地域上，从农村向城市、从欠发达地区向较发达地区的流动；二是在职业上，从农业向工商服务等非农产业的流动；三是在阶层上，从低收入的农业劳动者阶层向更高职业收入的阶层流动。①

根据国家统计局的农业普查数据，在农村总人口下降的同时，全国农村劳动力外出从业的比率仍然不断上升。2000年和2006年两期普查数据相比较，中部地区农村外出工作的劳动力比重上升幅度最大，东部上升最小（表4-5）。2006年的普查数据还反映出，外出务工的农村劳动力以20~40岁青年劳动力为主；外出从业劳动力中，文盲占1.2%，小学文化程度占18.7%，初中文化程度占70.1%，高中文化程度占8.7%，大专及以上文化程度占1.3%。由于农村人口中小学、初中两类教育程度人口比例相当，数据说明乡村中文化程度稍高的人口都倾向于外出务工，这种劳动力流动的特点对农村社区的长远发展无疑会产生负面影响。

表4.5 东、中、西部地区农村外出从业劳动力占本区从业人员比重

单位：%

年份	东部地区	中部地区	西部地区
2000	15.18	12.06	10.36
2006	21.7	37.7	29.0

资料来源：《第一次全国农业普查数据公报第3号》《第二次全国农业普查数据公报第5号》，国家统计局网站。

我国现行的城市户籍政策使农村人口到城市定居受到一定限制，因而出现了农村人口短期流向城市，而后又返回农村的这一特殊的农村人口流动模式。这种循环式的农村人口流动对中国农村经济发展和社会发展起着独特的刺激作用。目前，农民工流动就业出现了两大变化：一是20世纪80年代第一批外出打工的农民工因失去了年龄的优势，文化程度又低，在城里工作难找，有一部分人已经返乡。二是一些年轻的农民工发生了大跨度的转变，返回家乡创业。他们中的多数已经不是原来意义上的农

---

① 李培林：《流动民工的社会网络和社会地位》，《社会学研究》1996年第4期。

民，在与城乡多层次的接触中，他们有了更高的生活目标。在多种力量的相互作用下，他们带着新的产业技术、市场经验和坚韧的创业精神回到家乡创业，填补当地经济开发所短缺的人力资本。他们创办企业，带动当地农业剩余劳动力向非农产业转移。

农民工返回乡村的重要意义在于：①数千万农民经过一段时间到城市和发达地区外出就业的锻炼，素质得到不同程度的提高，转而回乡创业，成为当地乡村各业生产和小城镇发展的推动力量，这对中国广大地区农村工业化和农业现代化具有长远的战略意义。②农民工回乡创业，起到了促进不发达地区乡村开放，资金、信息向乡村流动的作用。与一般未外出的农业劳动者相比，农民工有较强的适应市场创业、竞争的意识和能力，是促进农村乡镇企业发展、开发农业、建设小城镇的一支生力军。他们从半自给的农区到较现代化的城市打工，就业竞争、生存、发展要求他们学习新知识、适应新的产业和环境。他们在产业技术先进和现代市场经济较发达的地区边干边学，增进阅历、技能、知识，自身素质得到了很大提高。这将对21世纪我国中西部不发达地区农业产业化的经营和发展，以及地区结构的变革产生积极、深刻的影响。

第三节　农村社区的家庭与邻里

初级社会群体的功能在中国农村社区比在城市重要，这与农村居民居住地点相对稳定、乡村生活集体性强有关。我国农村中主要的初级社会群体有家庭和邻里。

一、家　庭

农村家庭是农村居民以婚姻关系为基础，以血缘关系（包括收养关系）为纽带而组成的社会生活共同体。它是农村社会生活的基本单位，是农村社会的细胞。

农村家庭的功能比城市家庭更为完整。在城市社区，家庭成员是以个人身份参加某些专业化组织，参与社会生活，家庭仅是满足生物功能和部分消费功能的场所。在农村，家庭成员一般不以个人身份参加社会交往，而是代表家庭去参与家庭间的社会活动，所以，农村社区的活动很大程度上是家庭之间的交往。传统农村社区的家庭主要功能除了生产功能、消费功能、生育功能、赡养功能、教育功能等之外，还包括宗教、娱乐休闲、情感交流和发挥社会控制等功能。

农村家庭结构是指农村家庭成员的构成及其相互关系。反映农村家庭结构特征的主要有家庭规模和家庭代际结构两个方面。从人口统计数字来看，中国农村的家庭规模具有从扩大到缩小的变化特点（表4-6）。自1990年以后，中国城乡的人口整体增长速度开始减慢，农村家庭规模也开始缩小。农村家庭的代际结构也呈现出同步变化，核心家庭越来越多，扩大家庭越来越少。

表4-6　历次全国人口普查的家庭户规模　　单位：人

年份	全国	城镇家庭规模	农村家庭规模
1953	4.33	4.66	4.26
1964	4.43	4.11	4.35
1982	4.41	3.95	4.57
2000	3.46	3.03	3.68
2005	3.13	2.97	3.27
2010	3.09	2.71	3.34

资料来源：国家统计局人口普查资料。

农村家庭的功能也不同程度地发生变化，或弱化，或强化，或转移。在纯农业的产业结构向农工商产业并举、农业比重日益下降的产业结构转化过程中，家庭的生产功能出现了逐渐萎缩的趋势。当农村各项公共服务设施逐渐发展完善，农村家庭的娱乐、教育、抚养、赡养等功能都会发生变化。

1980年以后中国工业化和城市化影响农村家庭的一个结果是单一依靠农业收入、全体家庭成员都居住农村、从事农业的家庭迅速地、大幅度地减少，成员职业混合、收入来源多元化的家庭越来越多，单一依靠农业收入的农业家庭越来越少。这种状况在2006年农业普查农村外出务工人员的数据中也有所反映。

农村家庭的功能、家内分工、家庭关系发生显著变化。例如，不少农村家庭调查报告都描述出这样的家庭面貌：父亲和成年的子女外出工作（即农民工），母亲在家承担农业生产、养育年幼的子女，老人则帮助照顾幼儿及做一些较轻的家务。在这种家庭中，家庭的农业生产功能大大减弱，家内分工从农业生产的分工变为不同职业的分工。在职业、经济收入多元化的农村家庭中，由于男性和女性、父母和子女往往都有自己的收入来源，而家庭生活依靠所有家庭成员的劳动得以改善，这样，家庭关系开始趋向平等。人类学家阎云翔20世纪90年代末在黑龙江省下岬村的调查发现，308个核心家庭中，35%的家庭由妻子做主，19%由丈夫做主，46%夫妻共同做主；越来越多的丈夫愿意分担家务（表4-7）。

表 4-7　黑龙江省下岬村核心家庭中的决策与家务

决策与家务	以妻子为主		以丈夫为主		夫妻分担		总计
	数量	比例	数量	比例	数量	比例	
家庭决策	109	35%	57	19%	142	46%	308
家务劳动	187	61%	6	2%	115	37%	308

资料来源：阎云翔：《私人生活的变革：一个中国村庄里的爱情、家庭与亲密关系（1949—1999）》，上海书店出版社 2006 年版，第 114 页。

人口减少不是农村家庭规模下降的唯一原因，家庭关系的转变也会直接影响家庭规模的变化，分家是其中最重要的一种。有关研究显示，从全国人口普查数据来分析，自 20 世纪 90 年代启动市场化改革以来，中国农村分家模式发生了明显的历史性变动，主要体现在兄弟分家和父子分家两方面：兄弟间的分家模式从"一次性分家"向"多次性分家"转变，兄弟结婚后越来越趋向于结婚一个就分出去一个，而不是等所有兄弟都结婚之后再一次性分家；在父子之间，原有父亲选择与独子或者小儿子一起居住的模式正在发生改变，父亲与所有儿子甚至是独子分家、形成空巢家庭在全国不少地区成为普遍趋势。分家模式的这两种变动趋势是农村家庭规模进一步小型化的直接推动因素。①

二、邻　里

邻里是人们以地缘关系为基础形成的一种初级社会群体，是生活在同一地域经久相处、守望相助、友好往来的若干家庭联合体。邻里这种群体的特点是：①以地域靠近为基本前提和自然条件；②经久相处，往来频繁；③主要是以感情为基础。在村中居住的农村住户之间具有生产互助的基础和需求，容易发展出守望相助、共同生活的邻里关系。

农村社区的邻里有如下特征：

（1）地域特征。邻里通常具有比较清楚的地域边界。在自然形成的农村村落中，邻里的边界就是村落的边界。同村、同乡的观念也是由邻里的地域边界发展而来的。但同地而居并不一定能够发展出邻里关系，相对于地域特征，邻里群体的社会文化特征更为重要。

（2）社会特征。邻里的社会特征是指住户之间的关系特征。农村社区的邻里关系

---

① 龚为钢：《农村分家模式对家庭规模变动的影响机制研究——基于对全国人口普查数据的分析》，《南京人口干部管理学院学报》2012 年第 2 期。

本质上是一种初级关系，即面对面、比较全面的交往关系，邻里是除了家庭以外最基本的社会群体。对个人来说，农村居民在家庭以外最初的交往场所就是邻里；邻里也是个人身份的标志，正如个人属于某个家庭一样，个人也属于某个特定邻里群体。对于一个农村家庭来说，它存在于具体的邻里关系当中，不和邻里交往的家庭在农村社区不具有社会意义，没有公众认可的社会地位，往往也难以独立应付自身的生存问题。

（3）心理特征。稳定的邻里关系能够发展出认同感，这种邻里的认同往往也被视为社区的认同。稳定的邻里群体一般具有特定的集体行动方式和控制规范，这些方式和规范用以维护邻里关系的持续，通过团结来保障住户的共同利益。认同感是在遵守和维护这些邻里关系、规范的基础上培育出来的。因此，长期生活在农村社区的个人对邻里或社区的记忆不仅仅是理性的，更是情感性的。

邻里具有多种的社会功能：

（1）生产互助。在生产力低下的自给自足的小农经济社会里，每个家庭都是一个生产单位和经营单位，家庭在生产上的困难主要靠邻里间相互帮助来解决。在我国当前广大农村基本上还是采用手工和体力操作的条件下，邻里间的生产互助也是不可或缺的。我国过去进行的合作化运动就是在邻里基础上的互助合作。我国农村实行家庭联产承包责任制时期，邻里的生产互助主要通过各种形式的劳动交换和经济联合体表现出来。

（2）生活互助。邻里在一定程度上提供了家庭基本生活所需要的服务，如照顾小孩和老人，交换一些剩余产品，相互提供某些简单的服务和传授生产、生活经验，等等。

（3）防卫外来侵害。邻里之间的情感比较深厚，常有"远亲不如近邻"之说。遇到外来侵害，如偷窃，邻里之间常常团结一致，共同防御。这在那些外出务工的农民越来越多的村子里显得尤为重要。

（4）社会化功能。儿童在社会化的过程中会受到不同关系群体的影响，邻里就是其中最重要的一个。儿童在邻里之间的相处、沟通和交流等活动成为儿童社会化过程中重要的一个环节。好的邻里关系对儿童社会化有利；反之，则不利于儿童的社会化。

（5）社会整合功能。邻里通过非正式的舆论和正式的公约维持邻里的规范，从而起到社区整合的作用。邻居之间的闲谈和议论形成的舆论压力常常能预防某些越轨行为。邻里的整合作用的大小取决于邻里的孤立程度和邻里与外界之间的社会距离。

在农村社区中，邻里是家庭之外的重要初级关系连带，它往往是农村社区居民社会交往的基本空间。即使村民在成年之后到外地工作，邻里也是其社会关系网络的基本成分。在人口流动较小的农村社区，邻里往往与村民的其他多种关系在区域空间上重叠，如亲戚或亲族、好友、一般亲友及同村人等。阮丹青、张文宏等1996年对天津地区农村居民的社会网络进行调查，数据反映，天津农村居民社会网络的基本范围在本村，即使居民会把这些经常和自己讨论日常事务的人分类为家人、朋友、同事、邻居等，但这些人实际上都住在相同或临近的村庄。①

阎云翔1993—1996年在黑龙江省下岬村的调查也得到同样的证据，村民的关系网络包括了大量同村人。他们把村庄视为私人关系网络的基本范围，关系很少会扩展到村庄以外（图4-1）。

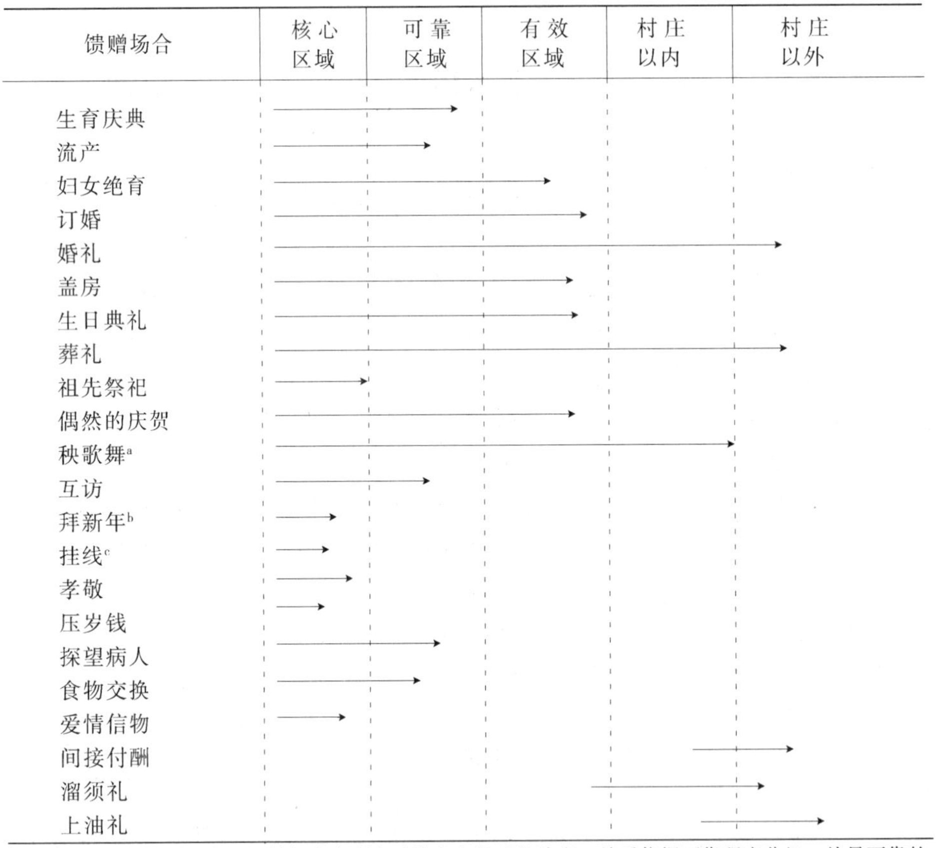

馈赠场合	核心区域	可靠区域	有效区域	村庄以内	村庄以外
生育庆典	→→				
流产	→→→				
妇女绝育	→→→→				
订婚	→→→→				
婚礼	→→→→→→→				
盖房	→→→→				
生日典礼	→→→→				
葬礼	→→→→→→→				
祖先祭祀	→→				
偶然的庆贺	→→→→→→				
秧歌舞ª					
互访	→→→				
拜新年ᵇ	→→				
挂线ᶜ	→→				
孝敬	→→				
压岁钱	→→→				
探望病人	→→→				
食物交换	→→→				
爱情信物	→→				
间接付酬				→→	
溜须礼				→→→	
上油礼				→→→	

注：箭头表示在每一送礼场合中所牵涉的私人关系的跨度。关系依据可靠程度分组，从最可靠的（核心区域）到可靠性最低的（村庄以外）。

a：年度的游行，期间下岬村民们要向游行参与者赠送礼物。
b：一种要求新婚夫妇在旧历新年期间拜访近亲的地方习俗。
c：一种要求新婚夫妇生了头一个孩子以后拜访近亲的地方习俗。

图4-1 礼物馈赠关系与关系结构

资料来源：阎云翔：《礼物的流动》，读书·生活·新知三联书店2002年版，第97页。

---

① 阮丹青、张文宏、潘允康：《天津农村居民的社会网》，《社会学研究》1999年第2期。

邻里的亲密关系和功能综合相互加强，邻里关系越亲密，社区越团结，居民对社区的认同感也越强。

随着家庭生产功能的逐渐消失，邻里的生产互助功能逐渐转移，但生活上互助、防卫外敌和儿童社会化功能仍在发挥作用。邻里关系在农村社会比较浓厚，在城市就相对淡化。

第四节　农村社区的组织与权力关系

农村中的社会组织和社区组织是社区续存和乡村生活的基础。

一、农村社区的组织

（一）正式组织

1. 正式组织概述

农村社区中的正式组织是指那些非地域性和非血缘性的正式组织与团体，是农村社区的重要组成部分。根据组织所发挥的职能，可将农村中的正式组织大致分为政治组织、经济组织、文化事业组织和社团组织。

（1）政治组织。农村社区中的政治组织指国家在农村社区中设置的基层组织，其主要职责为协调上级政府与村民之间的关系，监督国家政策、法令的贯彻和运用经济手段管理农村的各项经济活动和社会活动。政治组织主要有以下几种：

1）乡镇人民政府，是国家在农村中的基层组织，是国家在农村中的政权体现。它主要负责贯彻落实国家实施的乡村政策，保证国家权力对农村的控制和影响。

2）村民委员会，是农村居民自我管理、自我教育、自我服务的基本群众性自治组织。其主要职能是：办理本村公共事务和公共事业；调解民间纠纷，促进村民团结、家庭和睦；协助人民政府和公安机关维持社会治安和社会秩序；沟通人民政府和农村群众之间的联系。村民委员会是一个自治机构，从 1988 年《村民委员会组织法》试行以来开始发挥作用，是农民群众按照民主集中制的原则，实施直接民主的一个基层组织。

3）党的基层组织。党在乡、村中的基层组织是乡党委和村党支部。其主要工作是在农村中贯彻执行党的路线、方针和政策，进行自我的建设，并教育农民群体。

（2）经济组织。农村社区中的经济组织指在农村中从事经济活动的各类组织，它包括各类生产互助组织、村办企业、正规或非正规的农村基金会组织等。

1）户际联合体，是部分农户之间或农户与非农户之间自行组成的互助经济组织。它以户之间自愿互利、联合经营、共同管理为原则，有一定的组织规模、工作场所和固定人员，有相对稳定的经营项目、会计核算和分配制度。

2）村办企业，由原来的集体经济组织（大队）转变而来。这类组织经营方式较不确定，而且在数量上、发展上存在很大的地区差异。如在长江三角洲和珠江三角洲存在的超级村庄，企业由于管理的跟进而发展迅速；相反，有一些企业则在财产耗空的同时而倒闭。有些企业采取了大包干的形式，使承包人拥有很大的经营权，出现了追逐短期利益及中饱私囊的问题；有些采取集体经营的企业，虽然认同社区目标，但也有很多出现了效率低下的问题。

(3) 文化事业组织。农村社区中的文化事业组织是指满足人们各种文化需求，从事各项文化事业活动的社区服务组织，主要包括文体组织、教育组织、卫生所、福利组织等。

1）文体组织，包括农村文化室、业余体育组织等。富裕村庄文化室设施比较齐全，设有图书、报刊杂志阅览等；体育组织则会在逢年过节时举行篮球赛、足球赛等。

2）教育组织。包括小学、夜校和技术学校等。2006年是农村教育发展的一个重要年份，国家在农村社区全面提供免费的义务教育。随着乡村对教育越来越重视，也会有其他类型的教育组织生成。

3）卫生健康组织。通常有医疗卫生站或卫生所，由乡村医生管理，为本村村民提供常见病的简单治疗服务。也可能有其他特殊类型的组织，如艾滋病互助组等。

4）福利组织。在一些富裕乡村里面主要是敬老院，赡养本村孤寡老人，由村集体提供经济支持；一些实力雄厚的社区还办有托儿所、幼儿园和福利工厂，为村民提供更多服务。这是农村集体消费的最重要部分。在一些村经济不佳的社区，集体经济无以支撑起庞大的开支，出现了一些非正式组织，在制度化渠道之外寻求为村民提供一定保障。

(4) 社团组织。农村社区中的社团组织指在农村里面存在的带领群众开展各种类型活动、协助居民有序生活的一些团体，如共青团、妇代会、民兵连等。这类组织在中国官方文件中称为群团或社团组织，但实际上兼有政治、教育和福利等综合功能。

2. 正式组织的功能

农村中的正式组织有如下功能：

(1) 政治链接——政府代理人角色。1949年以前，国家权威与地方权威是分离的，二者相对独立，国家势力未渗透到乡村里面，只要乡村安稳，国家不作干涉；地方权威与地方利益群体紧密结合在一起治理乡村，国家通过地方权威治理地方社会，而非取代它们。① 1949 年以后，人民公社制度的建立，使国家权威迅速全面地进入了乡村，与地方权威相结合，地方权威则逐渐与地方体脱离，成为国家权威的代言人。这时，人民公社正式组织则是控制村庄和引导村庄社会主义建设、生产的一个机构。1979 年改革开放后，国家权力逐渐后退，按《村民委员会组织法》建立乡村自治委员会，实施村民自治；但村委会并不是独立地运营于政治体制之外，它还需要承担乡镇一级政府给予的政治任务，"对上信息传递，对下资源分配"。乡镇政府作为基层政权承担着基层的政治功能，但在乡镇下面还有村自治机构，政治功能也相应地下分，村委会、村支部等正式组织承担了一个政府代理人的角色，这是村正式组织一个重要的功能。

（2）经济促进——村民领头人角色，达成集体目标。乡村正式组织的一个功能是"对上信息传递，对下资源分配"。由于乡村正式组织掌握着村里的大部分资源，可以对这些资源进行调配，这些正式组织也就承担了很大的经济功能，带领村民共同致富。不同的村庄由于其正式组织发挥作用不同，导致了富村跟穷村的区别。这两类村在区位和原先经济上并没有太大区别，经济发展大部分是内源性发展，这就与正式组织（或组织内的"能人"）有着极大关系。②

自 20 世纪 50 年代中期至 1979 年，人民公社也是农村社区唯一的经济组织。人民公社以集体经济的方式组织农民进行生产，具有一些个体或小型经济体不具备的优点。1979 年人民公社作为乡村正式组织已不存在，但其组织形式却在一些农村社区保留下来，继续承担经济发展职能，如曾经引起广泛关注的河南省南街村、河北省大邱庄等。

1979 年以后乡镇企业成为农村最主要的经济组织。据 2004 年的《中国农业统计年鉴》，全国有 21850797 个乡镇企业，年末从业人员 135729324 人，总产值 1523607159 万元，增加值 366863254 万元，营业收入 1467834372 万元。中国的乡镇企业创造了巨大的经济价值，解决了相当一部分富余劳动力的就业，增加了农民家庭收入，推动了农村的职业分化、工业化和现代化，共同为集体谋利益。

（3）文化传承——传统的延续与变革。乡村正式组织承担着文化传承的功能，对传统文化进行有选择的继承和变革，而引起有利于地方经济发展的新兴文化因素。1949 年以后，中国在乡村社区为政权建设的目的而建立的正式组织，无论是人民公社还是后来的乡政府、村民委员会，都不同程度地发挥着地方文化的构建和传承功

---

① 张静著：《基层政权——乡村制度诸问题》，浙江人民出版社 2000 年版，第 18~48 页。
② 折晓叶、陈婴婴著：《社区的实践——"超级村庄"的发展历程》，浙江人民出版社 2000 年版，第 160~172 页。

能,如上述提到村组织的文化室、体育队等。

(4) 关系整合——增强社区关联,协调村民之间的关系。村正式组织另外一个重要的功能是关系整合功能,这与上述三个功能也是紧密联系的。整合村民的关系,才能凝聚村民的力量,稳固乡村秩序①;整合正式组织跟非正式组织之间的关系,才能整合资源;整合社区内组织与社区外组织的关系,才能更有效地赢得来自外部的或上级的支持,增强资源调动能力。

(二) 非正式组织

1. 非正式组织概述

农村中的非正式组织指那些未经过官方认可,没有一套比较严密的组织程序,但具有比较明确的目标或角色功能的,由民众自发组成的民间组织。由于国家对非政府组织实施严格管理,乡村社区组织通常都属于这种类型。非正式组织包括传统的宗族组织、同乡会、老人会等,主要承担乡村社会整合、互助和民间传统文化传承等功能。

1949 年以前,非正式组织是农村社区社会生活的主要组织者,承担综合性的功能,这些非正式组织包括宗族、祭祀或崇拜的组织等。1949 年以后,国家权威介入乡村,非正式组织解散并被禁止进行公开活动。1980 年以后,非正式组织的活动逐渐恢复。非正式组织让更多的村民参与到了组织生活中,承担很多正式组织未能完全承担的功能,如文化娱乐、福利、信仰、社区教化等方面。

20 世纪 80 年代以后复兴的农村社区非正式组织当中,以宗族活动比较突出。宗族根植于乡村生活团结互助的需求,拥有传统文化的权威,在当今急速变化的农村社区仍然有较大的活动空间。宗族活动对国家权威和基层政权是否构成挑战,各界都存在争论,但不能否认宗族在乡村团结、村民互助、弘扬社区传统等方面发挥了重要作用。②

2. 非正式组织的角色作用

非正式组织在农村的延续中有着多重角色作用。

(1) 生产互助与经营合作。在农业技术落后、产业发展条件比较差的情况下,分

---

① 贺雪峰著:《乡村治理的社会基础——转型期乡村社会性质研究》,中国社会科学出版社 2003 年版,第 22 页。

② 麻国庆:《宗族的复兴与人群结合——以闽北樟湖镇的田野调查为中心》,《社会学研究》2000 年第 6 期。

散的农户各自独立的力量很难抵御自然灾害的侵袭和市场变化的风险，某种形式的生产互助和合作经营往往是农户生存发展的有效方式。这种生存的需求与中国一贯以来重视血缘的差序格局相配合，巩固了家族、宗族等非正式组织存在的合理性和稳定性。

（2）资源整合与公共福利。无论国家如何加强对乡村基层的控制和公共福利体系的建设，都不太可能完全符合差别很大的地方居民在经济、文化、福利方面的要求；况且，中国当前的乡村公共福利体系建设仍然比较薄弱。非正式组织正是在正式组织公共服务功能缺失的情况下起到补充的作用，资源的整合、资金的引进往往促成了公共产品的提供，为村民提供了一定的福利。在某些地区，非正式组织甚至充当了寻求经济资源的角色。如潮汕地区是华侨众多的地方，各类非正式组织充当了联系华侨的桥梁之一，并且起到了很大的作用。例如，该地区曾经修了一条横跨四个镇的公路，则是各村非正式组织与正式组织联手的结果，在外来资金（以华侨资金为主）注入时政府也起到了一定作用，二者资金促成了公路的建成。

（3）传统文化传承。非正式组织的重建与传统文化活动的恢复是同步的，可以说非正式组织就是传统文化在农村社区中传承的载体。传统文化是老一辈村民的集体记忆以及精神的依托，在政治限制放松之后，非正式组织推动传统文化活动是很正常的。另外，在当前农村新文化体系尚未确立、农民陷入某种精神文化匮乏的情况下，由非正式组织推动游神、祭祖、修族谱等文化仪式活动也成了农民满足内心需要的一个途径。

二、农村社区中的权力关系

农村社区中的权力关系可从正式组织与非正式组织、体制内精英与体制外精英、精英与非精英三种相对关系来考察。

1. 正式组织与非正式组织

正式组织是农村社区中最重要的权力主体，通过国家及村民赋予的权力对社区进行管理，控制了大部分资源；由于农业生产分散、传统文化、国家权力有剩余空间等因素存在，非正式组织也控制了部分资源，在与村民的互动中也具有一定的影响力。正式组织与非正式组织的权力关系可分为下列三种：①合作关系。正式组织与非正式组织协调发展，二者共同为了村里事务而努力。大部分情况下是非正式组织辅助正式组织处理村务，弥补正式组织一些缺失的功能。如非正式组织对村务的影响作用停留在辅助正式组织如村委会搞好福利上，在反映村民意见上起作用，而不是控制或对抗村委会；作为村中的行政主体，村委会鼓励非正式组织的发展，对其中某些有利于乡村社区发展的功能进行大力提倡,而对一些不利于发展的活动——如迷信活动进行引导和抑制。②竞争关系。由于非正式组织影响力比较大,与村委会等正式组织形成一种竞争的关系。在一些农村社区,村委会虽然拥有合法权力,但其控制的资源相对较少,在组织一些比较大规模的活动时不得不依靠非正式组织以发动资源。潮汕地区有些农村社区中老人会与村委会就是这种关系。由于老人会可以在学校筹建、治安管理、奖学奖教基金、扶贫等活动上多方面筹款,改善村民生活,村民对老人会的活动、决策比较支持,村委会在组织一些活动时必须征求老人会的意见。③冲突关系。有时农村社区会发生这样的情况,村民与村委会在某些决策上意见分歧,非正式组织往往代表村民与正式组织发生权力冲突。这种情况在村委会改选的时候发生较多。

2. 体制内精英与体制外精英

体制内精英指权力来自国家政治或行政体制的村民领袖,体制外精英指未参加社区中的组织而具有一定影响力的村民领袖。体制内精英的权力来源于法律认可;体制外精英的权力则源于农村社区中的文化认同和利益联系,如宗族关系、同乡关系等。体制内精英的地位处在国家与村民之间,既要服从国家权威,完成上级给予的任务,又要代表村民权益,处于一个两难的地位;体制外精英的影响力来自乡村的文化资本和经济资本,当村民的诉求与村委会或地方政府的决定相悖时,体制外精英往往作为村民利益代言人出现。体制外精英与普通村民之间关系的稳定往往决定了农村社区权力结构的稳定性,体制内精英与体制外精英之间的关系大致决定了社区正式权力运作的效果。湖北荆门农村社区中存在大社员与村组干部之间的关系,大社员是体制外精英,村组干部是体制内精英。大社员比一般村民有影响力,而又是体制外的。有能力的大社员敢于在村务会上发言,向上级反映情况,为村民争取权益,所以村组干部必须笼络大社员才能比较好地管理村务。这往往是通过给予大社员以一般村民没有的利益,如把公共工程承包给大社员做,给大社员拜年等,维持一定的私人关系。① 村组干部通过与大社员处理好关系从而使自己可以维持或增强影响力,既而连任。还有一些地区存在具有影响力、号召力的宗族领袖,另一些地区由于个体经济的迅速发展出现了不少暴发户,等等,这些都属于体制外精英。在这些村庄中,体制内精英跟体制外精英关系良好则社区正式权力运作比较好,二者关系恶劣则难以把社区正式权力落到实处。②

---

① 贺雪峰著:《新乡土中国——转型期乡村社会调查笔记》,广西师范大学出版社 2003 年版,第 14~17 页。

② 本部分陈述参考贺雪峰、仝志辉:《村庄权力结构的三层分析》,《中国社会科学》2002 年第 1 期。

3. 精英与非精英

农村社区的精英的基本角色功能是信息传递和资源分配。有研究者认为，精英与非精英（即普通百姓）的关系是紧密还是松散，大致决定了社区权力结构是内敛还是外向。① 如果精英与村民关系良好，那社区的正式权力结构就是内敛的，即对内为村民谋福利，向外争取资源，重视资源的合理分配；如果关系比较差，而精英希望在职务晋升等方面获取上级的首肯，那他们必须寻求社区以外的支持，社区的权力结构是外向的，依靠外部的政治权威。

在不同的国家体制下，农村社区的三种权力相对关系会呈现出不同的特点。在传统中国乡村，国家主要通过乡村代理人实施治理，乡治则主要是由这些被国家赋予某种合法性的体制外精英实现的。1949 年以后现代国家体制建立，国家的基层政权组织建立，基本上取代了体制外精英的作用，使原有的内生于乡村内部的组织及其整合机制消失。有学者称之为"单一行政治理体制"②，人民公社是这种单一体制的典型代表。人民公社解体之后，村民委员会成为新的国家代理人。这个新的代理人虽然在法律上被设定为具有政治合法性的体制外精英，但却需要贯彻国家意志，被村庄社区视为体制内精英，因此也不能发挥整合村庄社区的功能。乡村社区分析和调查报告都显示，乡村有效治理的实现条件是精英与非精英达成互相协作的关系。

第五节　农村社区的文化特质

农村社区文化由一系列因素构成，如与众不同的居住形式、特殊的语言、一定的经济体系、有特色的社会组织以及某种宗教信仰和价值观念等。这种社区文化为社区居民所共同享有，同时又强有力地约束着社区内人们的行为方式和思维方式。

文化从本质上来说就是人与自然的结合方式。农村文化之所以区别于城市文化，其根本原因就是农村居民所处的自然环境和赖以谋生的方式不同。中国传统农村社区文化的特质具体表现如下：

（1）中国的农村社会以农业为主要生计，使农村社区的文化带上浓厚的乡土色彩。传统农业文化的基本特征是：以人力和畜力为主要动力，人与人在空间关系上相互隔离，社会生活稳定，农业不仅是谋生的手段，而且也是基本的生活方式，农村中

---

① 贺雪峰、仝志辉：《村庄权力结构的三层分析》。
② 参见徐勇：《农村微观组织再造与社区自我整合》，《河南社会科学》2006 年第 9 期。

的手工业和商业是从属于农业的。

（2）农村社区的社会关系是建立在家庭关系基础之上的。家庭既是生育的群体又是事业的群体，具有政治、经济、宗教、教育等复杂的社会功能。即使是杂姓的村庄，也会逐渐发展出一种类似家族的关系。农村居民在相互发生社会交往时，往往把自己放在一定的家族关系之内，辈份详明，称谓准确。

（3）以孝悌和勤俭为最基本的社会价值和社会道德。孝悌是社会生活的价值取向。由于农村中社会生活是家庭生活的扩展，家庭中的道德伦理准则也就构成了社会的道德伦理的主体。孝是维系家庭关系中长幼关系的原则，悌则是维系平辈关系的原则。虽然新中国成立后农村中的家族关系已经有了很大的削弱，但社会中传统的道德观念仍有重要的作用。勤俭是农村社区经济生活的准则和价值取向。长期以来，在自然经济的条件下，农家一年的生产量和收入是极为有限的。即使现在，大部分农家也只是达到温饱水平。因此，整个社会赞扬勤俭，视勤俭为美德。

（4）社区中以舆论和情感为主要控制手段。农村社区相对来说是狭小的，人与人的关系是初级的，个人的行为有不合礼俗之处，即为左邻右舍所察。社区成员对社区传统、祖宗遗规、民德民俗视若神灵；若有人违犯，不仅对个人不利，而且也会危及社区。因此，社会对于越轨行为极为看重。其社会制约力量主要是来自社会的舆论，而不是依据法律、规章或契约。这种社会制约多带有感情色彩，而不是理性的批评。越轨行为就是对众人所尊重的社会价值的冒犯。[①]

上面的四个农村社区文化特征是根据20世纪80年代以前的农村调查文献总结出来的，这些文献所考察的农村社区尚未广泛、深刻地卷入工业化和城市化过程，我们可以把上述文化特质视为传统封闭的中国农村社区所具有的一般特点。

然而从80年代至今，中国农村社区已经深深卷入工业化和现代化过程，和城市一样，中国农村社区正处于急速变化阶段。从经验来看，我们观察的农村社区由于卷入现代化的程度不同，其文化特点也不同，从而难以针对当前的农村社区作一般的概述。从1990年以后发表的农村调查文献中以可找到三点关于农村社区文化社会特征的显著变化。

第一，文化的多元化倾向。农村社区的文化体系不再以农业为唯一核心，而是呈现出多元化的倾向。这个特点是由农村的职业分化导致的。当农村的产业和职业出现多元化时，农村的社区文化仍然带有某些清楚可辨的农业文化特点，但已和传统农业文化有很大区别。

第二，村落逐渐脱离封闭状态。中国地区发展不平衡，一些地理环境比较封闭、区位处于边陲的村落至今仍然具有上述传统文化特征。但是，随着全球化和城市化推

---

① 杨懋春著：《社会学》，（台北）台湾商务印书馆1983年版。

进,尤其是国家"十二五"和"十三五"规划实施"精准扶贫"计划,各省市政府力图以基础设施建设来带动经济发展,实现"村村通公路"的目标,完全与外界隔绝、保持传统文化的社区已经越来越少。大多数仍然以农业为主业的村庄已经转变为农业为主、兼营非农业的多元化产业经济,借助于现代化交通和通讯设备,村落不再与外界隔离,尤其是在农产品交易方面,已经与外部市场连接并受其深刻影响。村落的文化和人际关系也由于外来文化的冲击而改变。

第三,孝道衰落的倾向。20世纪90年代以后,农村社区出现了越来越多的"独居老人"。阎云翔1998年在黑龙江省下岬村的调查资料反映,村中有60岁以上老年家庭成员的83个住户中,老年夫妇单住的17个,老年男性或女性独居的8个,两者占30%;有45~59岁中老年家庭成员的家庭有90个,其中夫妇单住的21个,父亲或母亲独居的3个,两者占26.7%;11户有虐待老人的问题。《南方周末》2006年1月19日报道,内蒙古清水河县北堡乡桦树沟村被称为"老人村",村中除了村长30来岁之外,其他都是50岁以上的老人,大部分老人晚景孤独凄凉,有些甚至贫病交加。伴随民工潮的形成,农村社区出现了越来越多的"留守老人"和"空巢家庭",也是孝道衰落的一种反映。阎云翔指出,代际冲突越来越频繁地反映出孝道在农村社区已呈现衰落倾向。其原因是:"在传统中国,法律、公众舆论、宗族社会组织、宗教信仰、家庭私有财产这一系列因素支持着孝道的推行。但这些机制都受到了根本性的冲击……市场经济改革过程中引进的一系列价值观最终埋葬了孝道……根据市场经济中流行的新道德观,两代人之间的关系更多是一种理性的、平衡的交换关系,双方必须相互有对等的给予。"①

第六节 21世纪后的中国农村社区治理问题

1979年以后的中国体制改革是从农村经济体制开始的,但当以生产承包责任制为核心的改革在农村取得伟大成功之后,政治经济体制改革的重点就转向城市。20世纪80年代后期至20世纪末的十余年中,农村在国家政策中的重要性下降,国内学术界对农村的讨论也在减少。21世纪初,一些研究者发表的报告和论著强力呼吁关

---

① 阎云翔著:《私人生活的变革:一个中国村庄里的爱情、家庭与亲密关系(1994—1999)》,上海书店出版社2006年版,第180页。

注农村问题,把学界的注意力再次拉向乡村发展,也引起了国家的重视。① 自 2000 年中共中央、国务院发布《关于进行农村税费改革试点工作的通知》以后 16 年间,国家每年都发布以农村发展为主题的中央文件,内容涉及税费改革、农业现代化、社会主义新农村建设、农村水利、科技、公共设施建设、土地经营和城镇化等问题。

根据 CSSCI 文献统计,2001 年以来农村研究文献是逐年递增的,从 2001 年不足 800 篇到 2015 年的 2000 多篇。研究者从中总结出的研究主题包括农村教育、新农村、农民收入、社会保障、农村医疗和城镇化等。② 前期关于农村经济问题的研究较多,近期关于社会保障、新农村的研究较多,最近还新增了关于留守群体、土地流转等问题的研究。各地区农村的发展条件和程度虽然差异很大,但中国农村实施的制度基本相同,因此有些结构性主题是共同的,如税费、土地产权、教育、社会福利、公共设施和服务等;但也有一些主题地区差异较大,如村治、留守群体等。由此比较容易看出农村社会学研究和农村社区研究在论题上的差别,而农村社区研究以治理为重点论题。③

一、村委会

一般而言,农村社区以村落为边界,居住于相同村落的农户相互之间具有历史上的血缘和地缘关系。1998 年第九届全国人民代表大会常务委员会第五次会议通过的《中华人民共和国村民委员会组织法》规定村民委员会(简称村委会)是唯一合法的自治组织,也是国家在乡村基层的唯一授权代理人。村委会一般以自然村落为基本管理边界,有些村落规模大、人口多,内部可能通过合作社或者村民小组联合划分为更小的社区④,但一个村落基本上只有一个村委会,其边界相对清晰。

村委会是村治的核心,村委会由村民选举产生。村委会不但是国家的代理人,执行国家的政策规定(如收税、落实人口政策等),代表政府履行公共供给和服务(如修路、修水利、安排社会福利等),也代表村民管理土地和集体资产(如决定土地成片出租和开发、决定集体分红等)。村委会掌握行政权和财权,于是什么人当选、这些人怎样治理村庄是各界都非常关注的问题。

自 20 世纪 90 年代落实村委会直选以来,全国各地的选举状况差异很大。学者的

---

① 其中最为人所称道的是李昌平写给国务院总理的信,信中提出"三农问题",对新世纪以来的中央农村政策走向产生了重要影响。参见李昌平著:《我向总理说实话》,光明日报出版社 2002 年版。

② 参见王敬尧、宋哲:《中国农村研究特点与趋势——基于 2001—2009 年 CSSCI 关键词的统计分析》,《江汉论坛》2011 年第 6 期。

③ 滕玉成、牟维伟:《农村社区建设和治理述评》,《东南学术》2010 年第 6 期。

④ 项继权:《论我国农村社区的范围与边界》,《中共福建省委党校学报》2009 年第 7 期。

调查研究表明，村民选举是一个长时间的学习过程，村庄经济实力、村庄传统势力、邻里关系和村庄文化、个人的社会关系网都会影响选举结果。有些村庄乡镇政府影响力很大，有些村庄家族影响力很大，有些村庄则可能某些人组成的小集团影响大：这些力量往往能够主导选举过程，使自己属意的候选人胜出。如果村委会成员在利益和立场上具有明显的偏向性，在其履职期间往往容易引发村民对抗冲突①，而村委会换届选举前后的财务交接、相关的利益分配争议、村庄土地使用等则成为冲突的导火线。如果村委会运作有效，村庄的发展状况良好，社区也会团结繁荣，比较典型的例子如江苏华西村、河南省南街村等。有些村庄村委会管治不力，使其他势力如宗族或者黑势力等乘机侵蚀公共资源、干预村庄秩序，社区冲突就会日益加剧，乃至走向及衰败。②

二、社区公共服务

村治体现为村庄公共设施建设和公共服务供给。规划学者深信，社区环境建设状况对社区居民关系和谐能够产生深刻影响，因此公共设施建设和公共服务供给是乡村社区治理的核心任务，也是中央政府提出的"社会主义新农村"建设计划的主要内容。社区需要承担或者协助承担的公共服务可分为生产服务、社会（福利）服务和生活服务：生产服务包括农业水利建设和村庄之间、农户之间的生产用水协调，以及农户供销合作社、入村公路、水电建设等；社会服务包括农户的教育、医疗、养老福利保障和学校、医院、养老院等设施；生活服务包括文化娱乐设施、公共休憩空间等。中国农村社区的公共服务普遍存在供给不足，特别是"老少边穷"类农村社区。2006年以前，县、乡两级财政对农村社区的公共建设有支持，村委会有一定的资源，能够承担一些生产性服务。2006年取消农业税费，农民负担减轻，但同时村委会失去上级财政支持，村庄社区的生产、社会、生活服务都失去了稳定的资源保障。③

2005年中央政府提出"社会主义新农村"建设计划，其主要任务是强化农村基础设施建设，完善社区公共服务。即由政府财政支持实现村村通公路、通水电，并在此基础上整治村容村貌，包括村庄内部的道路、供水、排污等系统。如果说新农村建设的重点仍然是区域性多于社区性，那么中共中央在2014年推动的"精准扶贫"则更强调社区生产性、福利性公共服务的完善，由政府主导，针对不同的社区状况采取不同的发展策略。

---

① 贺雪峰：《论中国农村的区域差异——村庄社会结构的视角》，《开放时代》2012年第10期。
② 贺雪峰：《论乡村治理内卷化——以河南省K镇调查为例》，《开放时代》2011年第2期。
③ 吕微、唐伟：《农村公共服务体系建设的现状与对策建议》，《中国行政管理》2009年第7期。

完善农村社区公共服务的实践方式各地区有所不同。在我国东南部环境条件较好的地区，村委会和社区精英主动找到村庄自己的经济发展道路，也有许多村庄通过县乡政府联合外部行政、专业组织的支持重构经济发展方式，如"一村一品"和"农家乐"旅游开发等，其目标是通过增加村集体的公共收入来增加公共服务供给。当前对许多不发达地区的"精准扶贫"也采取了类似的实践方式。也有学者主张，需要重视调动农民和社区组织的积极性，共同筹集资源来改善社区公共服务。例如有些县（区）乡政府采取"补贴""以奖代补"等资助方式，诱导村委会、社区组织和农户主动参与社区改造。①

三、村民组织与村民自治

村民组织和村民自治是当前村庄治理当中最重要而又最薄弱的环节。一些村庄由于村民自治能力薄弱，使不能代表并照顾多数村民利益的人有可能当选村委会成员，而这些村干部则利用权力侵蚀、瓜分公共资源，将公共服务弃之不顾。因此，2010年修订的《中华人民共和国村民委员会组织法》规定农村基层实行"自我管理、自我教育、自我服务"，同年中央一号文件专门就如何实行"三自"提出了具体的方法，即"因地制宜推广本村重大事项由村党支部提议、支委会和村委会联席会议商议、全村党员大会审议、村民代表会议或村民会议决议，以及决议公开、实施结果公开等做法"。

虽然许多学者的研究都证实中国民间社会本来有自组织的能力②，但是经过近百年的社会政治变迁和现代国家改造，今日不同地区、社区具有不同形成历史的乡村居民的自组织能力和自治能力却呈现显著差异③。有学者按村民组织和自治的特点将村庄划分为三个类型：团结型、分裂型和分散型。三种村庄类型的空间分布大致为：南方地区以团结型村庄为主，北方地区以分裂型村庄为主，中部地区以分散型村庄为主④，但也可能同一地区三种类型都存在。前两类社区都具有自组织能力，区别只是形成一个组织还是形成多种竞争的组织，以及组织之间的协商能力的强弱；第三类社

---

① 卢芳霞：《组团式服务：农村社区公共服务供给机制创新——基于枫桥镇的实证研究》，《浙江社会科学》2011年第6期。
② 相关研究可参阅梁其姿著：《施善与教化——明清时期的慈善组织》，北京师范大学出版社2013年版；罗威廉著：《汉口：一个城市的冲突和社区》，中国人民大学出版社2008年版。
③ 差异的成因分析可参见吴毅：《权力—利益的结构之网与农民群体性利益的表达困境——对一起石场纠纷案例的分析》，《社会学研究》2007年第5期。
④ 桂华、贺雪峰：《再论中国农村区域差异——一个农村研究的中层理论构建》，《开放时代》2013年第4期。

区自组织能力弱，往往出现社区失序①、弱势群体失于扶持②的状况。

学界普遍赞同增强民间自组织能力是建立乡村社区自治最重要的前提条件。农村居民固有的邻里关系网络以及中国人传统的关系文化就是自组织的基础，在社会学理论当中称之为社会网络和社会资本。但是，村民的私人关系网络需要发展出公共性才能转化为集体团结、实现社群自治。③ 这是自国家取消农业税并逐步退出乡村基层之后，农村社区需要面对的重大问题。

术语解释

初级社区：指社会分化不明显，主要从事农业和家庭手工业生产的农村。

次级社区：有一定程度的社会分化的社区，农业仍是经济基础，但第二、第三产业已经初步从家庭手工业中分离开来。

正式组织：农村社区中的正式组织是指那些非地域性和非血缘性的正式组织与团体，是农村社区的重要组成部分。

非正式组织：农村社区中的非正式组织指那些未经过官方认可，没有一套比较严密的组织程序，但具有比较明确的目标或角色功能的、由民众自发组成的民间组织。

思考题

1. 农村社区有什么特征？举例说明之。
2. 进行一次简要的农村社区调查，描述它的自然环境和社区结构特征。
3. 简述农村社区组织及其功能。
4. 农村社区中权力关系有哪几种？试举例说明。
5. 当前我国村治的主要问题有哪些？

---

① 参见陈柏峰著：《乡村江湖——两湖平原"混混"研究》，中国政法大学出版社2011年版。

② 参见吕利丹：《从留守儿童到新生代农民工——高中学龄农村留守儿童学业终止及影响研究》，《人口研究》2014年第1期；罗敏等：《农村留守老人健康状况的影响因素研究》，《四川大学学报》（医学版）2011年第3期。

③ 徐勇、赵德健：《找回自治：对村民自治有效实现形式的探索》，《华中师范大学学报》（人文社科版）2014年第4期。

第五章 镇社区

　　一般的社会学理论和社区原理都把社区划分为都市和乡村两大类。实际上,从乡村到都市是一个连续统,其中还存在过渡性的、中介性的社区。镇(英文为"town")就是这样的一种社区。镇社区可以简单地通过规模来识别,它是相对独立的居住聚落,人口和土地规模小于城市,但大于村庄,往往具有某种特定的非农产业功能,如交通、军事防御、旅游商务等,具有比较简单的公共管理系统和公共服务。

　　在国外,城市通常采用市民自治的管理模式。因此,镇只是一个人口和用地规模较小的聚集区,本质上和城市差别不大。在西方学术研究中,通常把镇列入城市体系,用城市研究理论来分析讨论之,而不作为一种特别的社区类型。中国的城村发展方式都与西方不同,特别重要的是中国的行政制度和政治制度不同,这些特点导致了镇作为一种特定社区类型长期存在而且数量众多,足以构成社区研究的一种特殊类别。[①]

第一节 镇社区概述

一、镇社区的概念和类型

　　基于类型学思路,社会学把"镇"界定为在地域与人口规模和结构特征上介于城市和乡村之间的社区。美国威斯康辛大学社会学系教授盖尔平(Charles T. Galpin)为更准确地划分城市和农村,创作了一个特别的英文名词"rurban"。这是英文"乡村"(rural)和"都市"(urban)两个词的缩约形式[②],以突出镇社区兼具农村社区

[①] 参见《中共中央、国务院关于促进小城镇健康发展的若干意见》(中发〔2000〕11号)。

[②] 威·伯恩斯多夫、霍·克诺斯普主编:《国际社会学家辞典》,中国人民大学出版社1987年版,第193页。

与城市社区的特点,是城与乡之间的过渡社区类型。1984 年版《中国大百科全书·地理学》"人文地理"中对镇的界定,也相当接近社会学的定义:镇是介于乡村与都市之间的过渡居民区。它的性质既不同于纯农业活动的乡村,也有别于纯工商活动的都市。①

学界研究划分镇社区的边界时,也常常借鉴或者直接套用现代国家行政区的划分。世界各国对镇区的划分没有一致性。有些镇区是国家沿用地方的历史边界来划分。但更多的镇是在现代城市化过程中,由于城市的扩张而产生郊区化或者建设新卫星城而产生的。因此镇区的大小和结构特征往往差异很大。例如在欧洲,称为镇的社区人口通常在 1000~5000 人之间,澳大利亚最小的镇则不足 200 人;但在亚洲国家,人口居住密度大,镇区人口通常在 0.5 万~10 万人之间。

中国的行政区由国家来界定,其划分比其他国家复杂多样。从行政区类别来看,镇可分为建制镇和非建制镇两大类:建制镇是经省、自治区、直辖市政府批准设立的一级行政区域;具有其他行政设置的镇称为非建制镇。国家统计局在进行人口普查时对镇的界定稍有不同:与政府驻地的实际建设不连接,且常住人口在 3000 人以上的独立的工矿区、开发区、科研单位、大专院校等区域及农场、林场的场部驻地视为镇区。即把县政府所在地的建制镇视为城市(城镇),把非县政府所在地的建制镇和非建制镇都视为镇。

我国建制镇的设置主要基于省级政府对发展和基层行政管理机构布局的考虑,因此会出现一些达到设镇标准的镇未能设镇建制,而有些没有达到设镇标准的镇也设镇建制。社区研究在镇社区的划分上,并不一定以镇建制与否来确定,而是视其性质及其与城乡的关系来确定。所以,县以下的建制镇与非建制镇均可归类为镇社区,有些发展程度低的县级建制镇也可以划入镇社区类型,有些发展程度高、更具城市性的非县级建制镇则不会划入镇社区类型。社会学教授费孝通曾认为镇是"一种比农村社区高一层的社会实体","这种社会实体是以一批并不从事农业生产劳动的人口为主体组成的社区。无论从地域、人口、经济、环境等因素看,它们都既有与农村相异的特点,又都与周围的农村保持着不可缺少的联系"②。但是,由于国家统计局在镇区调查时只收集建制镇的数据,研究者如果需要依据数据来概述,通常只能涉及建制镇范围。

镇社区在中心地系统的概念中是较低一级的中心地,担负着农村生产资料和生活资料供应、农产品收购,以及满足影响范围内居民享受教育、医疗、娱乐等需要的职能。城市化之前已经形成的镇社区,其产生多与集市有关,是由乡间集市逐渐成长而

---

① 《中国大百科全书·地理学》,北京:中国大百科全书出版社 1984 年版,第 184 页。
② 费孝通:《小城镇 大问题》,《江海学刊》1984 年第 1 期,第 6~26 页。

成的，镇形成后，大都保留着传统的定期集市，因此商业街道往往位于镇的核心位置。

镇有多种多样的形态，按不同的划分标准，可以将它们划分为几种不同的类型。

1. 按行政级别和规模划分

按行政等级可以把镇分为以下类型：

（1）建制镇。建制镇包括县政府驻在镇的城关镇①和城关镇以外的其他建制镇。研究者认为，中国的城镇体系是由行政等级来界定的，而且由于所处的行政等级不同而具有不同的资源聚集能力和发展能力。按照这种等级来划分，建制镇当中的城关镇和一般建制镇属于两个不同的行政等级，前者高于后者。② 每个县一般都有1个以上的建制镇。建制镇居于城关镇和非建制镇之间。1980年以前各个县为了分类指导农业生产，通常将全县划分为若干个片区，设区政府负责协调管理该片区的事务。撤区设镇后，镇政府成为国家在农村地区的基层政权机构，县的行政层次变为县—镇（区）—乡。建制镇通常是镇政府的所在地。1978—2013年我国建制镇数量从2173个增加到20113个，城镇常住人口从1.7亿人增加到7.3亿人。③

（2）非建制镇。包括乡级镇和村级镇。乡级镇是乡政府所在地，乡、村办企业的主要场所，也是供销、服务、金融等部门的基层驻地。镇上常住居民不太多，很多劳工白天在镇上做工，晚上回农村歇息，每天在镇和乡村间作钟摆式流动。20世纪80年代中期，中国东南部乡镇企业发展很快，在苏南和广东南部有很多这类镇区。村级镇通常是一个自然村或几个自然村的中心，是当地农民为方便日常生活而自然形成的。它的服务范围较小，集市贸易色彩较浓，有少量的商业、饮食、服务机构，是镇社区的雏形。

2. 按地理位置划分

按地理位置，可把镇分为以下类型：

（1）沿海镇。传统的沿海镇通常是渔业和农业产品的集散中心，规模一般不会比中原地区位于交通要道的镇区更大。但1979年实施开放政策以后有很大变化，沿海商业中心通常在招商引资、发展外向经济方面更具有优势，导致沿海镇的发展速度一般都高于内陆镇区，具有密度高、规模大、非农业人口比例高、乡镇企业发达、经济呈外向型等特点。

---

① 国家统计局把县政府所在的建制镇称为城关镇，归入城镇（城市）一类，不列入镇区类别。
② 魏后凯：《中国城市行政等级与规模增长》，《城市与环境研究》2014年第1期。
③ 中共中央、国务院印发《国家新型城镇化规划（2014—2020年）》。

(2) 内地镇，指中部地区的镇。这类由于其所处区位不同，发展程度和结构差异很大。有些镇交通和经济区位较好，在大中城市的带动下，非农产业发展也较早。尤其是那些经济发达省份中的城关镇，1979年以后通常都发展很快，许多已经具有小城市的规模和结构特征。

(3) 边远镇。其特点是密度低、规模小，非农业人口比重小，经济不发达。研究指出，2012年全国每万平方公里有20.71个镇，较多少数民族人口聚居的八省区（即内蒙古、贵州、广西、云南、西藏、青海、宁夏、新疆）平均为5.77个，镇密度最低的西藏只有1.16个。2010年全国镇的平均人口规模为1.37万人，民族八省区平均为1.22万人，镇区人口最少的广西桂林市雁山区柘木镇只有21人。八省区从事农林牧等第一产业的人口平均占40%以上，大大高于全国平均水平。

同样基于地理分类，国家统计局农村社会经济调查司把建制镇分为平原镇、丘陵镇、山区镇和城关镇。从2011年的统计数据来看，前三类镇社区的发展优势依次递减，平原镇在数量、人口、投资、公共设施等方面都数倍于后两类镇。城关镇即县城虽然数量不多，全国只有1600多个，但其人均投资、公共服务等水平则大大高于一般平原镇，发展优势最明显。

3. 按镇的主要功能划分

这是最常用的分类方法。按镇的主要功能，可把镇分为以下类型：

(1) 行政镇。这类镇主要是作为农村地方行政中心，承担所在地域行政管理职能而建立。例如区政府所在地。

(2) 商业镇。这类镇以商品集散及服务业为主。在乡镇工业兴起之前，这类镇为数不少。特别是在农业社会中，许多镇都是消费性而非生产性的。商业镇主要是由于其地理条件特别宜于发展商业而形成的。福建省安远镇位于宁化县北部46公里处，地处闽赣两省四县八乡的结合部。由于地理位置特殊，安远的集市贸易远近闻名，明代时集市规模和交易量在汀州府辖区为最。周边县乡远至江西抚州等地人民生活所需的食盐、大米、食糖、布匹等均在安远集散、中转。为保护商贾利益、维护治安，官府历来都屯兵于此。抗日战争爆发后，内地货源日趋紧缺，南昌与赣东南各县商贾纷纷云集安远，安远成为闽、赣、浙、粤四省十多个县的货物集散地，边界贸易繁荣。

(3) 工矿镇。是以工业、采矿业为基础发展起来的镇。工业镇一般都靠近大中城市，以便能更好地接受城市的经济、技术辐射。如在大中城市发达的苏南地区，乡村工业发展也很快，在中等城市周围集结了一批工业镇。这些镇由于有中等城市作依托，所以不会单纯受农村经济的制约，工业成为这些镇发展的重要支柱。矿业镇一般出现在原料产地，就地取材开发自然资源。广东省云浮市高峰镇的矿产资源十分丰富，拥有全国最大的化学矿——云浮硫铁矿，还有驰名中外的云浮大理石、石灰石等资源，所以该镇主要发展冶金、建筑材料等重工业。

（4）交通镇。是由交通枢纽发展起来的镇，古代的驿站可以说是这类镇的前身。现代的交通镇按交通形式的不同可分为铁路枢纽镇、公路枢纽镇、渡口镇或港口镇、边境镇等。这类镇利用其为车辆、船舶、行人必经之地的地理优势，发展起饮食、服务业，以此为主要经济基础。例如广东省东莞市虎门镇，位于珠江口东岸，广深高速公路、107国道纵贯全境，境内虎门港是国家一类口岸的国际港口，水路可以通航广州、深圳、香港等地。如此优越的交通条件为虎门的发展提供了很好的平台。1979年后，随着深圳特区的成长，虎门迅速成为全国出口创汇强镇。

（5）旅游镇。在一些拥有名胜古迹或风景宜人的地方，镇常以旅游业带动整个经济发展：首先发展商业、饮食服务业、运输业，再由此带动其他行业发展。

（6）卫星镇。分布于大城市周围，接受城市经济技术辐射，疏散大城市的工业和人口，减轻城市压力。卫星镇以发展容纳人口较多的工业为主。这类镇区现在大多称为新市镇，学术界通常把它们视为城市化和郊区化的小型个案来研究。

二、我国镇的起源和发展

今天人们习惯上总把城、镇连成一词来谈论它的起源。实际上，我国城市和镇的形成机制是不同的。

在古代，城是为军事和政治目的而修建的。《穀梁传·隐公七年》对"城"的注解是"筑城以卫君，造郭以守民"。城的历史很长，在原始社会末期就已出现。城形成之后，由于人口的集中，必须满足生活上的功能，因而不可避免地会有经济因素的输入，所以城中有市。市，就是以其所有易其所无者。城为市的存在提供了条件，市的发展又促进了城的发达。但决定早期我国城市发展的主要不是经济因素而是政治因素。我国古代中央集权的制度赋予城市的最重要功能是防御和统治。城市在其发展过程中都是作为各级统治者的聚集地，都是各级统治机构的中枢，也是大小不等的防御据点。统治者认为有必要在哪个地方建城设治，那个地方才会上升为城市。① 所以，古代城市的政治和军事意义大于经济意义。真正的工商城市可以说是明清时期才出现的。

镇则往往起源于市场交换活动，是顺应经济的需要而自然形成的，它的形成有三种类型。

其一是起源于特色非农产业。有些地方由于具有特殊工艺的工匠聚集，进而有这些产品的经销商；当地方特色手工业发展到一定规模，就会形成镇。这类镇是以手工

---

① 傅筑夫著：《中国经济史论丛》，生活·读书·新知三联书店1980年版，第335页。

业为开端的。

其二是从集市发展起来。集市起初作为农民交换农副产品和手工业品的场所，定期结集，日中为市，日暮而散。慢慢地集上出现了固定的商业企业，廉价收购集上卖不完的货物，终日为市。随后，饭店、旅店等服务业也逐渐发展起来，人口逐渐增多而成为镇。

其三是由交通要道上的驿站发展起来。在联结两个城市的中间地带，首先出现为过往的旅客提供住宿的旅店，逐渐发展为旅客综合服务点，进而扩展成商品集散地，多种行业发展，镇也慢慢形成了。

作为镇前身的集市，在春秋时期已有一定规模。经秦汉的发展，集市更趋繁荣。到了唐代，已有不少遍布乡村和城郊的小集镇。据《元丰九域志》记载，北宋时我国已有1584个镇。这些镇有相当数量的工商业者定居，是一种规模不大、以非农业活动为主的社区。

明清之际，我国资本主义萌芽开始出现，社会分工和商品经济的发展，为镇的繁荣打下了基础。镇进入了一个新的历史时期。一方面，大量集市发展成为固定的镇；另一方面，涌现出一批专业性的镇，如江苏震泽镇（丝织业）、江西景德镇（陶瓷业）、广东佛山（制铁业）等。镇人口增多，规模扩大，功能也多样起来。

鸦片战争之后，帝国主义侵入中国。它一方面促使我国封建经济的进一步解体，为资本主义经济发展创造了一些客观条件；另一方面，外国资本主义的输入和对原材料的掠夺，使大批农民和手工业者惨遭破产，被迫离乡背井。镇成为帝国主义掠夺我国廉价原材料、抛售洋货的场所。这个时期，一些沿海、沿江和铁路沿线的镇发展较快，但大多数内地镇却衰落了。

新中国成立后，镇的数量再度增加。土地改革使农村实现了"耕者有其田"，使市场交易再度活跃。更重要的是国家建立基层政权和行政体系，基于人口和辖区的分布来规划安排建制镇的发展。但镇发展的道路并不平坦。1958年人民公社化和随后而来的"文化大革命"，一系列政策使农村经济遭到打击。计划经济实行对农产品统购统销，限制副业，关闭贸易集市，使镇失去了重要的经济依托而变得萧条冷落。从1953—1978年的25年间，建制镇的数目不但没有增加，反而减少了。

镇的真正繁荣是在20世纪80年代以后。由于农村推行经济体制改革，逐渐把计划体制转变为市场体制，并在改革的初期采取了一些鼓励农民先富起来的政策，使农村的商品经济迅速发展，集市贸易日益繁荣，从而刺激了镇的发展。更重要的是，政府大力提倡农村兴办以工业为主的非农产业，以吸收农村大量的剩余劳动力。工业的聚集效应使镇在发达地区大量地、迅速地成长起来。

1985年全国有91950个乡镇。从1998年开始，为了减轻农民负担，强化镇的聚集功能和服务功能，全国进行了较大规模的乡镇撤并工作，5年间撤并了7400多个乡镇。根据《城市规划通讯》2002年第16期数据，2001年全国在民政局登记的建制镇有20358个，人口28040.76万人，约占全国人口的21%。2002—2012年，城镇化以城市发展为主，镇反而不是重点，全国建制镇由20601个变为19881个，增长率为-3.49%。

有学者的研究指出，即使在21世纪加快城镇化建设的国家发展策略当中，20世纪六七十年代提出的严格控制大城市扩张、防止"城市病"产生的总体思想在国家发展规划当中并未发生根本变化，而是城镇的实际发展与这一愿望相背离。由于中国的城镇体系与行政层级相对应，而镇处于行政层级的下层，受行政权力影响，其资源聚集能力进而发展能力大大弱于城市；而且建制镇强于非建制镇，县城镇又强于其他建制镇。因此在21世纪头10年中，全国建制镇的数量和人口都呈下降趋势。[1] 还有学者的研究指出，21世纪头10年汉族地区的建制镇数量减少；民族地区的建制镇数量则有所增加，但其发展条件和程度却比非民族地区的镇社区差得多，整体城镇化率低于全国水平，其中主业为农业的人口占四成以上。[2] 这些研究结论表明，在过去的历史时期，我国的镇社区主要起源于商业发展；但到近30年，镇发展的主要动力已经转变为行政力，以政府行政的力量聚集资源来推动镇向城市转变。

三、我国镇社区研究状况

自从社会学引进到中国后，镇便成为社会学研究的对象。1930年，燕京大学社会学系及社会服务学系建立了清河实验区，把北平西郊的清河镇作为社会学研究和实验的基地。该实验区的工作因抗日战争的爆发而中断，其研究成果后来记载在黄迪所写的《清河镇社区》中。黄迪在该文中首次提出了"村镇社区"的概念，详尽地论述了清河镇的社区生活，并精辟地指出了家、村、镇三个层次在整个社区生活中的相对地位，认为"家的重要是在于它是经济、婚姻与亲属的枢轴；村的重要在于它是正式教育、庙宇宗教和地方政治的舞台；而镇的重要则在于其为社区对外交换的媒介"[3]。

但真正大规模的镇研究是在20世纪80年代以后。农村经济的发展，使镇日显重要。从80年代初开始，费孝通教授发表了一系列以小城镇为主题的文章，论述了江苏省小城镇的发展过程、它们的作用及存在问题。在费孝通的带动下，镇研究发展迅速，逐步形成了一支以实证研究为主的镇研究队伍，他们的代表作收集在"小城镇

---

[1] 魏后凯：《中国城市行政等级与规模增长》。
[2] 郑长德：《中国民族地区建制镇研究》，《民族学刊》2015年第1期。
[3] 黄迪：《清河镇社区》，《社会学界》1938年第10卷，第420页。

大问题"（江苏人民出版社 1984 年版）和"小城镇　新开拓"（江苏人民出版社 1985 年版）这两套书中。

80 年代的镇社区研究以实地调查报告为主，处于原始资料积累的初始阶段。这个时期的镇社区研究主要围绕下面几个问题开展：

一是关于镇的概念和城乡归属问题。理论界对镇有几种不同的称谓：镇、乡镇、小城镇、小市镇，其包含的范围也略有不同。焦点是包不包括小城市和非建制镇。关于镇的城乡归属，有主张属于城市的范畴的[①]，有主张属于农村范畴的[②]，有主张视状态不同而分属于城乡的[③]，也有主张作为一类独立社区的。

二是镇形成和发展的规律性问题。大部分认为镇"繁荣于商"，由集市进而演变为镇；认为镇的发展受下列因素制约：政策，行政体制，农业发展水平以及大中城市的作用。

三是关于镇的功能问题。多数文章认为镇的作用在于沟通城乡，缩小城乡差别和工农差别，吸收农村剩余人口，减少城市人口压力，加速建设新农村。

四是关于镇的规划和建设问题。不少从事实际工作的作者呼吁镇应根据自身的性质和特点进行规划，并提出一些相应的指标。至于建设镇的具体策略，更是仁者见仁，智者见智，有主张以工兴镇的，有主张以商兴镇的，等等。

这个时期的镇研究尽管刚刚起步，但它在理论上和实践上产生了深远的意义。理论上，它丰富了社会学的内容，揭示了城乡之外的一种新社区——镇社区，使我国的社区研究从一开始就具有自己鲜明的特色，不拘泥于西方社区研究的城乡二分法。在实践上，由于镇社区研究顺乎实践的要求又扎根于实践中，其研究成果言之有物、有的放矢，为科学地发展和建设镇提供了许多有价值的参考意见，并提高了人们对镇的重要性的认识。

80 年代中期以后，伴随乡村工业化，小城镇建设迅猛发展，农村发展实践证明小城镇在吸纳农村剩余劳力、实现农村非农化等方面具有积极作用，并出现了"苏南模式""温州模式""珠江三角洲模式"三个具有代表性的发展模式，对其他地区乡村发展产生极大影响。随着小城镇的快速发展及其所导致的一系列社会经济现象不断产生，学术界对城乡区域发展的研究也日趋深入，由此产生了一些新的思想，如城乡一体化发展理论、乡村—城市转型理论、城乡空间融合论等。这些理论和观点为镇社区研究提供了诸多借鉴。

20 世纪 90 年代后期，中国城市化进程加速，城市发展成为国家政策焦点，学界

[①] 郑宇：《试论小城镇》，《中国社会科学》1983 年第 4 期。
[②] 李梦白：《关于小城镇建设和发展的几个问题》，《社会学通讯》1984 年第 4 期。
[③] 许学强、伍宗唐、梁志强等著：《中国小市镇的发展》，中山大学出版社 1987 年版。

对镇的兴趣下降,鲜见有影响力的研究或论文。进入21世纪,国家开始布局快速城镇化策略。虽然国家强调要建立中国式城镇体系,但这个城镇体系实际上是以大城市为主、中小城市为辅,镇只是处于整个体系的末端,关于镇社区的专题研究较少,相关理论和政策的讨论通常都被掩盖在城市的话语中。但是,学界研究减少并不意味着镇社区发展的实际意义减小了,原因是中国庞大的人口必须依靠多层次的城镇体系来分流。

第二节 镇社区的结构

镇社区的结构既不同于乡村,也不同于城市。下面我们将从镇社区的人口、经济、组织、文化、区位等方面进行分析。

一、镇的人口特点

镇的人口没有特定的总量,一般变化较大;其人口构成呈城乡型,城市居民和农村居民都可以通过不同渠道流入镇。近年来城市化加快使镇人口大幅度增加,主要还是来自乡村人口的进入。因为目前镇的生活水平还难以对城市居民形成较大的吸引力,而农村在实行生产责任制后,劳动力过剩问题日益显露,大量劳动力需要向外转移。1984年"中央一号文件"关于允许务工、务商、办服务业的农民到镇落户的规定公布后,打破了农村与城镇之间不可逾越的界线,农村劳动力进入镇的人口数量逐步增加。被誉为"中国第一座农民城"的浙江省温州市龙港镇,1984年建镇之初是一个只有6500多人的落后的小镇。当年镇党委制定了"敞开大门建设,联合农民造城"的方针,并在《温州日报》上刊登了有关消息。不久后即有8省5000多户农民要求到当地落户。大量人口尤其是具备一定素质和技能的劳动力的聚集为龙港的发展注入了活力。到1990年,龙港镇人口发展到6万多人。龙港经济特色鲜明,以专业市场为依托,以小商品为主导。2000年全镇国内生产总值35.9亿元,工业产值82亿元,市场商品成交额44.18亿元,财政收入2.1亿元。到2000年,龙港镇镇区面积发展到10平方公里,人口也增加到10万人,俨然成了一个初具规模的小城。龙港镇成为联合国计划开发署"可持续发展中国小城镇"试点镇、全国小城镇建设示范镇。

社区人口异质性的大小是划分社区类型的一个重要标志。一般来说,农村社区人口的异质性小,从事类似职业,信仰同一宗教,遵循相同的道德准则和习惯;都市社区的人口则异质性大，他们来自不同的地方，从事不同的职业，信仰不同的宗教，有着不同的道德观念和行为准则。镇社区的人口具有一定的异质性。从它的人口来源看，镇人口主要由三部分组成，除镇原有居民外，还有从农村来镇务工、经商、从事服务业的农村剩余劳动力，以及来自城市的技术工人和经商人员。这些外来人口的数量有时甚至超过当地原有的常住居民。不同的人口来源带来了不同的语言、习俗和价值观，使社区人口呈现异质性。当然，对于大多数镇来说，它所吸引的人口基本上是本地区的，特别是处于其腹地的乡村人口。但也有一些镇人口的来源是跨地区、跨省份的，在许多东南沿海经济发达区域的镇社区，来自省外的劳工数量甚至超过了本地人口。其次，镇社区多样化的职业构成，带来了不同的行业习惯和职业道德，也增加了人口的异质性。镇是一个工、商、农三产业并存的社区，镇人口中，从商、务工、务农、兼业者都有之。2010年全国镇人口中，16岁及以上人口占80.92%。经济活动人口占16岁及以上人口的67.62%，就业人口占16岁及以上人口的65.12%。其中第一产业占32.38%，第二产业占29.49%，第三产业占38.13%。虽然镇的行业比起分工细致的城市来说还显得较为简单，但比起行业比较单一的农村社区来，又有一定的复杂程度。

兼业者可以说是镇人口中最有特色的一部分。关于这部分人口有多种叫法，如"农民工""兼职农民""亦工亦农阶层"，还有形象化地称之为"两栖型人口"和"候鸟型人口"的。的确，这些兼业者如同候鸟一样，农闲时来、农忙时去，或早上来、晚上走，栖息于镇和农村两地。他们户籍在农村而工作在镇，同时或多或少与土地保持一定的联系。这些人处于从农民向工人转化的过渡阶段，既未摆脱传统的农民角色，又还没有成为完全的工人，同时兼备农民和工人的某些特性。在他们的身上，记录着中国的农民走向城市的过程。

二、镇的经济特点

镇的经济介于城乡之间。一方面，镇的工、商、服务、建筑、运输各业已初步形成，其经济结构比农村要复杂得多；另一方面，各行各业的分工程度和发展程度与城市相比还有较大距离。这主要是由镇的人口规模和经济发展程度决定的。在一个人口不多、经济不太发达的社区，分工太细反而不利于生产。据美国社会学家的统计，一个专业牙医一般收入需要大约5万人的总需求来负担。那么，在不足5000人的小社区内，这个牙医要生存下去，就必须同时还是皮肤科医生、五官科医生。同理，在镇社区，行业结构虽然比农村复杂，但与城市相比，又具有一定程度的混合性。如牙医要通晓其他医术一样，镇的经济结构也相应地呈现"农工商一体化""产供销一条龙"的综合形式。同时，由于镇的经济活动主要是围绕市场而组织的，因而镇的产业结构要按市场行情不断进行调整。再者,镇比城市更接近农村,作为农村的商务中心,镇需要相应地、及时地发展多种农村产品、经济作物的加工业和第三产业。所以,镇的经济结构又具有易变性和不稳定性。

1980—1995年是中国乡镇工业兴盛时期。乡镇工业是一种多形式、多层次的综合体,有集体的、个人合股的、个体的,有县办、镇办、乡办、村办的,等等,视各地具体情况不同而有所偏重。如苏南主要是在集体所有制基础上兴办社队企业,而温州地区主要兴办家庭工业。这个时期的特点是乡和镇的制造业层次不分,互相之间不存在分工关系。

镇工业一般都有以下一些特点:第一是劳动密集。因为镇工业大多数是在民间集资的基础上建立的,缺少国家投资,有机构成较低,以劳动密集型为主。它拥有广大腹地的大量农村剩余劳动力可供利用,使用劳动力替代机械就成为集镇工业的普遍策略。第二是地方性。靠山吃山,靠水吃水,因地制宜。如水乡发展水产品加工业,水果产地发展果制品加工业。第三是双重性。镇工业本质属工业经济,但它同时又是农村经济中综合经营的组成部分,具有双重属性。它的职工也多是亦工亦农阶层。这使它一方面负起以工补农的任务,另一方面则由于得到农村廉价劳动力,增强了它的生存能力。第四是灵活性。镇企业自主性强、规模小、设备适用,正好适应"船小好调头"的要求,能随时根据市场要求转向,有一定的竞争能力。20世纪末期,经济发达地区的镇工业已经逐渐和乡村工业分离。在"发展是硬道理"的中央行政指引下,经济增长是各级政府的头号任务,而工业制造业是GDP增长的最主要支柱。因此许多建制镇政府致力于招商引资,使工业向中大型化发展,而且不依赖于本地环境条件和农业生产特色。这使镇社区更加接近城市而非乡村。那些为乡村服务的镇类型,通常只能在经济不发达的地区才会见到。

镇作为城乡交换的中间环节,是农村的区域商业中心,商业无疑在镇经济中占有重要地位。镇的市场贸易形式多种多样。镇区内一般皆有一至多个集市,每到圩期,周围群众前来赶集,非常热闹。集市的存在使镇社区具有农产品和农业生产资料集散的功能。镇社区的服务行业有些是从家庭或企业自我服务中分离出来,成为社会化的服务部门的,如烹饪、理发、运输、设计、包装、维修等服务劳动。随着镇社区不断城市化,现代服务业如金融保险业及仓储、包装、广告、信息通讯业等也会兴起。

镇服务业的特点是:第一,区域性。相对于城市来说,镇的服务业通常具有更多的地方特色,如本地的消费水平和劳务需求。同时由于镇服务对象包括周围农民,因而农业生产和农民生活的特点也直接影响到镇服务行业。如农忙时要加强农业服务,营业时间要比城市早,以适应早市需要;农闲时节是农村文化娱乐服务需求的高峰期,要及时组织文化活动。第二,集中性和分散性。一方面服务业向镇集中,形成区域服务中心;另一方面服务业又不断向下伸延,形成流动服务和分散服务,以适应广大农村的需求。第三，时差性。城市、镇和农村的居民由于所处生活环境不同，对新鲜事物接受的速度和程度是不同的。城市服务业相对于镇服务业往往先走一步，镇对于农村也同样有先行性，中间存在一个时差。

工业、商业、服务业在镇经济中的比例视各地的具体情况不同而不同。在有条件发展工业的地方，如苏南、珠江三角洲，以工业兴镇，靠乡镇企业带动镇经济；在有经商传统的地方，如浙江的温州，主要以商业兴镇；在交通要道或旅游地的镇，则可能以服务业为主。

三、镇的社群特点

（一）家庭与邻里

镇社区主要的群体是家庭和邻里。我国现有的镇大部分是在20世纪80年代以后的农村工业化过程中发展起来的，镇的平均家庭规模较乡村的平均家庭规模小。根据2010年人口普查资料，镇的平均家庭规模为3.06人，低于乡村的3.34人，高于城市的2.71人。构成镇人口主体的是从附近乡村移入的农村人口。基于当前中国的户籍制度、福利制度和土地承包制度，从乡村迁移到镇居住是一种家庭的策略选择。对于农村家庭来说，镇区的教育、医疗等公共设施较好，对年轻一代尤其是那些有正在接受基础教育的孩子的农村家庭更有吸引力；同时，许多农村家庭并不愿意完全放弃他们在村集体的土地份额和福利份额，而且即使镇在发展初期房地产价格低于城市，但仍比在村庄里自建房子的成本高。在比较利益的决策下，家庭从乡村到镇的迁移，往往是以分家为起点的，新生家庭迁入镇居住，老人则留在乡村抱守原有的村集体利益。这样，镇的平均家庭规模往往呈现出比乡村小而比城市大的特点。

农村社区和镇社区的家庭中有一类特殊的家庭类型——半边户。半边户的类型有两种：一是家庭成员中，部分是城镇户口，部分是农村户口；二是家庭成员中，部分人长期住在农村，部分人长期工作、生活在镇，即所谓分离型家庭。随着农村劳动力外出务工和跨省市工作生活的人口数量越来越大，分离型家庭在数量上也越来越多。在国家的指引下，各大城市对户籍制度都有所改革，正逐步放松对移入人口的控制，力图消除社会保险跨省市生效的障碍。但是，总体来说户籍迁移仍然比较困难，在城市没有当地户籍的移民在教育、医疗和养老等公共福利方面会遭遇很多问题。因此许多流动劳工，尤其是中下层职位和收入的流动劳工往往选择家庭成员分离的方式，夫妻在城市工作而把小孩和老人留在村或镇。社会舆论把这种分离型家庭称为"留守家庭"。

半边户是我国与计划体制相连的户籍制度造成的，是体制过渡时期和社会结构变动时期的特殊现象。半边户在实际生活中存在不少困难,如子女就学难,缺乏明确可靠的医疗福利与社会保障,长期分离型家庭造成子女失教、老人失养,增加家庭和社会不稳定因素,等等。这些问题假如得不到妥善解决,将会给镇社区的进一步发展带来消极的影响。

我国的镇社区由于其发展过程较为特别,其邻里关系乃至社区的结构特征与文化特征呈现多样性,互相之间差异很大。那些发展历史比较久远的镇,经济市场不活跃,人口比较稳定,流动性较小,邻里关系就比较稳定和亲密,其特征与农村社区相近;那些在近30年以来才发展起来的镇,或者因非农产业聚集而兴起,或者因政府规划发展而兴起,由于大量新移民迁入,人口流动性较大,其邻里关系乃至人际关系就比较松散。总体来说,镇社区的居民主要来自周边乡村,基本上属于同乡,具有地缘特征;相对于城市社区,镇社区邻里的异质性相对较低。

(二) 组织

镇的社会组织是指镇中具有一定社会职能、完成特定社会目标、规模较大、结构较为复杂的一些社会群体。镇的社会组织主要有教科文组织、群众组织、宗教组织、社会福利组织等。总的说来,镇社会组织的类型没有城市多,组织的复杂程度和控制能力往往介于城市社区组织与农村社区组织之间。由于城镇自治在中国一直未有充分发展,在许多新设镇和未设镇建制的镇,普遍存在社会组织缺位、社会管理体制不完善、制度不健全的问题,对逐渐复杂起来的镇社会关系缺乏相应的规范与制度进行调节。这不能不影响到镇的社会秩序。所以,镇社区管理组织(主要是政权组织,也包括居委会、业委会等群体组织)有待进一步完善,以加强对社区的治理力。

在镇的所有组织类别中,发展最快的通常是产业组织。我国乡镇企业组织是在原来社队工业基础上发展起来的,目前已从初创阶段进入发展阶段,从发达地区向全国扩散。从独立求存到与城乡经济联为一体的历史进程中,它具有下列过渡型的组织特征:①企业组织发展的历史较短,起点较低,设备较简陋,技术落后,劳动者的文化素质、生产技能较低,组织管理水平也较低;②组织体系正从血缘、地缘型向业缘型发展,人际关系趋向规范化,初步具备科层制特征;③组织规模通常比较小,但在发达地区有些经济组织已颇具规模,甚至也有较大规模的公司;④企业组织与农村有着密切的联系,企业的主体多为亦工亦农的本地农民,企业发展依赖于本地丰富的农业资源和自然资源。

乡镇企业这类组织的兴起,不仅促进了镇社区的经济发展,而且带来了整个乡镇社会结构的改组。由于企业组织在市场运作中能力较强,一些地方政府会在地方治理过程中偏向企业而忽视其他。但在社会管理领域,以营利为目标的企业组织实际上并不能代替居民自治组织发挥社区管理的职能，企业组织代替居民组织的结果必然是居民的非经济利益受损。[①]

四、镇社区的文化特点

镇社区作为城乡的中介，它一方面接受城市文化的辐射，一方面又由于成长于农村而带有乡土文化气息。城乡文化在此交汇、融合，形成了独具一格的镇文化。

镇居民对自己的身份有独特的认同。在有些地方他们自称为"街上人"，而且把城市和农村的居民分别称为"城里人"和"乡下人"。"街上人"这个称谓，不仅代表他们生活在镇上，更重要的是代表他们已经脱离了农业职业和传统的农村生活，拥有了比"乡下人"更现代化的生活条件，见识更广，观念更开放，生活方式更接近城市人。同时，他们也知道其生活条件和生活方式与城市相比还有一定的距离。这种独特的身份认同使他们的行为方式和思想观念呈现一系列特征，例如他们在城市人面前会感到自卑，而在乡村人面前会感到骄傲。

总体来说，镇社区的文化具有以下特点。

1. 双重性

镇社区的文化同时兼有现代性和传统性，这种双重性表现在多方面。在生活方式上，居民会很快地接受并模仿城市人的流行时尚，同时又会长时间地保留一些源自乡间的传统习俗或民间庆典，如广西兴业县城隍镇喝"挂灯酒"、广东梅州市丰顺县埔寨镇的烧火龙等习俗。不同生活方式并存的状况也反映出思想观念上传统与现代、东方与西方、本土与外来的双重性或多重性。

2. 兼容性

镇社区的文化中主流文化和地方文化并存。国家主流文化影响镇社区，并逐渐成为镇文化的一个组成部分。与此同时，镇文化也保留了相当的地方特色，主要体现在某些观念、习惯和节日庆典。在全球旅游经济发展的影响下，中国许多镇社区近年都以传统特色为基础发展旅游业。相对来说，镇对地方文化特色的重视比城市和乡村都强。特色文化旅游业既是产业发展的路径，也成为修复地方文化遗迹、重整地方文化传统特色的动力。广东省珠江三角洲的镇由于经济增长迅速，居民的生活水平提高很快，其生活方式和流行文化与城市已经相当接近。但不少镇社区仍保留了一些具有浓

---

① 黄颖敏、薛德升：《地方政府企业化视角下的半城市化地区社区转型——以东莞市厚街镇赤岭社区为例》，《热带地理》2016年第5期。

厚地方色彩的庆典，如佛山沙湾的飘色、中山小榄的菊花会等。

3. 中介性

农村地区的文化设施基本上设在镇上。大凡建制镇都有影剧院、书店、文化站、图书馆、体育场等文体设施，一些大镇有茶楼、舞厅、公园等。因此镇居民的文化生活要比农村居民丰富得多。农村社区的闲暇消遣方式总的来说是以户内活动为主，选择性较少；镇居民在闲暇时间可以选择户内或户外的娱乐和休闲方式，选择多样化。镇在时尚潮流上也与城市存在一定的时差。在社会观念上，镇居民介于城乡居民之间。城市人崇时尚、思进取、重竞争、轻人情，而镇社区中以人情关系代替公平竞争的情况也还较普遍；农村式的散漫作风也影响着镇居民的生活节奏和工作效率。

第三节 镇社区的功能

从上节的分析我们可以看到，镇社区结构的突出特点是它的中介性。这种特殊的结构是由镇在城乡网络中的中介地位决定的，并体现了它在城乡发展中所具有的特殊功能。

一、经济功能

由于我国大部分的镇是在20世纪80年代以后的农村工业化过程中成长起来的，在区域的发展中作为邻近农村地区的生长极，其经济地位和经济角色为人所注目。因此，从目前来看，镇的经济功能是最突出的。镇的经济功能可概括为传导、吸纳、均衡、辐射四方面。

1. 传导功能

镇的传导功能主要表现在：它是联结城乡的纽带，是沟通城乡之间的人流、物流、信息流的重要渠道。作为农村一定区域的商品集散中心是镇社区的原始功能，也是镇社区得以产生和发展的原因。这个功能随农村经济的兴衰而扩大或萎缩。

镇是城乡交换的重要环节和流通枢纽。一方面，镇组织农产品进城。农村分散的农产品一般都经过镇各级商业部门或个体商户收购、集中、整理，有的还要进行加工处理，然后再输送出去；另一方面，镇也是工业品下乡的必经之路和基层环节，起着农业生产资料供应中心、农村工业消费品转发和零售中心的作用。

2. 吸纳功能

镇是吸收农村剩余劳动力的重要场所。镇量多面广，接近农村，有利于农村人口的就地转化。如果能很好地运用农村大量的劳动力资源，既可使广大农民生活水平不断提高，又可避免大量农业人口涌入城市，造成大中城市人口规模失控。

从实践来看，大部分镇的确起到了人口的"节流闸"和"调节器"的功能。中国曾经是农业人口大国，仅依靠大中城市难以吸纳数量庞大的农业人口。在新型城镇化过程中，镇实际上承担了重要的人口吸纳功能。例如，包含民族自治区的八省区在2000年以后的中国快速城镇化时期的人口城镇化率提高，其中有40%的贡献来自镇的人口吸纳能力。[①] 根据国家统计局统计，2010年中国有建制镇19410个，大部分镇人口规模在5万人以下，平均人口规模在1万~2万人之间。国家住房和城乡建设部认为建制镇的人口吸纳能力仍然很强。

3. 均衡功能

恩格斯说过："大工业在全国的尽可能均衡分布，是消灭城市和乡村的分离的条件。"[②] 而我国原来的工业布局是很不均衡的。工业主要集中在大城市，特别是少数重要的大城市；农村则长期停留在以体力劳动为主的生产水平。体制在某种程度上加强了城乡隔离，加深了城乡的二元社会经济结构。

镇是城市工业向农村扩散的一个重要阵地。镇是乡镇企业相对集中的地方，同时它又接近农村，接近农产品产地和消费地，劳动力资源充裕，征地容易，城建标准低，可以节省费用。发展乡镇企业有利于均衡分布生产力，改变农村的产业结构，为最终实现城乡一体化创造条件。乡镇企业不仅改变了农村单一的农业产业结构，形成了一、二、三产业共同发展的局面，而且突破了历史上形成并在传统的计划经济体制下强化和凝固了的城乡二元经济社会结构，在农村"另起炉灶"，实现农村工业化和城镇化。经过30多年的实践，逐步改变了我国以大城市为主、以国有企业为主的布局，以及在工业化过程中城市化滞后和在城市化过程中小城市发展滞后的局面。有了镇这个空间，农村的人才、资金就不至于大量流入城市，而可以就地用于发展工商业和建设新农村，使农村的生活水平、文化水平逐步达到城市的标准。

4. 辐射功能

镇对农村的经济辐射主要表现在以下三个方面：

[①] 郑长德：《中国民族地区建制镇研究》，《民族学刊》2015年第1期。
[②] 恩格斯著：《反杜林论》，人民出版社1971年版，第292页。

(1) 通过工业产前与售后的连带需求,带动农村发展。镇的经济产业许多是从发展农用工业开始的,因地制宜地制造各种生产资料和生产工具,如化肥、农药、农机配件、铁制农具、木制家具、竹制农具、各种饲料等。乡镇企业既为农业生产提供大量的物资供应和技术装备,又改革农业生产条件,提高农业抗御自然灾害的能力,促进了传统农业向现代农业的转变。

(2) 镇经济在发展过程中,为从事农业生产的主体提供了大量的资金,增加了自然积累。可以说,镇经济是农民小康致富的重要来源。如贵州省思南县塘头镇,在发展乡镇企业、加强镇建设的基础上,大力推进产业结构调整,培育壮大农业特色经济,积极争取农业综合开发项目在塘头实施,以各种渠道投入农业生产发展资金500多万元。结合对投资环境的治理,塘头镇加大投资环境建设,加大对非公有制经济的扶持力度,扶持甜大蒜等农产品加工业的发展,使农村农产品加工业得到了进一步发展。[1]

(3) 镇经济的发展改变了农村居民只能从事农业生产的局面,使农业劳动力能够参与多种产业活动。镇经济的发展在提高农民生活质量、提高社会资源利用效率、促进城乡公平等方面也发挥了作用。

二、政治与行政功能

行政功能是我国镇社区最基本的功能之一。从古代到现代,相当部分的镇同时也是地方的行政中心。特别是在新中国成立以后,建制镇基本上是随着农村政权建设和三级行政管理的需要而设置的。20世纪50年代后期推行的政社合一的人民公社化更大大加强了镇的政治与行政的功能。在其后的20多年中,这一功能的重要性超过了经济及其他功能。1983年中共中央、国务院指示地方实行体制改革,规定在政治与行政分开的基础上,把公社建制改为乡建制。此后镇的政治功能开始减弱。1984年,国务院定出建制镇新标准:

(1) 凡是县级地方国家机关所在地,均应设置镇的建制。其功能逐步转变为以经济和行政功能为主。

(2) 总人口在20000人以上的乡、乡政府驻地,非农人口超过10%的政区可以建镇。

(3) 少数民族地区、人口稀少的边远地区、山区和小型工矿区、小港口、风景旅游区、边境口岸等地,非农人口虽不足20000人,如确有必要,也可以设置镇建

---

[1] 《强农稳镇 商贸强镇 旅游活镇——思南县塘头着力打造贵州新农村小城镇建设新模式》,《中共贵州省委党校学报》2006年第5期。

制。设乡建镇后,实行镇管村的体制。

从以上规定可以看到,镇的建制有两个必备的标准:一是地方的行政中心,二是非农人口占一定比例,即强调镇的行政功能和经济功能。

现在,镇作为农村基层的行政中心,其功能包括:①传达、贯彻中央的政令,对辖区内的重大问题做出决策;②规划、管理和协调辖区内的经济与社会活动;③指导和支持基层自治组织的各方面活动。

三、社会文化功能

农村要获得发展,人的智力资源的开发也是至关重要的。镇作为农村地区的社会经济中心,文化、教育、卫生、科技、信息等都较农村发达。因此它应该发挥提高农村的文化科技水平、推动乡村现代化的功能。

近年来,随着城乡联系的加强,科学技术逐步由城市向农村扩散。在这个过程中,镇作为农村文化科技中心的地位日益突出。如苏州市建于镇上的乡村文化中心,借助大中城市的科技下乡,不断充实自己的活动内容,逐步成为农村中传播科技知识的主要阵地。再如广东省佛山市南海区西樵镇通过中国纺织工业协会产业升级示范平台,吸引大批技术人员充实到本地的纺织企业中去。同时,和广东纺织职业技术学院合作,在西樵建立办学规模达1万人的广东纺织学院,其中本地人也占一定比例,成为新一代的西樵纺织行业的人才。①

镇的各种文化设施和生活方式对培养农民的现代意识也有重大影响。农民在镇中接受文化的熏陶。这对农民的传统观念是一个很大的冲击。他们的交往逐步由封闭转向开放,交往的场所由村庄转向集市、剧院、公园等公共场所,交往范围由地缘扩展到业缘,交往方式由间接传播扩展到使用大众传播媒介乃至互联网。在这个过程中,农民的商品观念、竞争意识也逐步培养起来了,出现了一批敢于进取的农民企业家。

以镇为桥梁,现代化的农村有可能在镇经济、文化的不断辐射中逐渐成长起来,城市文明点点滴滴地渗透到广大的田野乡间。由于镇还处于初始发展的阶段,有些功能还没有充分显露出来,而有些功能随着社会经济的发展也可能完成其历史使命而消失。但无论如何,镇作为一种社区单位,它在我国社会经济生活中已经发挥并将继续发挥它多方面的功能。

---

① 《把西樵建设成现代化特色生态城——佛山市南海区西樵镇镇长刘涛根访谈》,http://www.ycwb.com/gb/content/2004-05/18/content_ 693017.htm。

第四节　镇社区的发展与展望

一、世界各国的镇社区概况

镇并不是中国特有的社区，而是普遍存在于发达国家和发展中国家。欧洲各国人口较少，如果仅以人口规模来衡量，大部分欧洲中小城市的规模都在5万人以下，只相当于中国的建制镇（非城关镇）。北美人口相对较多，城市规模比欧洲大，但多数城市的人口也在10万人以下。人口超过百万的大城市在北美和欧洲都很少。但是欧美各国的城市化率很高，和中国的镇相比较，欧美各国的镇很少城乡过渡的特征，基本上是小城市。欧美的城市体系也不存在行政等级或者基层政权建设需要，因此这些聚居区是称为"市"还是称为"镇"并不重要。

北美20世纪上半期的城市化曾经产生了较大规模的人口集中，形成一批人口达10万人的中型城市。但人们很快发现这些城市存在一些共同的社会问题，如交通拥挤、环境污染、治安不良、居民生活质量下降等。到六七十年代，北美出现了显著的"逆城市化"，城市人口流向郊区，形成很多镇社区和卫星城。美国在20世纪50年代通过了《新城镇开发法》，建立了一批人口在2万人左右的新镇。进入80年代以来，美国更是提出全面建设"都市化村庄"。这种都市化村庄以英国城市规划家霍华德（E. Howard）的花园城镇设计为蓝本，以农村自然绿化带为分隔，建成人口为两三万人的小镇。法国、德国等发达国家也都很注重镇社区的建设，居民也比较偏好远离大城市居住，其人口的70%以上都居住在小城镇。

亚洲和南美的发展中国家人口众多，城市往往过度膨胀。如墨西哥人口为1.24亿（2014年数据），有2200万人居住在首都墨西哥城的1525平方公里城区中（1981年墨西哥的城镇人口已达67%），其结果是失业率上升，贫民区增加。巴西首都里约热内卢、印度中心城市孟买等的情况也与此类似。这些问题直到20世纪末期才得到发展中国家的重视，开始注意乡镇的开发和建设农村的区域中心。如印度政府从70年代起开始致力于推行农村综合发展计划，分期分批建立农村综合发展小区，发展劳动密集型的村镇工业，以解决农村剩余劳动力的问题。此举的推行卓有成效，仅10年时间，全印度已有49.6%的农民居住在1000~5000人的乡村小镇。泰国自1980年以来也制定了人口分布和人类定居与自然资源和国家安全更为平衡的方针，鼓励对小城镇的投资和建设，大大加速了小城镇的发展。马来西亚、斯里兰卡也很注意发展农村非农产业，推行工业分散的政策，避免人口过分集中，谋求城乡共同发展，乡村小镇得以发展起来。

东欧国家比较注重城镇规划，特别是镇的建设。罗马尼亚在 1946 年解放初期，66% 的工业集中在布加勒斯特、布拉索夫和蒂米什瓦拉三大城市。为了均衡配置生产力、改善城镇布局，他们制定了发展小城市、重点发展落后地区的方针。1950 年，全国有城镇 148 座，1980 年已发展到 236 座，城镇人口占总人口的 49% 以上。百万人口以上的城市只有布加勒斯特一座，而 5 万人以下的小城镇有 180 座。随着城镇建设的进一步发展，每镇平均服务半径将达到 15～20 公里。城镇的合理布局将使广大农村由于拥有这些区域中心而享受到城市文明。俄罗斯也很重视镇的建设，在工业化过程中注意调整大城市的发展速度，发展中等城市，大力发展小城市，合理分布居民点，大量新的工业建设工程安排在不超过 7 万人的居民区里。

可见，注重镇这种中小型居住区的建设是世界城市化的一个共同特点。

二、中国镇的发展与展望

前面已经提及，我国镇的历史虽然悠久，但真正的、大规模的发展在 20 世纪 80 年代才开始，其后 1980—1995 年保持高速度成长，乡村非农产业发展以及镇在城乡协调发展中的积极作用受到充分肯定。1995 年以后，各地方政府基于实现快速经济增长的目标，更重视大城市发展和大型工业发展，相对来说，镇的数量和镇的发展资源量则变化不定。进入 21 世纪，国家明确提出"快速城镇化"的目标，镇实际上被纳入城市体系当中。国家以"城镇化"而不是"城市化"为目标，说明中国城市化的特点是确认镇在城市化过程中具有独特地位。至今，镇的发展状况呈现以下特点。

1. 在数量规模上经历快速增长之后进入平稳期

1949—1979 年，我国城镇人口年均增长率为 2.71%，建制镇人口的年均增长率为 1.38%。改革开放以后，我国城镇化水平从 1978 年的 17.9% 提高到 2005 年的 43.9%，2015 年进一步增加到 56%，城镇总人口超过乡村总人口。根据国务院体改办中国小城镇发展中心提供的数字，1978 年，我国有建制镇 2173 个，到 1988 年发展到 11481 个，1992 年以后进入高速增长期，到 2002 年底已经达到 19811 个。国家住建部 2013 年公布数据显示，2013 年末，全国共有县城镇 1582 个，人口 1.37 亿；建制镇 20117 个，人口 1.52 亿。[①] 从数量来看，镇在 2000 年以后的增长趋向平缓。

---

① 国家住建部网站 2013 年年报。

2. 城镇体系逐渐形成

经过改革开放 30 多年的快速发展，中国已经具有一个大中小型城、镇兼备的城镇体系。"1978—2013 年，城镇常住人口从 1.7 亿人增加到 7.3 亿人，城镇化率从 17.9% 提升到 53.7%，年均提高 1.02 个百分点；城市数量从 193 个增加到 658 个，建制镇数量从 2173 个增加到 20113 个。其中京津冀、长江三角洲、珠江三角洲三大城市群，以 2.8% 的国土面积集聚了 18% 的人口，创造了 36% 的国内生产总值，成为带动中国经济快速增长和参与国际经济合作与竞争的主要平台。城镇化的快速推进，吸纳了大量农村劳动力转移就业，提高了城乡生产要素配置效率，推动了国民经济持续快速发展，带来了社会结构深刻变革，促进了城乡居民生活水平全面提升，取得的成就举世瞩目。"[①]

3. 发展不平衡

镇发展的不平衡体现在两方面：一是东西发展不平衡。1980 年以后，第一批发展起来的新镇大部分集中在东部特别是东南沿海，形成东南部高度密集、西北部稀疏的格局。其成因除了东西部人口密度有差别以外，更重要的原因是地区产业发展优势的差别。进入 21 世纪，随着西部开发和城镇管理体制改革，西部的镇也有了较大的发展。但镇在东南部密度高、西北部密度低的分布格局并未改变。全国 2 万多个建制镇当中有 50 多个镇人口超过 10 万，绝大部分分布在东部地区；许多位于西部地区、少数民族地区的镇的人口不足 2 万。二是镇内部结构发展不平衡。大部分新兴的镇呈现经济发展迅速、其他领域发展滞后的状况，公共设施、公共服务不足，公共福利制度不完善。

中央政府于 2014 年公布国家新型城镇化发展规划，从规划的内容来看，镇的发展已经被纳入全国城镇体系当中。未来 15 年城镇发展的重点不再是数量上的快速增长，而是努力完善镇的整体布局和内部结构，有重点地发展一批具有区位优势的小城镇，通过不断完善镇的对外交通设施、镇的内部环境优化、公共服务和福利制度、可持续发展能力等措施，使镇成为新型城镇体系的有机构成部分，推动小城镇发展与疏解大城市中心城区功能相结合、与特色产业发展相结合、与服务"三农"相结合。

---

① 中共中央、国务院印发《国家新型城镇化规划（2014—2020 年）》。

术 语 解 释

镇：一种比农村社区高一层的社会实体。这种实体是以一批并不从事农业生产劳动的人口为主体组成的社区，无论从地域、人口、经济、环境等因素来看，它们都既有与农村相异的特点，又都与周围的农村保持着不可缺少的联系。

逆城市化：大城市人口向郊区小城镇甚至乡村回流。

花园城镇：英国城市规划家霍华德提出的，以农村自然绿化带为分隔所建设的3万多人口的小镇，这种融入自然环境的小型居住区具有比大城市更加优越的居住条件。

国际新农村运动：将城市工业向外扩散，把分散的工业建在小城镇和邻近地区，把人口流向逐渐引向中、小城镇。

思 考 题

1. 镇有哪些类型？其功能结构有什么特点？
2. 中国城市化过程中镇有什么作用？
3. 镇社区与城市、农村社区相比在结构上有什么特点？
4. 你怎样看镇的未来发展前景？

第六章 城市社区

第一节 城市社区的兴起

一、城市与城市化

城市的产生和城市的成长并非必定通过城市化，可以经由不同的路径兴起，具有不同的起始功能。考古学家研究存在于公元前4000年米索不达米亚的人类最早期城市认为，城市起源于劳动、产业分工和贸易发展而产生的人口聚集。[1] 在中国语言中，"城"和"市"分别代表政治军事和商业两种功能空间。在中国的历史文献中，对于城市的起源也有几种意见。

（1）防御说——城市社区兴起于防御的需要。防御说的观点散见于大量记载因政治军事功能而兴建的城市的中国古文献中。《易·论卦》中有："王公设险以守其国"；《抱朴子》"诘鲍篇"则记载："势力不萌，祸乱不做；干戈不用，池城不设"；《礼记》"礼运篇"云："大道既隐，天下为家，各亲其亲，各子其子，货力为己，大人世及以为礼，城郭沟池以为固"。这些思想的共同点是，古代城市的起因之一是出于战争中"设险守固"的需要，因军事防御而立国筑城，表明早期城市是为适应战争、防御功能应运而生的。

（2）集市说——城市社区兴起于交换的需要。中国古代经典《易经》上说："日中为市"；《史记》的颜师古"注"更明确写到："古未有市，若朝聚井汲，便将货物于井边货卖，曰市井"。由此看来，古代城市的兴起与商业性的集市贸易的关系是密不可分的，经常性的集市交换出现后，在一定地点便形成了以交换为主的城镇；而且，这些集市商业活动不仅推动了城市的兴起，也保证了城市的延续和发展。

（3）地利说——城市社区兴起于地理条件优越之处。"地利"实际上指某些地理

---

[1] Childe V. Gordon, *The Most Ancient Near East*, New York: Grove Press, 1928.

空间的特点既符合防御的要求也具备贸易的条件,这些地点最适合城市选址。中国不少城市均设在河川渡口等交通方便、拥有自然生态资源的地带。《吕氏春秋》曾记载了古之王者,择天下之中而立国的传说;《管子》"乘马篇"还总结了古代城市兴起的地理因素:"凡立国都,非于大山之下,必于广川之上,高勿近旱而水用足,下勿近水而沟防省,固天材,就地利"。古人之重"天材"和"地利",实则是注重发掘和利用地理优势、生态资源的功能。事实上,中国不少城市名,如张家口、渡口、周口店、临江、牡丹江、嘉峪关、山海关、潼关、兰州、柳州、惠州等,都非常鲜明地显示了该城市的地理位置和地形地势特点。

在西方国家,城市也会起源于宗教中心。古代罗马教派、后来的基督教(天主教)和伊斯兰教都有在宗教崇拜地点或建筑旁边设市场的特点。因此宗教的发源地或宗教传播中心往往容易发展为城市。欧亚有不少古代城市具有这种发展特点。中国的宗教崇拜活动往往和贸易等世俗生活分离,这种城市就比较少见。

在农业时代,城市的发展缓慢。工业革命后,城市发展迅速而且蓬勃。由工业化引起的城市化成为城市兴起最普遍的原因。现代城市的成长不像古代城市那样是缓慢的人口集中,而是迅速成长的过程。机器大工业需要大量的劳动力集中起来从事生产,其结果是人口大量从农村流向城市,工业人口的集中又要求有一定数量的服务设施,如住房、道路、交通工具等。这样,城市就在非农产业的聚集效应中迅速成长和扩展。恩格斯在《英国工人阶级状况》中曾对工业革命时期由工业化导致的高速城市化做了生动的描述:大工业需要许多工人在同一个建筑物里劳动,这些工人必须住在附近,于是工厂近旁形成工人居住区。为了满足这些工人及其家属的生活需要,其他行业的人如裁缝、鞋匠、面包师、泥瓦匠、木匠等也会聚集。相关产业和劳动力的聚集增加竞争、降低成本,城市因此而扩展,小城市变成了大都市。城市愈大,对其中的企业愈有利。这就是"大工厂城市惊人迅速地成长"的原因。[①] 从表6-1就可以看到,工业革命之后,西方四大城市的人口增长速度比之前快得多。

表6-1 世界四大城市人口数　　　　　　　　单位:万人

城市	1000年	1200年	1400年	1600年	1800年	1850年	1900年	2000年	2015年
伦敦	2.5	4.0	4.5	18.7	86.1	236.3	453.9	718.8	820.0
巴黎	2.0	11.0	21.5	25.0	54.7	105.7	271.4	952.3	1190.0
柏林				0.8	12.7	41.9	188.9	331.7	341.5
纽约					69.3	69.6	343.7	817.2	840.6

资料来源:康少邦、张宇等编译:《城市社会学》,浙江人民出版社1986年版,第56页;世界人口网。

---

① 《马克思恩格斯全集》第2卷,人民出版社1972年版,第300~301页。

社会学在定义城市化时以人口学的定义为基础，城市和城市化以大型人口移动和聚集为特征。同时，社会学更关注大型人口移动和聚集引起的社会生活的结构变化。美国芝加哥学派从人口规模、居住密度以及居民和群体生活的异质性三个尺度来区分城市与乡村，把城市定义为一系列生活的特质：一个由基本人口、技术和生态秩序构成的物质结构；一个社会组织体系，它与特定的社会结构、社会制度和社会关系的典型格局相关；一组态度和观念，它与典型集体行为和特定社会控制机制所塑造的系列人格相关。由此可见，社会学认为城市化不但意味着大量人口从乡村移动到城市，也意味着这些移动的居民在城市具有不同于乡村的分布格局、生活方式和价值观念。[1]

城市化过程包含一些基本要素，却没有固定不变的结构。一般来说，城市化包含以下要素变化：①人口变化。人口变化是城市化最重要的特征，无论城市化的动因是什么，它必定产生的效果之一是人口聚集。②经济变化。无论城市由于什么原因产生，生成后的城市经济一定以非农经济为主体，以管理、组织等专业活动以及与消费相关的专业服务发展为特征。③政治变化。经济变化要求政府管理和产业、组织内部管理秩序化，因此，世界上多数城市都是所在区域的行政中心。④社会变化。城市化导致社会群体关系变化，城市文化以非血缘、关系疏远和竞争行为为特征。⑤文化变化。由于来自不同地方、不同族群移民的聚集，移民众多的城市通常都是文化多元化的城市。⑥技术变化。由于人流和物流需求激增，城市之间不但以高速公路连接，还要以高速铁路连接。交通技术成为最重要的大型城市化的催化剂。⑦环境变化。城市化形成的产业密集和人口密集，往往对环境造成显著影响，造成特有的景观和小气候。

中国城市的兴起和发展与政治、军事密切相关，古代城市是统治臣民、管理国家的政府中枢，也是应付外来入侵和战争的堡垒，这一特点尤为明显，因此，城市的兴亡与朝代的更替关系甚大。古都洛阳就先后近十次被捣毁而又重建，它的历史的悠久也许远超过巴黎、伦敦，但社会、经济、文化都缺乏连续性。洛阳市的古城遗址有五处以上，但只有明朝以后的一些古建筑略有保留。而西安、北京等古代政治经济文化中心，由于后来遭受大规模破坏较少，才保留了较多的古城的特色。

中国大部分城市是在近现代兴起的，其特点是沿海城市的成长远远快于内地城市。这主要是由于帝国主义的入侵，迫使沿海各地成为通商口岸，贸易和近代工业得到发展。同时，内地城市则受到帝国主义经济、政治侵略的严重打击。可以说，中国近代沿海城市是以内地城市的衰落为代价而兴起的（表6-2）。[2]

---

[1] 路易斯·沃思：《作为一种生活方式的都市生活》。
[2] 邱致中著：《都市社会学原理》，有志书屋1934年版。

表6-2　中国城市的兴起　　　　　　　　　　　　　　　　　单位：人

城市名称	1901年人口	1911年人口	1921年人口
天　津	700000	800000	800000
重　庆	300000	498000	597000
沙　市	80000	90000	161000
汉　口	146000	826000	850000
厦　门	96000	114000	300000
汕　头	38000	66000	85000
哈尔滨		35000	155000
大　连		20000	116000
长　沙		150000	535000

资料来源：邱致中著：《都市社会学原理》，第167页。

1949年以后，随着我国工业的迅速发展，城市也以前所未有的速度成长起来，涌现出一批以某一产业为轴心发展起来的城市（如大庆、鞍山、十堰市等），以及许多由于新的行政区划，作为新的政治、文化中心而形成的城市。其后30年当中，中国推行抑制城市成长速度的政策，因此，从全国看，城市的成长仍然较慢。可以说，中国的城市化是80年代以后才真正开始的，工业的迅猛发展，推动了城市发展，特大城市数量增加，大城市比重上升，中小城市数量呈迅速增长趋势，中国城市等级体系已从小城市发展期进入大城市发展期（表6-3）。

表6-3　中国大中小城市数量及人口比重逐年对照表（1955—1985年）

等级规模	1952年		1957年		1965年		1976年		1980年		1985年	
	n.	p.	n.	p.	n.	p.	n.	p.	n.	p.	n.	p.
100万以上	5.7	43.8	5.6	42.1	7.6	42.5	7.0	38.3	6.8	38.9	6.8	40.1
50万~100万	6.4	15.2	10.1	21.5	9.4	16.4	13.4	23.9	13.6	24.6	9.3	18.5
20万~50万	14.6	16.1	20.2	17.9	25.1	19.7	28.5	22.6	31.8	23.5	29.0	24.5
20万以下	73.3	24.9	64.1	18.5	57.9	21.4	51.1	15.2	47.8	13.0	54.9	16.9

说明：① n. 表示不同规模城市数量比重（%）；② p. 表示不同规模人口比重（%）；③按城市非农业人口统计。
资料来源：顾朝林等著：《中国城市地理》，商务印书馆2002年版，第102页。

20世纪末期，中国进入快速城镇化时期（表6-4）。"从1978—2013年，城镇常住人口从1.7亿人增加到7.3亿人，城镇化率从17.9%提升到53.7%，年均提高1.02个百分点；城市数量从193个增加到658个，建制镇数量从2173个增加到

20113 个。京津冀、长江三角洲、珠江三角洲三大城市群,以 2.8% 的国土面积集聚了 18% 的人口,创造了 36% 的国内生产总值,成为带动我国经济快速增长和参与国际经济合作与竞争的主要平台。"① 依据这种发展态势,中央政府公布新型城镇化规划,通过一系列政策和重点建设项目构建和完善中国式现代城镇体系。

表 6-4　城市（镇）数量和规模变化情况　　　　　　单位:个

城市规模	1978 年	2010 年
1000 万以上人口城市	0	6
500 万~1000 万人口城市	2	10
300 万~500 万人口城市	2	21
100 万~300 万人口城市	25	103
50 万~100 万人口城市	35	138
50 万以下人口城市	129	380
城市合计	193	658
建制镇	2173	19410

资料来源:2010 年数据根据第六次全国人口普查数据整理。

二、城市社区的概念和类型

(一) 城市社区的概念

城市的规模可以从人口和用地面积来描述和衡量。然而不同城市的规模差异很大。联合国把 2 万人口以上的非农业人口居住区定义为城市,10 万人以上的划定为大城市,100 万人以上的划定为特大城市。2004 年《中国城市统计年鉴》对各类型城市的人口规模做了以下界定:按市辖区人口规模,50 万人以下为小城市,50 万~100 万人为中等城市,100 万~200 万人为大型城市,200 万~500 万人为特大城市,500 万人以上为巨型城市。最新分类标准见《国务院关于调整城市规模划分标准的通知》(国发〔2014〕51 号),以城区常住人口为统计口径,将城市划分为五类七档。城区常住人口 50 万以下的城市为小城市,其中 20 万以上 50 万以下的城市为 I 型小城市,20 万以下的城市为 II 型小城市;城区常住人口 100 万以上 500 万以下的城市为大城市,其中 300 万以上 500 万以下的城市为 I 型大城市,100 万以上 300 万以下

---

① 中共中央、国务院印发《国家新型城镇化规划（2014—2020 年）》。

的城市为Ⅱ型大城市；城区常住人口 500 万以上 1000 万以下的城市为特大城市；城区常住人口 1000 万以上的城市为超大城市。由此可见，以人口规模分类的中国城市规模比国际通行标准要大得多，成长速度也快得多。

西方国家人口相对少，但城市化率高，许多城市能够保持中小规模。例如，美国社会学家曾经进行过城市社区经典研究的"中镇"（现在多称为美国宾州小城米德尔敦），至今也只有 4 万余人口；欧洲大陆有更多人口 5 万以下的小城市。从社会学研究方法的角度来看，这些小规模城市可视为一个城市社区。但对于纽约、巴黎等特大城市，城市社区就通常指城区当中更加小型、有道路和其他功能区分隔的居住聚落。与西方国家不同，中国的城市必须经由国家界定并赋予不同的行政等级，城市的规模通常都比较大，城内居住区的分隔不一定明显。为了便于行政管理和基层政权建设，市政府把区域划分为区、街两级行政管理区，街区以下再划分为多个人口数量大致相当、边界清楚的小区域，设立居民委员会。今天中国社会科学研究和政府治理都把居民委员会所辖范围称为城市社区。

依据社会学家的研究，城市社区的特征可以从空间、人口、经济和文化四个方面相比较于农村社区的特点去描述。

1. 社会空间特点

城市的景观受自然环境的影响较少，城市是人类活动的创造物，由人类活动塑造的社会空间是城市景观的突出特征。历史悠久的城市，景观差异相对显著；但在工业化和全球化过程中形成的城市和社区，则往往呈现相近的景观——高层建筑物和人类活动高度密集，式样和格局相似。道路通常是社区之间的分界。在许多当代中国城市中，常常可见一个物业小区的人口就足以构成一个独立的社区，有些大型居住区甚至需要划分为多个社区，而街心公园或者小型休憩处则是社区居民的公共空间。

2. 人口特点

城市社区的人口特点是：人口密度高，人口异质性强，人口流动频繁迅速。城市工业集中引致人口集中。这些人口来自不同的地域，有不同的文化背景，在城市中从事不同的职业，从而导致人口异质性强。移民是现代城市社区人口构成的显著特征，移民也是城市文化符号、城市（族裔）特色社区、城市社群冲突的主要生成力量。

3. 经济特点

工业化之后的城市，经济和产业是城市生成、增长的最重要因素。倘若城市产业不能自主创新或者适应技术革命和经济全球化等外部环境的变化而成功转型重构，城市往往就会走向衰落。虽然社区通常比城市小，但由于社区的公共建设及其维护等公共品供给需要经济资源支持，因此对于多数社区自治组织或者中国的基层管理部门来说，社区经济的兴衰也是很重要的。城市和社区的居住空间受到政府政策和房地产开发商、金融财团、大企业等力量的影响，进而影响和塑造居民个人的空间感知。

4. 文化特点

城市社区文化也是多元化、现代化的。它不存在单一的生活习惯和价值取向，而是因人、群体、职业而异，更主要的是因时间而异。大型城市当中的不同小型社区往往由于不同的成因生成不同的文化特色。但城市本身却往往被政府和市场力量塑造成某个整体形象，如金融中心、汽车城、旅游城等，这种特定的形象通常被应用于吸引外来投资和对外宣传，但同时也影响本地人的地方认同。

（二）城市社区的类型

城市社区类型可以有多种划分尺度。已有的社会学研究通常依据研究对象和主题来选择尺度，以多数社区成员的身份、阶级阶层等社会结构特征来划分城市社区。例如，在北美的城市中，相同族裔人口聚居的格局比较显著，社会学家经常用移民和非移民、族裔和非族裔来划分社区；与之类似，中国的大城市中国内移民很多，社会学家也用新移民和本地居民、汉族和少数民族来划分社区。城市包含多个居住区，由于房地产市场对不同区位的地价评估不同，这些居住区也有不同的房地产价格和生活成本，吸引经济能力不同的居民，因此学界也会把社区分为中产社区、贫困社区、混合社区。近30年由于互联网普及使用产生了新形式的社会互动，学界把社区划分为实体社区和虚拟社区。政治行政学则通常根据权力核心的性质把社区划分为政府管治型社区和居民自治型社区。

自20世纪80年代后中国进入市场化改革时期，城市社区的组织格局和成员关系明显出现多元化。中国社会学界往往也会根据社区的组织形态及其与市场的关系把社区划分为单位型社区、物业型（商品房）社区、城中村社区等。

三、城市及其社区的基本结构

城市及其社区的结构形态与乡村不同，比农村系统更为庞大与复杂，城市社区的功能也就有其独特之处。

城市社区结构有三大类型：城市社会结构、城市经济结构和城市空间结构。城市社会结构是社区中的主体构成，它决定了城市的本质特征和发展取向，主要是满足和组织社区生活；城市经济结构是城市大系统中的动力系统，它为城市的生存和发展提供物质基础和激发机制,主要是满足并促进社区生产和流通;城市空间结构是城市系统的外壳,是城市各种活动的载体。城市社会结构又分为城市居民结构和城市群体组织结构,城市经济结构又分为生产力结构和生产关系结构,城市空间结构包括城市人工设施、自然资源和地域环境等(图6-1)。各子系统又不断细分,最终成为可具体观察的城市现象。

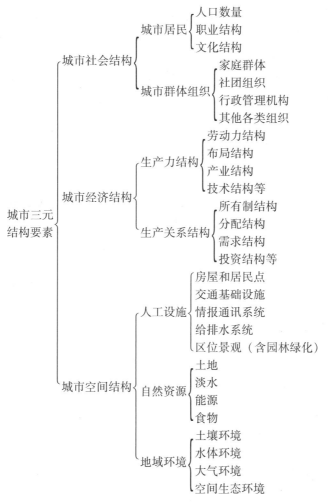

图6-1 城市结构要素图

资料来源:叶南客著:《都市社会的微观再造——中外城市社区比较新论》,东南大学出版社2003年版,第13页。

对于社区来说,城市是社区的外部结构环境。继承和发展自美国芝加哥学派,社会学的城市社区研究主旨是研究社会空间的组成过程及其影响,即居民个人和组织如何基于某些意图来建造居住空间；同时由于居民也依据居住空间特点来安排他们的日常生活，因此社区空间反过来会影响居民。从这个研究角度来看，影响社区形态的内部结构主要有三大类：居住空间结构、人口结构和权力结构（图6-2）。

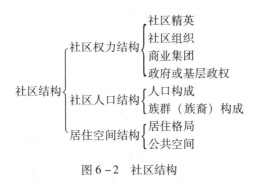

图6-2 社区结构

空间因素是城市的一般结构因素，但居民的居住空间却是特定的。在居住空间当中，公共活动空间的布局、建筑物的形态等往往成为居民生活日程安排、邻里社交方式的要素，也往往会成为居民的城市空间认知和社区认同感、归属感的构成要素。人口因素是城市的一般结构因素之一，它对社区的构成状态及其影响却往往是具体和特定的，如有没有外来移民或者少数族裔。企业集团是城市经济的主力，其空间布局策略通常具有相当大的自主性。但在社区当中，企业集团却往往要正视居民和社区组织的力量。企业集团在其空间扩张过程中遭遇与居民之间的冲突，往往都是在具体的社区中以不同的形式发生的。政府、企业和居民、社区组织之间的权力关系，决定了社区的空间布局及其变化，也影响到社区凝聚力和居民的社区归属感。因此，城市各种结构要素在基层社区中组合变化，生成社区结构。

第二节 城市区位

从城市地图或城区航拍照片中，可以看到住宅、工厂、商店、街道不是杂乱无章地随意分布的，而是依据某种规则来布局和集中的。城市的这些地理布局，社区居民、群体及组织的空间分布及其地位和角色，称为城市人文区位。"区位"[①] 一词是

[①] 区位，英文为"ecology"，也译作"生态学"。我国港台学者多用前一种译法，内地学者则常用后一种译法。美国芝加哥学派是借用进化论原理和词汇来研究社区的，因此其理论可称为人文生态学理论。因为这一节着重论述城市中自然与人文因素的相互作用及其空间分布，所以我们在这里采用"区位"译法。

从生物学上借用来的,含有两种含义:"一是指地理上的区域或位置;二是指久经形成的生活网络中或生活系统中,每一种生物所占的不同地位及所扮演的不同角色"①。

一、影响城市区位的自然因素

自然地理条件,包括地理位置、地形、气候等,对城市区位有较大影响。

1. 地理位置

地理位置对城市有重要作用。城市一般建立于交通便利的地域,地理位置的优越有助于城市优势产业的发展从而形成特殊的区位结构。例如,地处海滨的地区可能成为港口城市,地处交通要道的地区可能成为运输中心,等等。

地理位置也影响城市的空间形态和社区格局。位于河流两岸的城市,一般呈带状或被河流分割成团组状;位于破碎的河谷或起伏不平的低丘地带的城市,常分散成团组式;建立于山间盆地或河谷的城市,则随着盆地或谷地的形状,呈圆形或条形。

地理位置对社区土地和房产价值的高低至关重要。接近或远离商业中心、公共交通中转站、山岗、河畔、湖畔等地点的土地和房产都有不同的市场价格;靠近商业中心的地点,占据者通常是商业竞争能力很强的大企业集团,住在周边的市民则相反;山岗、湖畔通常很少商业中心,但居民住住是最有购买能力的一群。

2. 地形

地形对城市区位的影响是多方面的,工厂区、商业区和住宅区的布局均受地形限制。平原的限制最少。有坡度的坡地或丘陵对建筑的规模和道路有限制;一般坡度在5%以下的地域适合任何建设,如厂房、商业中心等。坡度在5%~10%以上的地域,只适合建设住宅,不适合其他生产性建设,也不宜修筑公路;这些地点商业价值较低,但房产价值却很高。

3. 气候

气候对城市区位的影响主要表现在:工矿区一般分布在靠近水源以及盛行风的下方,以方便生产,同时又不影响住宅区居民的生活。

相对于乡村,城市社区的区位结构受自然环境因素影响较小,而主要受产业之间和社会群体之间竞争关系的影响。

---

① 杨懋春著:《人文区位学》,(台北)五南图书出版公司1983年版,序言第1页。

二、城市区位的理论模型

城市社区的人文区位的最早研究来自以帕克和伯吉斯为首的芝加哥学派,他们为人文区位学的创始人。按照他们的定义,人文区位学"是研究人类在其环境中的选择力、分配力和调节力的影响作用下所形成的在空间上和时间上联系的科学"[①]。

人文区位学受到许多欧洲古典理论的影响,如斯宾塞的进化论、齐美尔(Georg Simmel)的互动论和涂尔干的社会学实证论,尤其与社会达尔文主义渊源深厚。区位学的许多概念和原理是从生物进化论的概念和规律中发展出来的。根据区位学理论,城市区位结构可分为城市社会和城市空间两部分:城市社会包括城市居民和组织在社区中的分布,城市空间包括城市的人工设施、自然资源及地域环境在社区中的配置和布局。竞争是改变区位布局的主要因子,竞争的作用使城市形成聚集、离散、隔离和继替等生态过程,每一个过程都能用以说明城市居民和职能机构在城市空间上的变动。

伯吉斯应用多种古典区位学理论,以对芝加哥城市社区的区位研究为基础,提出了第一个城市发展和空间组织方式的模型——"伯吉斯同心圆区域假说"(图6-3)。

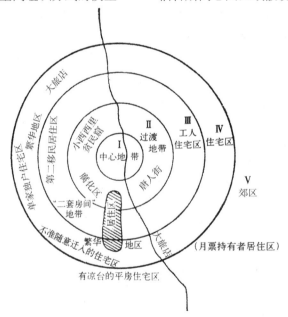

图6-3 伯吉斯的同心圆区域假说

资料来源:帕克、伯吉斯、麦肯齐著:《城市社会学》,第55页。

---

① 帕克、伯吉斯、麦肯齐著:《城市社会学》,第63页。

伯吉斯把城市划分为五个同心圆区域。第一环中心区是中心商业区，这是由于商业的利润率较高，用地紧凑而且有较强的竞争能力才能占据社区中心土地需求量最大的区域。由于中心商业区竞争力强，容易扩张，对边缘地带具有入侵趋势。紧邻商业区的第二环，聚集了贫民窟、赌场等不稳定、低竞争力的群体，以及利用运输成本低的工厂和仓库等，称为过渡带。第三环是工人住宅区，这里的居民多数从过渡带迁来，因顾及上班距离而聚居于此。第四环是较好住宅区，中高阶层人士在这里居住，独户建筑及高级公寓多分布于此区域。第五环为往返区，分布着一些中上阶层的郊区住宅和小卫星城，居民一般在市中心工作，上下班往返于两地之间。从中心到边缘，其居住密度递减，而交通费用递增。中心区从内向外扩散，各种职能机构及居民住宅依自身的竞争条件来选择位置。后人以地租理论来解释城市区位，也有类似于同心圆区域假说的结果。

麦肯齐也指明城市社区发展的总趋势是从简单到复杂，从综合到专门化；其发展过程在前期表现为以集中为主，在后期表现为以分散为主。城市社区人口的自然筛选过程，使得人口流动性不断增大，从而形成代表不同的道德观念、态度、开化程度的不同文化地区。

霍伊特则运用美国促进管理会 1934 年调查的 64 个中小城市房租资料，按照房租高低分段统计，提出了城市区位的扇形模型（见图 6-4）。

哈里斯和厄尔曼提出的"多核心理论"是城市区位的另一种模式。他们在研究了各种类型的城市的地域情况后，提出了决定城市核心的分化和城市地域的分异的四个过程：①各行各业以自身利益为前提的区位形成过程；②产生集聚效益的过程；③相互间因利益得失而产生的离异过程；④地价房租影响某些行业区位处于理想位置上的过程。①这四个过程的相互作用、历史原因的影响以及局部地区的特殊性使城市区位呈现多核心状态（图 6-4）。

芝加哥学派对城市区位的研究是开创性的，该学派提出的社会空间与城市的关系主题对城市社会学理论有深远的影响。后来的社会学者对城市区位的研究都是在此基础上进行的。

新正统派现代人类生态学之社会—文化现代人类生态学则主张社会文化因素对城市土地利用模式有着重要影响。城市土地利用并非仅仅受经济竞争因素的影响，感情以及文化象征的因素也非常重要。正是由于社会文化的因素，许多城市居民固守于原住地，不愿搬迁。

---

① 于洪俊、宁越敏编著：《城市地理概论》，安徽科技出版社 1983 年版，第 170~171 页。

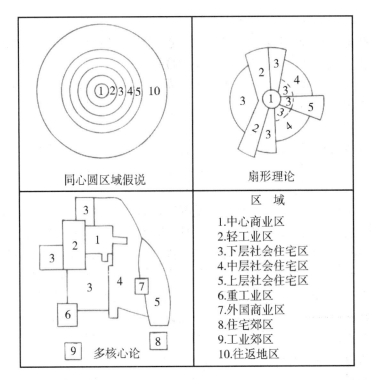

图 6-4 哈里斯和厄尔曼对三个古典生态学模型的图解

资料来源：C. Harris, E. Ullman, "The Nature of Cities", *Annals of the American Academy of Political and Social Science*, 1945, 242: 7-17.

三、决定城市区位的变量

芝加哥学派—古典区位学派的城市区位理论是以生物活动竞争因素作为影响区位结构的主要变量，后来的社会学者从社会学的角度，特别是文化角度对城市区位的影响变量做了进一步的研究和发展。其中以邓肯（Q. Duncan）提出的区位变量最为出色。他提出，区位系统结构由一组变量组成：人口（population），组织（organization），环境（environment）和技术（technology）。城市区位是这四个变量共同作用的结果。

例如，工业排放出的废气污染城市，造成人口（P）的疾病，腐蚀和损害建筑物及其他城市设施（T），毒害植物或动物（E）。为了对付污染，城市居民组成自愿团体或官方机构（O），如环保局。这是环境变化引起的人口、社会组织变化的例证。这四个变量是相互关联的，任何一个变量发生变化，其他变量也会随之变化。

库利（Charles Horton Cooley）提出了以"货运中转理论"（break of balk theory）和"中心场理论"（central place theory）为代表的城市定位理论，以探索解决城市地理的各种社会经济因素以及城市空间分布和位置确定的过程。① 城市常常出现在一些交通线交汇之处，而城市的规模以及城市为周围地区所提供的服务和商品的类型规定着城市服务领地的大小，城市规模越大，它所拥有的服务就越专门化，它就越需要较大的服务区域。

社会文化也是城市区位的重要变量，有些社区或社区中某些地域的土地利用和机构分布不遵循区位学原则，经常是由于历史的原因和社区文化影响的结果。法尔（Walten Firey）和乔纳森（Chrisor Jonassen）对此的研究最为出色。法尔考察了波士顿中心商业区的中心位置，那里长期承受沉重的商业扩张压力，但一直保持其原有状态。其原因是北面有山和波士顿公有土地具有某种象征性，代表着传统和威望，以及"历史的真实感情的神圣之地"。波士顿北端则是意大利人居住地，虽然该地区设施陈旧、建筑失修，但居民仍不愿迁走。法尔认为其原因是意大利移民对这一地区的传统风俗和熟悉的感情依附。乔纳森研究了纽约的挪威移民区。1850年至1947年之间，挪威人社区从曼哈顿的东南端移到了布鲁克林的利厅湾，大约有10公里的距离。乔纳森发现挪威人的迁移并非完全受经济利益的驱使，有相当原因是出于传统职业习惯和文化价值观念的推动力。②

其他社会学家也有类似的研究，如因种族歧视而产生的畸形城市区位等，多方证明了文化变量对城市区位有重要意义。

四、市民的感知空间与城市区位

城市是城市居民生活的场所，城市的区位结构和公共设施，只有在它符合市民的需要和期望时，才具有意义。以上所介绍的人文区位学和地理学对城市区位的研究，都是把城市作为一个物体来研究，支配区位的力量是超乎于社区居民之上的"看不见的手"。随着社会的现代化和多元化，城市社区的居民有了更多的闲暇时间以及对职业和消遣方式的选择，从而使人在城市社区中日益显示出强大的能动性；社区居民对城市区位的感知和设想，对城市的建设和改造有越来越重要的影响。因此，关于市民的感知与城市区位的关系的研究越来越受到区位学者和社会学者的重视。

所谓市民的感知空间，指的是市民对城市空间布局的认识以及由此产生的对城市区位结构的构想。市民所感知的城市和现实城市是不同的，由于职业、种族、经济地

---

① 向德平编著：《城市社会学》，武汉大学出版社1994年版，第65页。
② 康少邦、张宁等编译：《城市社会学》，第121页。

位、文化的差异，不同的市民对同一城市，有不同的熟悉区域，抱有不同的期望和需求。

美国学者林奇（Keuim Lynch）对此进行了出色的试验研究。林奇在波士顿、泽西城和洛杉矶三城市挑选出一定量的居民作为测验者，他首先出示了一张城市中心地区（约2.5英里长，1.5英里宽）的地图给测验者看，然后要求他们把这个地图描绘出来。

林奇发现绘出来的每一张地图都与实际的地图不同。他们把这个地区划分为不同的部分，并赋之以人格的意义。但他们至少对某些道路或设施有共同的认识，并使用相似的五个概念来描述区位分布：①路径：包括市内交往和交通的渠道；②界线：包括自然或人为的各种分界，如河流、湖畔、铁路等；③区：城市有文化或经济意义的区域；④枢纽：交通交汇处的市民聚集地；⑤标志：路标、突出的建筑物等。①

林奇把这些地图称为"（城市）外部物质世界的概括性构想图"（the generalized ideal picture of city's external physical world）②。不同居住位置、不同职业和文化背景的人，对城市区位的感知的深度和广度是不同的。住在公园附近的市民，常把公园林荫道画在重要位置；在中心商业区工作的人，则更重视商业大厦的地位。一般来说，市民对自己居住地附近的环境以及上下班途经的环境比较熟悉，而对其他地区就比较陌生；中上阶层的市民对城市熟悉程度会比中下阶层市民高。林奇的试验还反映，重视市民对城市区位的感知，有三个重要的理由：第一，市民从城市环境中得到生活的常识和感情的认同，一种鲜明的城市形象会使这些知识更容易获得并对它产生感情；第二，合理的城市区位布局能提高市民感知的潜在深度和强度；第三，市民对城市构想的丰富和感知的加深有助于他们参与城市建设和管理。

事实上，市民根据他们的个人感知、喜好而形成的城市构想，可以成为改造城市区位的动力。人们根据构想在城市的某些地方设商业网点，建公园和公路，逐渐使城市的区位布局更合理，这是一个从城市理想到城市现实的过程。正如帕克所说："城市……是超乎个别人和城市便利设施的堆积，也是超乎组织和行政机构的聚集。城市是……一个心灵的形象，是习惯和传统，以及由此衍生出来的态度和观念的有机体。换句话说，城市不仅是一个物质的有机体及人工建筑，它存在于组成城市的人们的道德过程中，它是自然力的产物，并尤其是人类性情的产物。"③

---

① 参见许学强、朱剑如编著：《现代城市地理学》，中国建筑工业出版社1988年版，第2页。
② Janes L. Spates, John J. Macionis, *The Sociology of Cities*, New York: ST. Martin's Press, 1982, p. 50.
③ Janes L. Spates, John J. Macionis, *The Sociology of Cities*, p. 66.

五、从人文区位学到新城市社会学

早期城市社会学和城市地理学提出的重要理论视野是城市空间,强调空间对城市社会文化的结构生成及其变异的决定性作用。20世纪后期世界城市发展出现新现象,在全球化过程中,越来越多的大都市甚至巨型城市生成。新型大都市的空间格局不一定符合人文区位学的论断。社会学家发现,资本和房地产投资、政府规划和发展政策,以及移民、族群和城市文化特性等对大都市空间格局变化的影响至关重要。列斐伏尔(M. Lefebvre)把古典马克思主义对资本、租金和阶级剥削的分析引入城市研究,提出城市的房地产投资是一个独立的资本循环,房地产的投资改变了市民和组织个体的空间集聚位置(区位),同时,投资者、政府、组织和居民等各种个体把城市空间作为生活的场所,依据自己的意图和能力来构造和改变这个场所,列斐伏尔把这个互动的空间称为"社会空间"。继承列斐伏尔的城市政治经济学观点,卡斯特尔(M. Castelles)重视政府对市民居住选择的引导,哈维(D. Harvey)则强调资本积累对居住空间的影响和控制,萨森(S. Saasen)则致力于识别全球化对城市之间关系和城市内部阶级结构的影响。这些学者的研究大大充实并扩展了城市空间的意涵和解释力,使古典人文生态学发展为新城市社会学。

社会空间的视角具有较强的理论整合性和应用弹性,能够为城市社区研究提供一个综合性分析的理论框架。

第三节 城市社区的社会学特质

一、城市社区的人口特质

城市是物质资料的集中、人口的集中、组织的集中及生产的集中。人口的集中使城市社区人口具有高人口密度、高异质性及高流动性等性质。

(一)高密度及拥挤

城市不仅人口数量大,而且密度高。在人口密度如此之大的城市社区中,假如建筑规划特别是住宅建设安排不当,就会出现拥挤现象。发达国家的城市很早就注重空间发展,出现了大量高层公寓,通过增加人均居住面积来缓解平面拥挤程度。但是,由于具有自身的资本增值效应和产业聚集效应，大城市对外部人口具有持续的吸引力。尤其是在亚洲和南美洲人口众多的发展中国家，大城市总是处于不断扩张的状态，政府也往往把城市视为经济增长的机器而忽视乡村的发展，导致人口不断向城市集中，人口密度不断上升。中国的城市发展同样具有城市发展的一般特征，同时中国的城市又具有行政等级影响资源配置的特点，使绝大多数城市的人口只增不减。城市住房和就业就容易成为最主要的问题和治理挑战。

人口高密度在社区当中非常明显，尤其是在中下阶层居民的居住区。例如新加坡、香港等城市都有政府提供的廉租房（公共房屋），中国内地许多城市也有公租房，这些公共房屋一般都是小户型，人均面积小，社区内的人口密度就相对其他类型的社区更高。

高密度是城市社区人口的一大特质。社会学家齐美尔和沃思认为人口高密度会增加竞争，对个体产生更大的生存和生活压力。但是这一因果关系的命题在后来的大量实证数据检验中却未能被证实为一个普遍定律，而是当中存在许多差异。

（二）人口的高异质性

人口的高异质性也是城市人口的一大特征。所谓异质性，通常是指那些与社会行为有关的社会性质，如教育程度、宗教信仰、经济能力以及职业、族群来源等导致社会行为的差异。沃思认为人口异质性的效应是公共生活中的匿名性和自我丧失感增加。和人口密度效应一样，虽然存在可观察到的匿名性、压力感和失落感，但实证检验不能确定这种特定的单向的因果关系。

中国城市居民当前所关注的社区人口异质性主要是移民，包括来自乡村、其他省份或其他民族和国家的移民。文化差异和行为差异对于所有社区居民来说都是一种容忍能力的考验。

（三）人口的高流动性

城市社区人口具有高流动性。一方面，人口不断从农村社区流入城市寻求新的职业；另一方面，城市社区中的人口也在寻找较高报酬的工作和较好的工作环境，一旦找到了新的较好的工作，就可能意味着家庭的搬迁。例如，美国就是一个高流动性的国家，每年都有约20%的家庭因各种各样的原因迁移。

中国都市人口在流动性方面与国外有所不同。中国实行户籍管理制度，各城市以户籍作为居民享受公共福利的定义。因此过去相当长的时间内，中国人口流动很慢。1979年改革开放以后，人口流动大大加快，倒逼户籍制度改革，产生了"积分入户"

和"人才落户"等多种城市户籍政策。但是地方社会福利制度和乡村土地使用制度的改革却步履艰难,使人口流动始终存在障碍。无论如何,若从社区内居民的流动量和流动频率来看,城市社区的居民流动性毕竟比乡村高得多。

二、城市社区的家庭与邻里

(一)城市社区中的家庭

由于城市化和工业化、现代化同时发生,我们在比较城市与乡村家庭特征的异同时实际上很难把现代化这个历史的影响因素抽离出来。城市的显著特征是非农产业集中和人口密度高。这两个特性会对家庭产生两方面的影响。其一,非农产业的门类很多,对劳动力需求多元化,妇女更容易进入劳动市场,因此城市的双职工家庭比乡村更多。当男女性都具有平等工作机会和独立经济收入时,有可能促使家庭关系尤其是夫妻关系趋于平等。其二,与人口密度高相关,城市的住宅通常面积较小而且价格较高,家庭规模就会受到限制。中外城市家庭统计数据都反映出城乡家庭规模的大小存在差异。中国的家庭研究还发现乡村家庭向城市迁移时通常都伴随分家,核心家庭是家庭的基本形态,扩大家庭和主干家庭都很少。

家庭的结构与变化受到它们所处的社会文化环境及国家制度深刻而持续的影响,因此一般研究所得出的家庭特征大部分是由家庭所在的特定国家和社会文化决定的。即使是在相似的现代化进程中,不同具体环境下的家庭也不相同。也就是说,城市家庭的特征不能完全以现代化框架来解释,更需要以当地的社会文化环境来解释。

在中国的城市社区中,家庭呈现小型化(参见表4-4),家庭规模已从6~8人缩小到2~3人。家庭功能随着生产水平和社会服务事业的发展而逐步社会化。但除了有限的一般家庭变化趋势的观点,不同城市家庭的差异性仍然非常显著。中国社会科学院社会学研究所于2008年在广州、杭州、郑州、兰州和哈尔滨五个分别代表中国东、中、西和南、北部经济发展程度(代表现代化程度)不同的城市进行家庭抽样调查,发现中国城市家庭变迁趋势呈现出比较显著的差异性和非单向演进或现代化的特点。五个城市当中只有杭州比较符合经典现代化理论的论述逻辑:随着经济的发展,家庭不断趋于小型化,核心家庭的比例不断增大,个人主义和小家庭的独立性随之不断增强。具体表现为:即使是被访者认同的主观家庭的成员,也主要集中于核心家庭成员,与兄弟姐妹来往较少,需要社会支持时也很少向兄弟姐妹求助。其他四个城市都不太符合单向演进的逻辑。广州市进入现代化较早,现代经济发展很快,家庭的人均收入在全国排在前几位,但平均家庭规模在五个城市中最大,核心家庭比例最低,个人主义和小家庭的独立性并没有得到相应的增强。广州被访者认定的主观家庭更加类似于中国传统的家族。具体表现为：虽然与亲属走动的频率并不高，但是遇到重病或者要借钱的时候，亲属却是最重要的求助对象。哈尔滨市虽然经济发展水平相对较低，但是相对于广州家庭表现出更多的现代化特征。由此可见，现实中的城市家庭更多地受到所在地的社会文化特征的影响。正如这个中国家庭调查报告的总结所言，中国有着自己深厚的传统，中国家庭有着自己独特的价值观和生活方式，即使中国整体社会发展循着西方工业化和城市化的发展之路，中国的家庭变迁依然可以展现出自己独特的变迁路径和现代家庭模式。①

（二）都市邻里

在经典社会学文献中，邻里与社区是同义词。但是在现代化大都市，邻里却不一定与居住社区等同。一般来说，城市的住房开发和建筑形式所内含的家庭空间分离格局不太有助于邻居互访，因此城市的邻里关系通常都比乡村更疏远，以至于"社区消失论"曾经成为强有力的论断。然而，韦尔曼和费舍尔等北美社会网络研究学者对城市社区居民十年迁移和互相联络的追踪调查发现，城市居民的邻里社区由亲人和朋友组成，有些邻居已经搬出原居住区，但仍然借助于电话和现代交通工具互相联络，提供互相支持，构成一个"没有地点的社区"——传统紧密的社区扩散到城市更广阔的空间，但邻里关系仍然维系着。② 另外，政府的城市管理也构建了社区结构。在北美，社区是由街区委员会和地区规划机构、教堂和教团等组成的重叠空间，居住在其中的居民由于政治和宗教等活动经常来往，形成特殊的社区空间。

中国城市社区中，由于政策、制度限制了人口的自由流动，从而使居民居住的稳定性要比美国高得多。同时，由于城市住宅建设较缓慢，以套间为单位的商品住宅仍属少数，大部分的城市居民居住在祖辈留下来的低矮的平房里，横街窄巷以及大杂院式的住宅仍到处可见，因此邻里关系就比发达国家的城市密切得多。除了生产互助功能外，从生活服务功能到整合功能都能在邻里关系中体现出来。现代都市文学里有不少作品就是描写目前我国城市社区中密切、微妙的邻里关系的，如《都市里的村庄》《邻居》等有影响的作品中，就提供了很生动的案例。

但随着近年城市建设的加快，旧日的大杂院正逐步为高层住宅所取代，如广州市近年建成光大花园、汇景新城、南国花园、洛溪新城、万科四季花园等商品住宅区，大部分城市中的居民已生活在新的住宅里。商品住宅套间为单位的结构，左邻右舍没有任何亲缘、业缘关系或交往历史，大大淡化了新型住宅区居民的邻里关系。发达国

---

① 马春华等：《中国城市家庭变迁趋势和最新发现》，《社会学研究》2011 年第 2 期，第 1~36 页。
② Barry Wellman, "The Community Question: The Intimate Network of East Yorker".

家城市邻里关系的特征及其影响已逐渐明显地重现在我国城市新型居住区之中。[①]

三、城市社会组织与社区组织

城市中社会组织通常会比农村社区更发育，种类和数量多，内部结构更为复杂，正式组织占主导地位。工业化和专业化的推动力使正式组织越来越多地取代了初级群体如家族、同乡会等的地位，成为城市社会结构的主要成分。存在于城市社区的组织可能有两类，一类是一般社会组织，另一类是社区组织。

（一）城市社会组织

城市社会组织指基于某种特定意图或目标组成、具备实现目标所必要的管理架构的社会群体。社会组织不是以市场营利为唯一目标的企业，也不是政府政治和行政管理架构，也可称为非营利组织。即使社会组织的名称往往带有地域的名称，通常也不会为自己的活动划定具体地域范围。社会组织的功能和类别多种多样，除政治和政府、市场之外的领域都可以是社会组织的功能范畴。

在中国，社会组织需要向民政部门登记、审批成立。国家民政部把社会组织分类为群团组织、民办非企业、慈善组织和基金会。其中群团组织包括工会、妇联、共青团、工商联、文联、学会、行业（专业）协会和侨联等。

城市社会组织有三个最显著的特征：

（1）组织功能专业化。城市社区的组织随分工的专业化而细分，一种组织提供一种专门的功能，从而形成数量庞大的、分工细致的组织。

（2）组织结构科层化。随着分工的精密，城市社区的组织结构趋于科层化：有一套大致相似的自上而下决策和执行的权力架构，专责于执行和监察的两套人马，以及层级与部门之间沟通和互动的规则和渠道。

（3）各种组织和团体均为次级组织和群体，成员以专业或共同目标为联结纽带，没有亲缘关系；他们在组织或团体中扮演的角色是片面的和非人格化的。

（二）社区组织

社区组织通常指成员基本上来自同一社区居民，其活动也以所在社区为基本地域范围的小型组织。在实施社会基层自治的西方国家城市，比较典型的社区组织有街坊

[①] 黎熙元、陈福平：《社区论辩：转型期中国城市社区的形态转变》，《社会学研究》2008年第2期。

会、以某个教堂为核心的教团等。在中国城市,社区组织则指不足以向民政部门注册为正式组织,但基于居民的共同兴趣和持续活动而向街道办或区民政局备案的群众组织,老人会、合唱队等是城市最常见的社区组织。

在社会功能上,社区组织和一般社会组织的区别在于特别注重社区内的居民互助。这种互助可能仅仅为了使成员共同喜爱的活动能够持续进行,如居民合唱队;也可能为了某种更高的公益互助目标,如老人互助组;也可能为了关注共同利益、具有自治性质,如业主委员会。

城市社区组织在现代政治和社会的理论研究和治理实践当中受到重视,其原因在于社区组织根植于社区,在社区治理当中占有非常重要的地位,在城市居民日常生活所涉及的福利领域能够发挥其他社会组织不能代替的作用。

四、城市社区文化

城市社区的人口、家庭、邻里及组织特质造就了特定的城市文化和都市人格。

(一) 城市社区文化特征

城市社区文化有理性化、多元化和世俗化的特点。

1. 理性化

理性化表现为以效率和效能作为衡量与评价日常生活的标准。因此,它逐渐导致人际关系的改变。凡事对事而不对人,对事件的处理不讲求个人感情,而以效率为基本原则。所以,都市人往往给人一种冷漠、计较、滑头的印象。美国乡村人常称都市人为"城市里的滑头"(City Slicker)。讲求理性与高效率的结果,"使个人主义大行其道,个人对社会及其他团体也就缺乏忠诚的情愫,致使团体的精神濒于消失"[①]。

2. 多元化

城市社区文化的多元化,一是指社区文化活动形态和机构的多元化,二是指社区文化内涵的多元化。城市社区的居民来自不同地域、族群和文化区域,把自身的生活方式和文化象征带入社区,使社区内文化多元化。同时,城市具有开放性,容易接受外来文化影响,而文化多样性往往能够促进文化创新。全球化背景下所谓城市文化甚至出现新旧更替很快的文化"潮流",如流行音乐、流行时装等消费主义的景观。但

[①] 蔡勇美、郭文雄著:《都市社会学》,(台北)巨流图书公司1984年版,第124页。

是，多变的城市文化并不排斥个别文化传统在居民构成具有特殊性的社区中保存下来。例如单一族裔的移民社区，往往能够长久地保持其族裔的文化特色，不被主流社会文化所湮没。

3. 世俗化

世俗化主要包括两个方面，一是讲究实效，一是讲究实惠。西方称前者为实用主义（pragmation），称后者为凡俗性（profanity）。城市人的价值观强调平等、竞争和效率。城市人对神奇事物不大关心，对任何人的天赋能力的事不感兴趣，对渺茫的神的天国不感兴趣，而只注重现世的存在、努力的结果、切身利益和实实在在的好处，这是讲求实效的一方面。这种态度和精神，与科层制组织中的理性主义相配合，使得都市文化体系变成以目标取向为主，以实用为主。同时由于城市社区相对松散，城市人个人主义的取向大大强于集体主义，于是城市人性格存在孤独化、冷漠化的趋向。

（二）城市社区与生活方式

北美社会学家沃思在他的论文《作为一种生活方式的都市生活》中提出城市社会学的经典命题：城市是一种生活方式，如同人类历史上的重大变革，这种生活方式将通过城市化和郊区化向外扩展，改变其他区域的居民生活。城市生活方式是由人口规模、密度和一致性的不断增加所产生的效应形成的，表现为城市居民在社会互动中的高忍耐力和公共生活中的匿名性。

沃思提出的"城市主义"（Urbanism）[①] 在城市研究中代表城市生活方式。虽然沃思对城市生活方式做出了非常仔细的描述，但是研究者在关于社区的大量田野调查中都发现，城市居民的生活方式实际上是社区性的。汉内斯（Ulf Hannerz）关于华盛顿一个内城少数族裔社区的研究对芝加哥南部一个黑人社区的研究[②]和安德森（Elijah Anderson）[③]，发现这些被种族主义和贫穷困在聚居社区的少数族裔居民有着自己的对付生活环境的行为方式。甘斯对波士顿东区贫民窟的研究则发现，居住在这个社区的工人阶级在看似混乱的内城空间中形成了自己的生活秩序和社区组织。[④]

20 世纪六七十年代北美城市人口郊区化之后，学界对城郊的社区进行研究，依

[①] "Urbanism"也有译为"大都会""都市主义"的。
[②] U. Hannerz, *Soulside: Inquiries into Ghetto Culture and Community*, New York: Columbia University Press, 1969.
[③] E. Anderson, *A Place on the Corner*, Chicago: University of Chicago Press, 1978.
[④] H. Gans, *The Urban Villagers: Group and Class in the Life of Italian-Americans*, New York: Free Press, 1962.

然发现不同社区的生活方式不同。怀特（William H. Whyte）[①] 和伯杰（Bennett M. Berger）[②] 的研究显示，无论是中产阶级还是工人阶级，搬迁到郊区居住之后也不会自动改变自己的行为态度，而是保留了本来的生活方式。八九十年代美国城市社会学家的研究发现城市居民的生活方式与社区的空间格局密切相关，安德森提出"街道智慧"[③]，居民的行为和态度由社区空间的性质特征来决定和解释。这种社会空间的观点成为新城市社会学的基本视角。

第四节 城市社会问题与社区的发展

在现代化理论当中，城市生活方式往往是城市社会问题的同义词，许多社会科学家相信人口和资源大量聚集、传统社会瓦解导致了城市社会问题丛生。相对来说，地理学家和政治学家比较乐观地相信城市规划和城市治理可以解决社会问题。

一、城市社会问题与社区

对于城市社区中社会问题的起因，许多学者做过不同的论断。社会学家滕尼斯和涂尔干指出，都市化不仅意味着人口的集中和人口密度的增大，社会体系（或文化体系）对个人的影响力也在减弱，社会秩序趋于松散和社会控制不足，反社会动乱与变异的社会行为日益滋生。沃思的城市生活方式论断带出多种关于城市生活和社会瓦解相关的论断。

但是，也有不少学者提出不同观点。甘斯研究波士顿社区的结论是：都市环境对人们的生活不产生主要影响，社区的败坏现象，如犯罪、精神病及酗酒等，与都市居民的社会阶级、种族背景、家庭结构、文化性质及人生阶段有关，即与组成都市社区的人口结构有关。[④] 以费舍尔为代表的"亚文化"论者则认为，都市人口特质并不造成个人与社会的解组；相反，人口特质造成高度的社会组织与群体的团聚力。不过这种团聚力仅存在于各种不同的亚文化群体中。又因为这些亚文化群体中常常产生反社

[①] W. H. Whyte, *The Organization Man*, Garden Cit, NY: Simon & Schuster, 1956.
[②] B. M. Berger, *Working Class Suburb*, Berkeley: University of California Press, 1960.
[③] 参见 E. Anderson, *Streetwise: Race, Class, and Change in an Urban Community*, Chicago: University of Chicago Press, 1990.
[④] H. Gans, *The Urban Villagers: Group and Class in the Life of Italian-Americans*.

会的行为倾向，这些亚文化群体就是造成都市社会问题的主要原因。① 对社会问题及社会病态进行探讨的还有个性心理学、社会互动论，以及标志论、编剧理论、现象学与本土方法论、存在主义方法论等观点。②

(一) 城市犯罪问题

人们往往相信，犯罪率随着城市规模的变大而上升，也就是说，犯罪率的高低与城市规模的大小有关。但是仔细的数据统计显示，虽然一般来说大城市犯罪率高，但犯罪率与城市人口规模不是线性相关的。同时，城市的犯罪行为有一定的区位（生态）模式。美国全国城市犯罪率统计显示，在不同城市案发率最高的犯罪类型不同。如果把一个大都市再划分为社区，统计数据往往会呈现出暴力犯罪集中在比较贫穷的社区。在西方城市里，贫民区、少数民族居住区被认为是暴力发生的集中地。少数民族比非少数民族也更容易受到暴力犯罪的侵害。同时，犯罪类型与犯罪者的社会地位有关，如利用电脑进行犯罪活动者或者金融罪案的犯罪者多属白领阶层。美国社会学对城市犯罪的研究表明，城市犯罪是一种社会现象，也是一种空间现象。犯罪的发生依据社区邻里特征和关系而变化。在贫困和种族隔离的社区通常犯罪率也最高。同时由于这些社区往往失于治理，公共设施和公共服务不足，不但增加了社会失范的可能，也使贫穷居民难以免于暴力侵害。

青少年犯罪也是世界各国大城市都较为突出的问题，青少年犯罪在整个刑事犯罪中所占的比例一直较高。青少年犯罪与中老年犯罪有着不同的特征，团伙犯罪是青少年犯罪的主要特征之一，通常与街头帮派和小群体的亚文化密切相关。美国有些社会学家甚至认为，在美国，特别是美国的下层中，存在着一种有暴力倾向的亚文化群，奉行随时准备以暴力对付暴力的价值观。③ 因此青少年犯罪与社区的关系更加直接。社区邻里的紧密程度和亚文化对帮派和青少年行为具有直接的影响力。

我国正处于政治经济社会结构转型时期，城市犯罪问题亦日趋严重。除一般刑事罪案类型之外，公众比较关注的新犯罪类型有各种违法生产、金融犯罪、行贿受贿等经济犯罪活动，以及吸毒贩毒等刑事犯罪。对于其中吸毒贩毒等刑事犯罪的预防和矫正，社区层面如果能够担当更积极的教育扶持角色，治理效果会更好。

---

① 蔡勇美、郭文雄著：《都市社会学》，第35页。
② 杰克·道格拉斯、弗里西斯·瓦克斯勒著：《越轨社会学概论》，张宁、朱欣民译，河北人民出版社1987年版，第149~151页。
③ 杰克·道格拉斯、弗里西斯·瓦克斯勒著：《越轨社会学概论》，第102~106页。

(二) 城市社区的住房问题

安居是人类生存的基本需求之一。大城市人口密集,土地和住房的主要供给由市场提供,在营利和资本积累的作用下城市的房地产价格经常趋于上升,而且城市越大,住房往往越贵,以至于中下收入人群甚至工薪阶层都难以负担。于是大城市往往出现显而易见的现象:社会阶层分隔居住;许多贫困人口居住在条件恶劣的房屋区(贫民窟)。西方国家较早进入城市化,也更早认识到城市住房问题的严重性。

英国政府在19世纪末、20世纪初三次立法,试图改善工人阶级的住房条件。后来市政改革又提出要系统地清除贫民窟,动员各种力量修建简单而清洁的住宅。[①] 法国鼓励建造便宜住宅的法令也于1894年颁布。[②] 美国则由纽约州于1917年开始协助公民建筑住宅。可见,现在的发达资本主义国家在工业化过程中或早期,都不同程度地遇到城市社区住宅问题的困扰。第二次世界大战后,城市社区居民的居住条件得到了极大改善,但问题并没有完全解决。例如美国,都市中心区域的衰败、贫民区的存在以及工薪阶层住房供应不足仍然是市政当局面临的严重问题。

与国外情况相比,我国城市社区目前所面临的住宅问题可能更为严重。1980年住房改革前,整个城市住房完全是由政府投资、修建、分配、维修和低价出租的。从1980年开始,我国一直在不断地推进住房改革。"九五"计划明确提出,我国的房地产增加值每年以18%的速度增长,占GNP的比例从3%提高到3.5%。1998年7月《国务院关于进一步深化城镇住宅制度改革,加快住宅建设的通知》指明了改革的目标:一是停止住宅实物分配,逐步实行住宅分配货币化;二是建立和完善以经济适用住宅为主的多层次城镇住宅供应体系;三是发展住宅金融,扩大金融服务;四是培育和规范住宅交易市场。这一切均有利于刺激住宅市场的发展,对加快住宅建设起到了重要作用。但是,伴随着住房货币化改革,住房价格不断攀升。尤其是2008年以后,全国大城市房价普遍上升,其中"一线城市"的住房价格已经升至普通工薪家庭无法承担的高位。以广州为例,从商品住宅价格来看,2006年广州市区十区楼盘均价6343元/平方米,2015年市区房屋均价已超过3万元/平方米。这种升幅和价格水平在北、上、深等"一线城市"当中尚算偏低。由于越来越多新生城市家庭难以安居,各大城市政府均需要使用财政资金有计划地建设一定数量的公租房和经济适用房,提供给中低收入家庭,并且加快旧城区改造,改善公共设施和公共治理不足的社区。

虽然住房问题归根结底需要由国家和城市政府努力解决,但如果社区居民能够通

[①] 钱乘旦著:《第一个工业化社会》,四川人民出版社1988年版,第108页。
[②] 龙冠海编著:《社会学与社会问题论丛》,(台北)正中书局1967年版,第270页。

过邻里协作来筹集资源，进行一些比较迫切和基本的社区设施改造，能够更快更有效地改善居民的居住条件。

(三) 城市的环境与治理问题

今天人们已经深切认识到，城市生态环境恶化、危害人类生存已经成为一个全球大城市面临的共同问题。

当代城市生态环境破坏主要是由工业过度聚集而使能源消耗过大、人居环境规划与废物垃圾管理不善引起的。在发展中国家，城市社区生态恶化问题主要包括环境污染、城市社区拥挤和自然支持系统退化三类，这些城市社区生态问题对居民的生活和生产都产生了重要的影响。

中国城市社区生态环境急剧恶化始于20世纪80年代。根据学者研究，恶化主要体现在以下几个方面[①]：

(1) 水污染与水资源缺乏。中国相当多的城市社区淡水资源受到污染，主要是由于污水未经处理直接排放。目前工业废水处理率仅68%，生活污水处理率不到10%，导致90%以上的城市社区水域严重污染，近50%的重点城镇水源不符合饮用水标准。而被污染的水，经人体饮用，会直接危害人体健康；有时通过生物聚集作用，人食用生活在污水中的鱼和植物，也容易致病。淡水是人类生活的宝贵资源，特别是人口密度大的城市社区，保护水资源不受污染显得更为重要。中国600多个城市中有400多个城市缺水，每年缺水超过60亿立方米。有些城市如沈阳、北京、济南等，由于对水资源的过度开采，城市地下水位每年降低0.5～1米。

(2) 空气污染。中国的能源结构以煤为主，而煤的燃烧效率较低。据测算，中国北方城市二氧化硫大气浓度平均超标30%，南方城市平均超标19%；西南、华南地区由于燃煤中含硫量高，造成一些地区酸雨严重。目前，中国一些大城市社区如北京、广州和西安，二氧化硫和悬浮颗粒平均浓度都远远超过了世界卫生组织确定的标准，大量二氧化硫排放的后果是形成酸雨，引起土壤、水体酸化，危害植物生长和人体健康，损害社区建筑设施。据有关资料，20世纪90年代中期中国酸雨面积已达250万平方公里，比80年代中期扩大100万平方公里。最近几年，雾霾天气成为中国大城市的恶疾，有些城市甚至难见蓝天。

(3) "垃圾围城"。这主要是由于城市垃圾处理率低造成的，现在中国城市社区固体废弃物和生活垃圾处理率只有30%。据有关城市调查统计，全国垃圾历年堆放量目前已达60多亿吨，侵占土地面积多达5亿平方米；666座城市中，有200多座城

---

① 叶南客著：《都市社会的微观再造——中外城市社区比较新论》，第219页。

市陷于垃圾的包围之中。我国城市人均垃圾的年产量达到440千克,20世纪末城市生活垃圾清运量已达1亿~1.5亿吨,且以每年8%~10%的速度增长。大量的城市垃圾对城市社区环境卫生的负面影响也在增长。垃圾堆放不但占用了大量土地,而且长期以来以露天堆放、自然填沟和填坑的原始方式消纳城市垃圾,对土壤、地下水、大气等也造成了极大的影响和潜在的危害。

(4) 噪声污染。人类对声音的反应是十分敏感的,人在白天能忍受的噪音的限度不得超过65分贝。据有关环境监测部门的资料表明,在我国有近2/3的城市社区居民在超分贝的噪声环境中生活和工作。中国城市社区噪音比西方国家约高12分贝,尤其是大城市、工业区更为严重。社区中的噪音常常使人感到焦躁不安,引发出种种事端。据报道,近年来,北京、上海、天津、广州等大中城市在收到有关社区环境污染的投诉中,对噪声扰民的投诉占到60%以上。

城市社区生态环境的恶化给社区居民生活带来了极大的威胁,它不仅恶化了城市人的生存条件,还严重破坏了城市景观,并对人体健康构成威胁,最后还可能给整个社会带来无法估量的经济损失。社区对环境保护也能够做出贡献。例如当前发达国家处理城市垃圾的一种有效方法是垃圾分类处理。这种方式首先需要居民在清理生活垃圾时配合垃圾收集部门进行预先分类,而这种垃圾分类必须通过社区来实施。社区教育也有助于环保风尚的形成。

(四) 城市的公共卫生健康问题

城市公共卫生问题显而易见。不论历史上还是现在,小到各个地区,大至全球,各城市都有着各种各样的疾病,而且城市这样一个人口高密度的区域,疾病的人群传播也更为迅速与频繁。前全球化时代,历史上几次大规模传染性疾病的传播就具有全球性质;但是,在防治方面,由于各国还缺乏频繁的交往和技术上的低水平,未能认识到建立全球协同防治机制的重要性。以鼠疫为例,世界上曾发生三次鼠疫大流行:第一次是"查士丁尼鼠疫";第二次是中世纪的"黑死病";第三次大流行始于1894年,是突然爆发的,波及亚欧美非60多个国家,死亡达千万人以上。

在当代社会,传染病在发达国家已经得到了相当有效的控制;但是在发展中国家,传染病仍然在危害人类的健康。每年全球死亡人口中大约有1/4是死于传染病。欧洲每年死于传染病的人口仅占总死亡人数的5%;但是在非洲,60%以上的死亡人口是由于染上了传染病。世界卫生组织把艾滋病、腹泻、肺结核、疟疾和呼吸道疾病(如肺炎)列为五种主要的传染病,死于这五种疾病的人数占死于传染病的总人数的90%以上;在发展中国家,死于这五种疾病的人口比例是发达国家的13倍。2003年的SARS更是一次全球性的危机。在短短半年时间之内,SARS疫情已经扩散到19个国家和地区，由于发病地区是全球经济最活跃的地区之一，更是引起了人们的关注。一场突如其来的 SARS 忽然让人们感受到疾病对健康、经济增长甚至社会秩序的威胁。针对这种现象，政府之间的共识与合作对有效防治传染病起着十分关键的作用。但是，由于种种原因，尤其因为缺乏高效严密的危机处理能力，以及处理危机的观念方面还存在不少亟需解决的问题，中国还无法与世界上处理传染病危机经验丰富的国家完全同步，因此中国应尽快完善传染病防治方面的危机管理制度，从全局出发，地区性的公共卫生合作应该和全球性的公共卫生合作并驾齐驱。公共卫生的合作能够通过"议题关联"推动各国在其他领域的合作，因此地区性的公共卫生合作显得越来越重要。

城市公共卫生健康问题不仅表现在对传染病的监控上，城市食品安全问题也是不容小视的。20世纪初，SARS危机离去后，随之而来的却是一系列食品安全问题，如"苏丹红一号"事件、阜阳奶粉事件、雀巢奶粉事件、麦当劳食品安全问题、人造蛋事件等，都是令人忧患的食品安全问题。以上海为例，2005年，全市共报告发生集体性食物中毒事故38起，中毒970人，发生率为6.06人/10万人；尽管与2004年相比，中毒发生个案数和人数分别下降了47%和52%，但食品安全形势仍不容乐观。勿庸置疑，这需要政府和城市居民双方面的共同努力。

二、城市社区规划和社区再造

一般来说，城市问题需要由国家和城市政府主导，企业集团、社会组织和居民多方协力才能改善和解决。但城市问题会影响社区，同时，居民生活于社区，如果社区能够发挥自治、自助的能力，对居民自身的生活福利改善和政府的整体治理成效都有正面的推动作用。对城市社会学来说，城市问题的解决方式之一是城市规划和城市更新；对于社区来说，也有社区规划和社区再造的行动方式。

（一）社区规划

在西方国家，城市规划很早已经诞生，许多历史悠久的文化名城都有城市规划的影响。社区规划则是20世纪50年代以后才逐步建立起来的。社区规划是以社区居民为主体，规划师及政府、非政府组织多方参与的社区建设过程。[1]

美国的社区规划发展可追溯到早期的邻里规划单元住房设计，在居住区规划时考虑有利于邻里交往的空间因素。20世纪60年代对"二战"后城市更新计划进行反思

---

[1] 赵蔚、赵民：《从居住区规划到社区规划》，《城市规划汇刊》2002年第6期，第68~71、80页。

时，提出了邻里自治式社区发展计划，在社区发展动力不足时，又产生了许多社区发展公司这样的非营利组织；随后人权运动高涨，迫使城市政府出资支持社区规划，使社区能够在地方环境决策和重建计划当中产生影响，这种社区改造促进了居民之间的交流，并有助于形成社区感和地方感。① 英国的社区规划从60年代开始已具雏形，到90年代得到确认和重视。通过对早期廉租房集中区和内城贫困区改造效果及其政策的反思，产生了参与、社区和公民义务等规划社区化的概念，并通过公私合作的模式，使地方政府机构、志愿组织、商业利益机构和地方居民形成协作关系。

欧美社区规划的发展提出了"社区协作"和"社区参与"的主题，强调社区改造过程中多元化主体参与的重要性，社区规划的重点也逐渐从物质规划转向社区情感、认同和社区安全，从消除社区隔离等社会问题切入。通过重整社区环境，发展新型社区文化艺术，使社区向绅士化或者文化产业（旅游）化转变。

在城市更新实践中，由于老旧居住区存在物质设施陈旧、公共服务供给不足的问题，以改善居民生活居住环境为缘由而进行城市更新，往往采取旧区成片拆除、居民大量动迁的形式进行，结果摧毁了居民原有的日常生活空间和邻里关系，打断了居民的历史记忆。学界认为，这种模式对社区时空的抹杀，导致了新日常空间单调雷同、社会关系断裂破碎、文化多样性丧失和泯灭等不良后果。社区规划意在通过规划主体多元化、规划过程多方参与等实施方式上的改变，来避免过去城市更新所带来的问题。② 社区规划的实施方式是在规划过程中发动各个利益主体（包括社区居民、开发商、规划师、政府等）相互合作、相互学习，共同商讨适合社区发展的政策和项目。社区规划需要注意的实施环节主要包括：政府权力下放；如何增强社区组织、社区居民对社区规划的影响力，使之掌握更多的话语权、主动权；如何在社区层面构建一个有效的规划协作平台；等等。③

中国的城市发展一般由市政府主导，直到21世纪以后有些文化和经济资源较多的城市、乡村社区为了改造社区环境、盘活闲置资产、发展新产业，才开始尝试使用社区规划方式。中国的社区规划，通常由地方政府（包括区政府、街道办或村委会）引导，规划师、区内企业、社区精英或者社区组织、社区原居民和新移民等共同参与改造方案的讨论，方案需要兼顾各方的利益需求，既能够保持社区历史文化景观并使

---

① C. Sirianni, "Neighborhood Planning as Collaborative Democratic Design—The Case of Seattle", *Journal of the American Planning Association*, 2007, 73 (4): 373–387.

② M. Wyman, T. Stein, "Examining the Linkages between Community Benefits, Place-Based Meanings, and Conservation Program Involvement: A Study within the Community Baboon Sanctuary, Belize", *Society and Natural Resources*, 2010, 23 (6): 542–556.

③ 袁媛等：《国外社会规划近十五年研究进展——基于Citespace软件的可视化分析》，《上海城市规划》2015年第4期。

之成为新旅游产业的发展载体，也能够使原居民和新移民在原社区安居乐业并使之成为社区传统和历史记忆的载体。至今全国采用这种发展方式的典型案例也不少。例如深圳大鹏湾的较场尾社区和厦门市曾厝垵社区，以保存和修复传统民居、保留历史古迹、展现传统村落社区文化为主旨，发展文创和旅游度假产业，地方政府采取补贴、税费减免等手段激励社区组织、区内企业和居民共同参与环境整改，使社区转变成为兼具传统文化特色和现代产业生机、居民也能够保持其邻里关系和历史记忆的美丽社区。①

（二）社区再造

和社区规划相近，社区再造指多方力量参与社区更新和治理，前者强调规划过程，后者强调实施过程。本书第三章讲述过西方国家的"社区发展"（Community Development），这个基于居民自治、多方参与解决社区公众议题的治理方式，在20世纪60年代的日本和我国台湾称为"社区营造"（当前我国港台社会学界仍使用这个词汇）。"社区再造"一词见诸中国内地的政府和学界文献，其含义和"社区营造"相同。

日本的社区营造的实践目的是发掘地区传统文化潜质，保持地域景观的多样性和独特性。社区营造的议题区分为人、文、地、产、景五大类："人"指人的资源，即满足社区居民的需求、经营人际关系、提高生活福利；"文"指文化资源，即继承和发展社区共同历史文化、开展文艺活动、对市民进行终身教育等；"地"指自然资源，即保护自然环境和社区环境，促进可持续发展；"产"指生产资源，即社区的产业与经济活动；"景"指景观资源，即社区公共空间的营造、生活环境和独特景观的创造。社区营造的内容主要包括：历史文化街区的保护，经济衰退地区及商店街的复兴和繁荣，地方道路等公共设施的整治，居住环境的绿化与美化，地区社会活力的增进，民众生活需求的满足以及居民交流的加深，等等。参与社区营造的组织多种多样，有协议会、非营利组织、法人公司、一般社团等。社区营造植根于市民的广泛参与。②

台湾的社区营造运动始自乡村改造，在新世纪后逐渐扩展到都市。以"一乡一特色""由下而上""民众参与""发掘地方文化"等为理念，内容包括社区环境营造、社区产业营造、社区文化营造、社区医疗营造、社区教育营造、社区治安营造和

---

① 社区规划的具体案例可参阅黄耀福等：《共同缔造工作坊：参与式社区规划的新模式》，《规划师》2015年第10期。

② 参见彭澎：《日本社区营造论——从市民参与到市民主体》，《日本学刊》2013年第3期。

社区服务流程再造等方面，重视社区居民的创造性设计和参与方式、社区的凝聚力和竞争力的形成等。其社区营造包括长期营造与短期应变两种策略：长期营造主要重视社区居民的成长与学习，如社区读书会、成长营、教育培训、环境认养等；短期应变则是为应对社区出现的急迫性公共议题，通过"社区工作坊"在短时间内形成社区共识与行动计划。①

社区营造的内容和实施方式在日本和台湾大致相同，差别比较明显之处是日本的社区营造以非政府组织和非营利组织为主力，不但主导改造过程，也负责资源筹集；政府在其中的作用很小，政府的作用体现在立法和城市公共规划重视吸取公众意见两方面。在台湾，虽然非营利组织和专业人士（规划师和建筑师）是实施的主体，但政府政策鼓励和资金的实质支持是很重要的推动力。

进入 21 世纪以来，随着中国的城市社区建设越来越受到各方重视，一些城市也开始借鉴日本、台湾的经验，尝试实施社区再造。这些试验比较突出的特点是，由于非营利组织长期不能发展，基层政府和政治组织在社区再造过程中担当了主导角色。但许多学者和基层政府人员也越来越认识到，发动居民和社区组织共同参与才是社区再造方式的最终目标和实现治理效率的基本条件。

第五节　城市社区治理

社区治理是在一定的社区空间范围内，政府组织、居民委员会（村民委员会）、业主委员会、物业公司、社会组织和居民个人等不同主体通过各种手段和方法，对社区公共事务进行干预和管理的过程。社区治理强调社区与治理的结合，强调治理主体、治理工具和治理内容多元化，社区指涉社会心理意义上的共同体，而治理重视自上而下的管理和自下而上的自治二者并行。因此，社区治理一方面强调社区稳定和发展，另一方面强调社区培育与自治。

我国城市社区治理主要体现为 20 世纪 80 年代末以来的城市社区建设。从试点到全面推进，不同地区发展出不同的社区建设模式，体现在居民自治、社区服务和城乡社区协商等不同内容上。从主体上讲，社区治理要求多元化主体参与社区公共事务；从过程上讲，社区治理要求多种手段同时使用，发挥不同社区主体的积极性；从目标上讲，社区治理要求过程目标和任务目标并重。下面简要介绍城市社区建设中的治理

---

① 参见谈志林、张黎黎：《我国台湾地区社改运动与内地社区再造的制度分析》，《浙江大学学报》（人文社科版）2007 年第 2 期。

主体、内容和功能。

一、社区治理主体

城市社区建设中的治理主体主要包括街道办事处/镇政府、政府职能部门、居民委员会/居民代表大会、业主委员会/业主大会、居民/业主、社会组织和企事业单位。

1. 街道办事处/镇政府

现行的有关城市社区治理的政策有《中华人民共和国城市街道办事处组织条例》《中华人民共和国城市居民委员会组织法》等，街道办事处是社区治理的属地管理机构。市辖区、不设区的市的人民政府，经上一级人民政府批准，可以设立若干个街道，管理机构为街道办事处，作为市辖区、不设区的市的派出机关。街道办事处是城市的基本区划。在不设街道的区域，镇政府是一级政府，设于某些非主城区的城市区域。

2. 政府职能部门

政府职能部门进社区工作是将职能部门与居民密切相关的业务中心下移的重要举措。职能部门深入社区建立业务单位，支持鼓励社区组织和居民委员会工作，能够提高公共服务供给的效果和效率，是建立服务型政府的重要举措。各职能部门与居民生活密切相关，在社区治理中也是重要的治理主体，尤其是在社区服务功能方面。与社区治理密切相关的职能部门有民政、劳动保障、公共卫生、公共安全、司法、人口计生、环保、物价、城管、文化体育等。

3. 居民委员会/居民代表大会

居民委员会是社区建设中培育的最重要的组织，是基层群众性自治组织，受街道办事处和社区党组织的领导。关于成员组成，户数在300户以下的可以设5人，户数在300～500户的可以设7人，户数在500户以上的可以设9人。居民委员会成员可以根据需要安排为专职或者兼职。居民委员会主任、副主任和委员应当按照《居民委员会组织法》第八条规定选举产生。居民委员会可以分设若干居民小组。凡设置社区居民委员会的均应建立社区居民代表大会，居民代表由居民小组推选产生，居民代表大会讨论决定社区重大事务。

4. 业主委员会/业主大会

业主委员会是伴随着20世纪90年代商品房改革之后出现的社区组织。根据《物业管理条例》，在同一个物业管理区域（与居民委员会管辖范围可能不一致）内的业主，应当在物业所在地的区、县人民政府房地产行政主管部门或者街道办事处、乡镇人民政府的指导下成立业主大会，并选举产生业主委员会。业主委员会从事物业管理工作，监督物业管理公司进行物业管理或者自治管理小区。

5. 居民/业主

居住在社区内的居民是社区治理的管理、服务对象，也是重要的治理主体。居民自治强调居民参与到社区公共事务中来，通过居民代表大会和居民委员会自我管理和自我服务。业主是指物业的所有权人，可以是自然人、法人或其他组织。

6. 社会组织

社会组织指在政党政府、企业之外的各种民间组织，强调组织的非营利性和非政府性，包括有明确规则、依一定的目的而建成的正式的社会组织（如社会服务机构、基金会），也包括没有比较严密的组织程序、自发形成的社会组织。在社区中，社会服务机构提供社区服务，如现阶段广泛开展服务的社会工作机构，各种社区基金会也纷纷成立。另外，自发组织的社区组织、活动团体也逐渐组建，丰富了社区居民的日常生活。

7. 企事业单位

在社区管辖的范围内，存在着一些以营利为目标的市场经营主体，如公司、超市、个体商铺等；也有一些机关事业单位，如在辖区内办公的职能部门、学校、医院、福利院等。他们能够为社区治理提供人力、物力等方面的支持。

案例：成立社区民主协商委员会　创新基层社会治理新模式[①]

香坊区是哈尔滨市的老工业区，辖区内老小区多，新旧小区交错地带多，大企业转型社区多，历史遗留问题多，城市社区改建、环境治理等方面的社会矛盾比较集中。面对利益主体日益多元、利益诉求多样的新情况、新问题，2013年8月，香坊区把闲散在社区的代表、委员、"能人"等优势资源力量组织起来，建立民主协商委员会，通过联席议事听取群众心声，建立起多方参与、共同治理的自治机制，激活社区自治活力，让老百姓有了实实在在的协商议事权和决策权，实现了政府主导与居民自治的良性互动，迈出了创新基层社区治理的新步伐。

---

① 案例来源：2016年全国创新社会治理优秀案例推选。

二、社区治理内容

社区治理内容涵括范围广泛，管理与服务、参与三者并重。根据我国社区建设试点及全面开展以来的发展情况，居民自治、社区服务、社区治安、社区卫生、社区文化、社区协商等是社区治理的主体内容。

1. 居民自治

1980 年 1 月，全国人大重新颁布了 20 世纪 50 年代中后期业已通过的《城市街道办事处组织条例》《治安保卫委员会暂行组织条例》《人民调解委员会暂行通则》《居民委员会组织条例》等四个有关居民委员会制度的法律文件。1991 年，民政部提出社区建设概念，将社区制逐步确立为基层管理体制。2000 年，中共中央办公厅、国务院办公厅发出《关于转发〈民政部关于在全国推进城市社区建设的意见〉的通知》，将社区建设作为新形势下坚持党的群众路线、做好群众工作和加强基层政权建设的重要内容确立下来。在社区建设中，需要加强社区居民自治组织建设，合理划分社区，方便自治和管理。社区建设强调居民委员会是群众性自治组织。居民委员会成员经民主选举产生，并为居民委员会设定了四项民主原则：民主选举、民主决策、民主管理、民主监督。

2. 社区服务

社区服务主要指政府职能部门、街道办事处、居民委员会和社会服务机构等在社区中开展的一系列社会救助和福利服务、便民利民服务、再就业服务和社会保障社会化服务等，主要的服务对象是老年人、儿童、残疾人、单亲家庭、贫困家庭、优抚对象等。

1986 年，民政部提出要在城市中开展社区服务工作，主要针对民政对象开展福利性和便民性服务。2000 年，《民政部关于在全国推进城市社区建设的意见》提出在大中城市中要重点抓好城区、街道办事处社区服务中心和社区居民委员会社区服务站的建设与管理，将社区服务作为社区建设重点发展的项目，并提出坚持社会化、产业化的发展方向。2013 年，民政部和财政部联合发出《民政部财政部关于加快推进社区社会工作服务的意见》，要求切实加强社区社会工作专业人才队伍建设，积极发展社区社会工作服务，强调社区服务的专业化方向。

3. 社区治安

维持良好的社区公共安全是人们安居乐业的基础，社区治安是社区建设的基本内容。社区建设强调建立社会治安综合治理网络，建立民警责任区、社区警务室等，加强社会治安防范体系的构建，开展法制教育和法律咨询、民事调解等。社区矫正也是社区建设的内容之一，社区民政、居民委员会专干等负责对矫正对象进行管理和继续教育等。

4. 社区卫生

城市卫生工作的重点需要落到社区之中，加强社区卫生的发展。现阶段，在城市社区中，社区卫生服务站开始普遍兴建，以疾病预防、医疗、保健、康复、健康教育和计划生育技术服务等为主要内容。社区卫生服务成为医疗体系的基本组成部分，方便居民就医。

5. 社区文化

社区文化指在社区范围内，由居民共同创造的物质文化和精神文化等，包括价值观、信仰、态度、行为模式等。社区建设强调积极发展社区文化事业，完善公益性群众文化设施。在街道设置街道文化站，在社区设置社区服务活动室、社区广场等。社区文化娱乐活动越发丰富多元。

6. 社区协商

社区协商是社区不同利益主体通过一定的议事协商规则解决社区问题的重要方式，有利于在源头解决社区问题，逐步达成社区共识，形成良好的社区秩序。2015年，中共中央办公厅、国务院办公厅印发了《关于加强城乡社区协商的意见》，明确协商内容、确定协商主体、拓展协商形式、规范协商程序、运用协商成果等。其中协商内容包括："城乡经济社会发展中涉及当地居民切身利益的公共事务、公益事业；当地居民反映强烈、迫切要求解决的实际困难问题和矛盾纠纷；党和政府的方针政策、重点工作部署在城乡社区的落实；法律法规和政策明确要求协商的事项；各类协商主体提出协商需求的事项"。

案例：家庭综合服务中心在广州全面铺开①

"阿珺，我孙女失恋了，情绪不稳定，你能不能抽空来帮忙开导一下？"4日中午，广州市越秀区白云街家庭综合服务中心社工冯智珺突然接到个电话。这个电话是社区里一位阿婆打来的，面对终日哭哭啼啼的孙女，老人家一筹莫展，忽然间想到可找社工帮忙。"行，我马上来。"冯智珺请老人放心，自己会跟那个伤心的孩子聊

---

① 案例来源：http://gz.southcn.com/content/2016-11/06/content_159130829.htm。

一聊。

失恋了也可以找社工倾诉。冯智珺跟进服务的这个小案例，正是遍布广州全市的188个家庭综合服务中心日常工作的一个缩影。在广州生活的居民，如果还不知道自己家附近有家庭综合服务中心，也许就错过了很多可以免费享受到的社工服务。

家庭综合服务中心由政府出资建设运营，按照项目运作的方式，实行严格的招投标程序，选取民办社会工作服务机构具体承接，向居民提供专业社工服务。社工机构根据政府购买服务协议，组建以专业社工为主导的服务团队和相对稳定的社区义工队伍。在2012年底，广州市每个街道已至少建立起1个家庭综合服务中心。截至2016年9月底，广州市的家庭综合服务中心数量已达到188个。各个家庭综合服务中心以面向家庭、青少年、长者等重点群体的服务为基础，并根据社区人口、环境、经济发展等实际情况，不断拓展服务项目，使服务范围覆盖全体社区居民。家庭综合服务中心已经在广州全面铺开。

三、社区治理功能

根据我国社区建设的目标、主体和内容，社区治理的主要功能有管理功能、服务功能、社会功能和文化功能。

1. 管理功能

社区建设构建以居民委员会为核心的治理单元，良好的社区秩序是社区建设的第一要义。社区承接了单位制解体之后的基层管理功能，将社会问题在社区层面上解决，有助于维护社会的稳定。

2. 服务功能

社区服务是社区建设最先提出的建设内容。经过20多年的发展，社区建设也在不断拓展社区服务的内容和形式。社区成为基本公共服务供给的单元，社区服务逐步往市场化、社会化、专业化发展。除了基本公共服务供给之外，社区治理还有公共服务资源动员的功能，通过加强社会资源参与公共服务，拓展社区服务范围。

3. 社会功能

社区治理的落脚点在于构建社区共同体，社会功能是其不可或缺的核心功能。社区治理强调居民自治、社区参与，有助于重塑居民之间的关系纽带。在创新社会治理中，不同的社区组织参与、居民参与成为重要的特色，充分体现了社区治理的社会功能。

4. 文化功能

社区文化的培育和发展是社区建设的重要内容，近年来社区治理创新推动了社区文化的极大发展。社区建设对传统文化的保育和现代文化的发扬都有较大裨益。

案例：广东省广州市越秀区六榕街盘福社区加装电梯联盟组织[①]

老旧楼宇加装电梯关系到居民的切身利益。六榕街盘福社区某楼栋居民自发组织新装电梯并安装成功，六榕街道积极引导，及时成立加装电梯联盟组织。该联盟由有电梯建设经验和热心居民工作的社区居民担任理事长，家庭综合服务中心社工担任秘书长，负责协调居民的各种问题与宣传加装电梯等相关事宜，街道落实具体工作人员提供技术以及部分资金上的资助。目前，通过加装电梯联盟卓有成效的工作，成功建设与规划建设电梯共21部，使得全街居家养老服务变得具体和现实，也为越秀区乃至广州市解决类似问题树立了样板。六榕街为加强居民自治组织化的引导，同步实施"两会一栏"（榕树头议事会、居民咨询委员会、百姓话事栏）工作制度，居民事务通过相关议事章程进行评议、表决。例如，辖内存在一块废弃荒地，社区居民最终表决决定将荒地修建成文化广场；周家巷社区内现存20世纪80年代最大的一幅陶瓷壁画，壁画面临被拆掉的危险时，社区居民通过集体表决，终将壁画保留了下来。

术 语 解 释

类型法： 一种社区分析方法，即把社区当作一个城乡连续统进行分析。

生态探究法： 一种社区分析方法，即把社区当作一个地域现象来分析。

世俗化： 指一种文化和社会体制脱离神学与玄学的导引和控制而转变为容易相处、比较随和的平民社会的文化和观念的过程。

思 考 题

1. 城市空间和城市社会有什么关系？
2. 哪些因素促使城市形成和发展？你认为哪个最重要，试论述之。
3. 城市社区有哪些社会学特质？
4. 挑选一个关于城市社区的理论，对自己所熟悉的城市社区做一个分析。
5. 当前我国的城市社区面对哪些问题，你认为应该如何改善或解决？

[①] 案例来源：2016年全国创新社会治理优秀案例推选。

第七章 社区研究方法

社区研究法，严格地说，是一套多向度、多层次的方法体，包括社区研究方法论（methodology）、社区研究实证方法（methods）和社区研究具体技巧（technology）。

社区研究方法论是贯穿于整个社区研究过程的指导思想，是具有普遍意义的理论。社区研究实证方法及其具体技巧则是联结理论与经验事实的媒介，它主要是在经验层次上，规定如何收集、整理和分析资料，并提供一套相应的研究程序。通常所说的社区研究法，大多就是在这一意义上使用的。

社区研究方法还用来指研究方法的总体方向，如比较法、历史法，功能分析、因果分析，定性研究、定量研究，等等。

社区研究本质上是社会研究的一种类型。因此，一般的社会研究方法同样适用于社区研究。所不同的是，与其他非社区性的社会研究相比，社区研究在研究架构上，总要将社区生活的变项当作重要变项（往往是自变项），一般的社会研究则付之阙如。

本书以上各章已经对社区研究的理论作了系统的阐述。这一章将着重从实用的角度，对在社区研究中使用较多的几种实证方法和技巧作简明扼要的介绍。

第一节 社区调查法

一、社区调查法的性质和特点

社区调查（community survey）是一种在自然情境下，有系统地收集、研究有关社区事实的数量性资料的方法。

社区调查可以是全面调查（complete survey），但更多的是抽样调查（sampling survey），其特点是，从研究总体（population）中，按照一定的方法抽取样本（sampling）进行调查，并试图用样本资料来推断全体情况。

社区调查可以是描述性的（descriptive survey）——只描述某变项或变项与变项之间的关系，也可以是解释性的（explanatory survey）——验证假设，建立理论，解释变项与变项之间的关系。

二、社区调查法的种类及其优缺点

依照调查者与被调查者的接触关系，社区调查可分为两种类型：访谈法（interview method）和问卷法（questionaire method）。

（一）访谈法

1. 访谈法的类别和特点

比较正式的访谈法，或称结构性访谈法，一般是在面对面的场合下，由调查者把预先设计好的一组问题读给被调查者听，要求被调查者对所询问题做出口答，由调查者将回答内容以及问答时所观察到的一些行为和印象作下记录。非正式的访谈法，则没有预先准备的调查表可循，调查者只是围绕调查主题提一些问题，所以也叫非结构性访谈。

2. 访谈法的主要优点

（1）灵活性、应变性强。访谈，尤其是非结构访谈，适宜于各种不同背景的研究对象，可探索较具体的问题，而且，当被调查者对某一个问题有疑惑时，调查者可当场解释。此外，调查者还可根据访谈时的具体情境，对访谈的方式、内容，甚至时间、空间作适当的调整。

（2）回答率高。一般来说，人们的口头表达能力胜于书写表达能力。

（3）有效度高。调查者可以现场观察被调查者的情绪反应，以及其他非言语行为，还可以记下自发性的回答。

（4）单独作答。被调查者不能接受他人的指示或回答，或由他人代笔完成整个问卷表。

（5）完整性。调查者可以尽力保证所有问题均得到回答。

（6）时空界限明确。调查者可记录确切的访谈时间、地点，从而有利于调查者对因发生某种事件而引起改变的前后回答做出比较。

（7）问卷表可具较大的复杂性。由于有调查者的协助，调查表可以使用图表和曲线、箭号、详细的说明以及其他各种相关性的问题。

3. 访问时应注意的几点事项

（1）访问前，要事先和被调查者联系好，说明访问的意图、时间、地点。

（2）访问前，调查者应尽可能多了解一些有关的背景知识，以便与被调查者有更多的共同语言。

（3）访问时要注意礼貌，尊重当地、当事人的习惯，对一些敏感性问题掌握分寸，同时对一些个人资料要注意保密。

（4）调查者在访问时，要善于创造一个轻松愉快的气氛，消除被调查者的紧张和顾虑。

（5）调查者在访谈中，要注意保持"中立"态度，不要提出一些对被调查者有诱导性的问题，也不要用个人的观点影响被访者，以至掩盖了被访者的真实情况。

（6）在访问过程中，发现了一些新问题、新现象，要及时记录下来，以便以后作进一步的研究。

4. 访谈法的主要缺点

（1）时间长、费用高。

（2）访谈误差。被调查者对调查者的访问技巧、人品气质、社会地位、性别、种族、年龄、服饰、外貌以至口音都会有反应，调查者本身也可能误解或误录回答者的回答。此外，访谈一般不给被调查者时间去进行研究、核对记录，容易造成错漏。

（3）有烦扰。访谈要求即刻、即地回答，因而容易碰到疲劳、压力、疾病、炎热以及嘈杂、哭闹的情况，使调查者或被调查者受到烦扰，从而影响调查质量。

（4）匿名性差。对敏感问题，被调查者可能不予回答或故意说谎。

（5）标准化程度不高。为了达到研究目的，调查者有时可能有必要对同一项问题，向不同的回答者使用不同的措词，甚至问不同的问题。这常给统计分析带来一定的困难。

（二）问卷法

通常以邮寄或分发的方式，将预先设计好的调查表（也称问卷）送到被调查者的手里，并由被调查者按照问卷所问自填回答。

问卷法的主要优点往往就是访谈法的缺点，问卷法的主要缺点则往往是访谈法的优点。

三、社区调查的程序和技巧

（一）选定研究题目

对于特定的研究者来说，一项合适的课题的选择必须综合考虑两大因素：

（1）必要性。首先，所选课题应是符合社会的需要或有理论价值，或有应用价值；其次，所选课题一般不要重复已经做过的课题，除非确有这样做的必要和有新的发展。

（2）可能性。研究者在选择问题时，要考虑到从事研究的主客观条件，前者主要是指研究者本身的学历、经验、能力、兴趣、年龄、性别、语言等，后者主要是指单位领导、合作者、经费、时限以及题目大小等。

（二）进行初步探索

初步探索，就是为提出适宜的研究假设做准备。其主要途径是：查阅有关文献，包括报纸、杂志、档案资料、前人研究成果等，向有经验的人请教，挑选个别研究对象，进行直接观察。

（三）成立假设

假设（hypothesis）一般是指两个变项或两个以上变项之间关系的试验性表述，有时也可只假设一个变项的情况。前者称解释性假设，后者称描述性假设。假设的表达，可以用差异式——如果甲不同，则乙不同；也可用函数式——如果甲愈高，则乙也愈高。假设应当是可检验的，并尽可能简单明了。

（四）理论解释与澄清概念

理论解释，就是对所成立的假设进行解释，说明之所以如此的理由。它可以是因果性的，也可以是结构功能性的。

澄清概念，就是将假设中的变项，即特定的社会现象所包含的概念界定清楚，通常含有两个层面：首先要在词汇学意义上，明确有关概念的内涵和外延；其次则是把抽象层面上的概念转变为经验层次上的具体概念，即所谓"操作性定义"。

(五) 制定研究策略

1. 研究设计

其任务是要决定采用哪种研究方式。就本节而论,就是决定采用访谈法还是问卷法,或两者兼而用之。

2. 测量变项

其任务是决定采用哪些事实作为变项的指标(indicator)。例如,某社区高级中学的办学成绩可采用下面的指标作为测量变项:

$$办学成绩 = \frac{某年考上高校的毕业生人数}{当年全体毕业生人数}。$$

值得注意的是,任何一个变项可能有多个指标,比如上式中还可改用某年参加全国高校入学考试的平均分作为指标。因此,选择指标时应加以说明。对于简单的变项,只用一个指标就够了;但对于复杂的变项,往往要用联合性的指标。构建这种联合性的指标主要有类型法(typological methods)、指数构成法(index construction methods)和尺度法(scaling methods)三种方法。

(1) 类型法。就是将指标作交互分类。例如,测量"代际职业地位流动",要用"个人职业地位"和"父亲职业地位"两个指标,若每个指标均分为高、低两项职业地位,则可交互分类如表 7-1 所示。

表 7-1 "代际职业地位流动"指标交互分类

		个 人	
		高	低
父亲	高	1	2
	低	3	4

依据这种分类,可将变项("代际职业地位流动")分为两种类型:流动型(2,3)和稳定型(1,4);也可细分为四种类型:上流(2)、下流(3)、上稳(1)、下稳(4)。

(2) 指数构成法。就是用简明而合理的表示相对数量关系的公式来综合各指标。例如:

$$失业率 = \frac{失业人数}{就业人数 + 失业人数} \times 100\%。$$

(3) 尺度法。就是根据指标之间的关系来计算总值,使研究对象高低有序。其中最常用的是李可特测量法（Likert-type scales），即总和尺度法。其方法是将各指标的数值加起来。例如，测量"关于生育的封建思想"，可用五个指标：①重男轻女；②养儿防老；③多子多福；④五代同堂；⑤传宗接代。肯定的，给 2 分；否定的，给 0 分；中立的，给 1 分。如果某人肯定①⑤，中立②，否定③④，则他的总分是：2＋1＋0＋0＋2＝5。总分越高，表示封建思想愈严重。

采用总和尺度法时，先要通过项目分析（item analysis），将总分最高的1/4研究对象和总分最低的1/4研究对象作比较。若对应两组的差异很少，该项指标可以取消。

测量变项以及前面所介绍的概念的阐析，实际上是帮助研究者建立某项研究的理论构架。在这种理论构架中，抽象层次的概念，通过推演成经验层次的变项，才成为可以实施的调查指标。而且，由于概念有了具体、清楚、统一的指标，使调查研究得以成为社会的活动，而不仅仅限于个人的经验。然而，这一过程并不是完美无缺的，有些概念很难加以具体的操作；如果把这样的概念全部舍掉，又会使理论发展和普遍化能力受到严重限制。此外，在用指标去量度社会现象的时候，还有一个该指标能否稳定地测量和有效地反映客观事物的问题。

3. 测量层次

变项经测量后所获得的数学特质称作测量层次（levels of measurement），其中实用性较强的有定类、定序、定距三个层次。

（1）定类测量（nominal measurement），是一种定性的测量，变项的值是把研究对象分类。分类大多以名称表示，如性别分为男、女两值；也可用数字表示，如 1 号房、2 号房。分类必须是相互排斥的，但又是包罗无遗的。

（2）定序测量（ordinal measurement），在定类的基础上，变项的值把研究对象排列成有序的等级。例如，社区规模可分成大、中、小三等。

（3）定距测量（interval measurement），在定类、定序的基础上，变项的值能指明研究对象等级之间的距离。如某社区住户的年人均收入可分成 800～1000 元、1000～1200 元、1200～1400 元三个组。

变项的测量层次是影响统计方法选择的因素之一。它们的数学特质可归纳如表 7-2。

表 7-2 测量层次的数学特质

测量层次	数学特质		
	异同（=，≠）	次序（>，<）	距离（+，-）
定类	√		
定序	√	√	
定距	√	√	√

4. 界定研究范围，决定抽样方法

界定研究范围，就是清楚地说明所要研究的全部对象及研究对象所在的时间和地点，这是确定抽样概率以及推论研究结果的前提。

在大规模的社区调查中，不容易也不需要对研究总体进行全面调查，往往采用抽样方法。抽样方法分随机抽样（prodadility sampling）与非随机抽样（non-prodadility sampling）两种。在社区研究中，大多采用随机抽样，其特点是，根据已知的概率来抽取样本个案，可作统计推论。

随机抽样的方法很多，其中最简单、最基本的是简单随机抽样。其方法是，先将所有的个案编号，如总体内有 10 万个个案，可从 000001 号开始，一直编到 100000 号。然后，从随机数表（random number table）中任意选定一个数字作为起点，顺序选出一系列六位数号码。这组号码的相应个案就构成一个简单随机样本。如果某个号码没有相应的个案，或重复，要舍去，再找另一个号码补上。

5. 统计分析

社区研究中使用的统计方法很多［详见本节：（十）统计分析］，研究者在未实施调查前，最好是先计划好用哪些统计方法，以免日后不知如何处理资料。选用哪种统计方法，要看资料的性质，尤其是测量层次。

6. 编写调查计划和调查提纲

调查计划，是对社会调查整个过程按时间顺序和逻辑关系的总体安排。其内容一般包括调查题目、目的、主要内容、概念解释、地点、规模和对象、方法、程序及时间、经费预算、调查员简介等项目。

调查提纲，是将主要调查内容及其操作概念细则化、条理化。它是问卷和调查表制作的基础，是选择调查方法和具体调查技巧的依据。因此，提纲的起草，首先应注意资料的系统性、严密性；但又有一定程度的灵活性，否则可能会遗漏一些有意义的东西。

（六）设计问卷或访谈调查表

问卷（questionnaire）或访谈调查大纲（interview schedule）是指为统计和调查所用的，以设问的方式表达问题的表格。通常问卷和访谈调查表在内容和形式上大同小异。因此，常以"问卷"作为两者的总称。

1. 问卷的要件

一份问卷一般要包括四大要件。①题目，概括调查主题；②封面信函，说明调查目的、意义及填写方式；③具体内容，把研究所要收集的资料以问题的形式列出；④编号，包括对所问问题次序的编号和便于计算机进行数据处理所设计的编号。

2. 问卷设计的技巧

设计问卷时应掌握下列几项技巧：

（1）题目设计要与调查目的相符，但不能把真实目的和盘托出，原则是不给被调查者以不良的心理刺激。

（2）封面信函设计。封面信函起沟通研究者与被调查者的作用，它一般包括称谓、调查的出发点和目的、调查与被调查者自身利益的关系、被调查者对这次研究的重要性、回答问题的原则和具体要求以及双方的责任、对有关问题的解释等部分。最后注明联系人、联系地址、电话号码。

写封面信函，语气要诚挚、热情、恳切，用词力求简练、意思明确。最重要的是，要使被调查者相信，研究者的目的是通过研究来认识社会现象，这项工作对被调查者来说是很有意义的。

（3）具体内容设计。包括问题种类设计、回答种类设计、回答方式设计等项目。

1）问题种类设计。较为完整的问卷通常包括三类问题：一是事实问题，二是意见问题，三是态度问题。

事实问题又细分为静态资料和实际行为资料两部分。前者包括性别、年龄、民族、文化程度、职业、婚姻状况、家庭成员、地址等。这些一般的项目是对所得的资料进行整理和分析的最基本的条件。后者旨在了解实际行为发生的状况。例如，您有否参加今年本社区的游艺活动？参加____，没有参加____。

意见问题通常属于表面和暂时性的看法。这类问题只是想了解被调查者对某事物或行为的评价，它可以是一次性的，时过境迁也许就变了。对于这类问题，可对每个问题单独分析以了解其趋势。

态度问题属于比较持久和稳定的认识。这类问题尽管也是一题一题地问，却不能单独分析，而是把整个总分或分组分数与其他变项求相关或进行因素分析。

2）回答种类设计。回答种类分开放型和封闭型两种。开放型，只提出问题，不给出答案。其优点是，给被调查者较多自我表达机会，研究者借此可以得到某些未曾预想到的结果。其缺点是，可能导致收到不相干的材料，而且由于回答非标准化，给对比和统计分析带来困难；另外，还可能会引起较高的拒答率。封闭型，不但提出问题，还要给出答案，大多有两个或两个以上的选择，优缺点大致与开放型互补。

为了便于对调查结果的整理和统计，在设计问卷的回答种类时还要考虑它属于如下哪一类：

a. 定类。如性别：男____，女____。如果所需选择回答的种类很多，其处理办法：一是将所有可供选择的答案都列在另外一张卡片上，让被调查者选择并将答案写在问卷上；二是仅将最普遍或最重要的种类印在问卷上，同时在其后再提供"其他"种类的格子。

b. 定序。往往用来收集意见和态度方面的资料。例如，经常、有时、几乎从不、从不；也可通过替换形式表达，即把回答列成一个连续统，仅在两端有标志，刻度之间务求等距，如，您认为您所在社区服务设施水平是

高   低
_____

c. 定距。定距排列的变数按一般情况来说，是连续的而不是离散的。收入和年龄一般都是以定距变数方式问的。如年龄：0～4/5～9/10～14 或 0～9/10～19/20～29。

3）回答方式设计。

a. 是否式。如：您认为自己有较强的社区意识吗？是____，否____。只要选择一项并按要求打勾（√）即可。

b. 选择式。所列出的答案至少在两种以上，被调查者只要在他认为适合的地方按要求画记号。如：您对您自己的邻居关系满意吗？____很满意；____满意；____无所谓；____不满意；____很不满意。

c. 排列式。把问题按一定标准排列，要求被调查者把答案按重要性或时间性等排列，通常以数字1、2、3、4……表示之。如：请将下列职业按您的兴趣给以排列，最有兴趣者请记1，其次记2，再次记3……

   [   ] 大学教师
   [   ] 工厂工人
   [   ] 机关干部
   [   ] 科学机构研究员
   ⋮ ⋮

d. 填入式。被调查者直接以数字或特定文字填入要求回答的空格。如籍贯____，家庭人口____。

e. 尺度式。把答案描述成两个极端，中间分三等或四等心理距离，要求被调查者就其认为适当的地方或程度打勾（√）。如：您对举办社区义务教育的看法是：

非常赞成   非常不赞成
_____
1 2 3 3 4 5 6 7

3. 问卷设计应注意的几个问题

设计具体的问卷，除了应掌握以上所述的几项技巧外，还应注意下列几方面的问题：

（1）问题内容方面。应避免：问题跟主题无关；问题模棱两可，如"您喜欢看电影和电视吗？"；问题含糊不清，如"您对居委会满意吗？"；问题对回答者来说太抽象，如对小学生调查时，问"您是否同意人的本质是一切社会关系的总和？"；问题有诱导性，如"国务院决定实行夏时制，您赞成吗？"。

（2）文字表达方面。要用大家熟悉的词句，文字简练，表达要具体。

（3）问题次序方面。时间上，要由近及远，坚持连贯性；内容上，由浅入深，由易到难；问题类别上，由前及后一般为静态资料、行为项目、意见与态度项目。

此外，问卷的长度一般应控制在半小时左右可答完的范围内。

（七）试点研究

所谓试点研究（pilot study），就是在所要研究的范围内，抽取小规模的研究对象来试验整体计划是否可行。例如，看看测量变项的方法是否准确，可否得到资料，抽样有否困难，统计方法是否适用，等等。若发现问题，要及时反馈，进行修订。

（八）收集样本资料

就是根据修订完善后的研究计划，进行大规模的研究工作。首先，按计划从总体中抽取样本。接着，通过访谈法或问卷法向每个样本个案收集所需资料。社区调查是社会活动的形式之一。因此，为了取得被调查者的合作，研究者应当自觉遵循社会互动的有关规则。

对访谈法来讲，研究者首先必须出示表示自己合法身份的证件，说明来意及调查目的、价值，并保证保密；对被调查者的回答要有所表示，又必须保持中立；关键性的资料，研究者要复述被调查者的回答；谈话时间不得过长，若发现被调查者有倦意，应当转换一些轻松的话题，或结束访谈。

对于邮寄问卷法来说，所邮寄问卷都要伴随一封书面信函，解释该项研究计划的性质和目的等。信函若以一个大群体为样本，一般不必写上回答者的姓名，仅写"亲爱的朋友"等等。问卷表要用信封封起来并随信附上一个印有研究者姓名、地址并贴有邮票的信封。此外，还要注意邮寄的等级、日期；对于未回答者，还应通过信函或电话适度跟踪。一般状况下，如果没有政府支持的组织，收回率达65%就可看作理想的数字。

（九）整理资料

即对调查所收集的原始资料进行校对和编码。

1. 校对

首先是检查问卷是否已收齐，项目有否遗漏。若发现有上述情况，则要查明原因，及时补救，实在难以补救的，就要考虑剔除那些有缺陷的资料；问卷中如出现"不知道""不详"的答案，并占有一定数量，要在总汇时，单独列一栏表示。其次，检查指标的口径与时间是否符合要求，若发现误差，应分析是设计中造成的，还是实施过程中造成的，对于后者，通过校对手段予以消除或修正。

校对的组织方式，可以是全卷的校对——一份一份地校对，也可采用系统的校对——按问题校对。

校对技术有平衡法和逻辑法两种。平衡法就是检查问卷中各项有计量关系的数据是否发生计算方法和计量结果的错误，以及计量单位是否统一；逻辑法即检查资料内容是否符合逻辑和常识。

值得注意的是，校对的对象并非只限于调查资料本身，凡是与调查资料有关的统计报表以及其他各种资料，均可拿来用作校对时的参考。

2. 编码

就是依调查目的，将资料作简明的分类和登录。资料的分类不一定在事后进行，也可以在事前进行。但不管哪种情况，分类都必须尽可能做到包罗无遗，即每一个资料细目都必须有一个适当的种类；又要互相排斥，即每一个资料细目仅仅符合一个种类。

资料的登录最好用简单的数码表示。比如，有100种不同类别，可用001表示第一种类别，用002代表第二种类别……。汇总时，可借助于图表。图表绘制完毕之后，还要作一番整编，即在图表下边注明各种重要资料的来源、调查的时间和地点、调查者姓名、所使用的程序和方法以及调查中发现的问题，并将对资料的有效度和可信度的评估一起附上。

（十）统计分析

统计分析就是在定性分析的基础上，将众多的调查资料作综合的运算，从而以数量化的方式表述资料本身所反映的意义。

社区研究中常用的统计分析,依其不同的功用,区分为描述统计和推论统计两种。

描述统计方法的基本功能是,将所得到的资料进行简化,其中包括简化每一单项的资料,也包括简化变项之间的关系。对于前者,常用的技术有频数和频率、众数值、中位数、平均数——反映资料集中趋势,还反映离散趋势的标准差;对于后者,则有各类与测量层次相适应的相关分析、交互分类与百分表等技术。

如果所研究的是一样本,而且要用样本的结果来推论总体的情况,那么,就要运用适当的推论统计方法,进行假设的检定,包括有关平均值与百分率的假设检定和两个变项之相关关系的假设检定等。

上面所举的统计分析方法,所处理的是较简单的社区现象。实际上,社区生活往往是错综复杂、变动不定的。要处理这类复杂的现象,需要比较高级的社会统计分析技术,常见的有:多变项分析,如详析模式与统计控制、多因分析、因径分析等;社会变迁分析,如趋势分析、同组分析等。

统计方法的具体运作属于社会统计学的内容,需要经过专门学习才能掌握。

(十一) 撰写研究报告

1. 研究报告的格式

研究报告是整个社区调查的总结。标准的研究报告通常呈如下格式:

(1) 首页,写明研究题目、作者以及撰写报告的日期。

(2) 提要。在正文之前,是篇幅较长、内容复杂的研究报告的要件。其内容大致包括:研究目的、对象,基本步骤和方法,主要结论或发现,等等。

(3) 目录。提供正文的小标题及图表名称、目录的标题等。

(4) 正文。包括:

1) 导言。

a. 交代研究目的、意义、时间、范围等。

b. 简介前人研究成果或参考文献回顾。

c. 提示本次调查研究的设想。

d. 说明研究步骤和方法。对新颖独到之处、样本及抽样情况、测量情况以及分析所用的重要统计公式等都要加以说明。

2) 核心内容。

a. 提出假设内容及其理论,解释定义、概念等。

b. 展示资料,解释结果。资料用文字叙述,辅以图表。如资料与先前的假设一致，要提出更精确、更周详的解释；如果资料否定先前假设，需要解释为何如此。

3) 结论和讨论。

a. 重申结论。

b. 说明该研究的理论贡献，也可提出实际建议或预测，还要指出本次研究跟前人研究相比有何特点和进展，以及调查中的不足和需要进一步研究的课题。

（5）致谢。对于调查研究工作中给予支持和便利的单位、个人都应表示感谢。致谢内容可放在题注内，也可放在结论后。

（6）附录。必要时，文中引用的公式、符号说明以及选用的材料，用附录的形式示出。

（7）参考文献。凡文中引用的文章、数据、论点、材料均应列出出处。

2. 需要注意的问题

（1）要用事实说话，不可根据自己的好恶任意裁剪资料。

（2）要努力做到：主题突出，重点分明；材料与观点要统一；概念明确，推理正确；语言精炼、生动。

（3）要考虑不同的读者群。一般来讲，写给政府和决策机构看的，要层次分明、简明扼要，多提供能解决实际问题的结论和建议，少使用专业词汇；写给科研机构看的，要写得精确、严谨，对研究方法、资料分析要特别注意；写给群众看的，要生动、通俗，说理清楚。

（4）一篇有创见性的研究报告，还必须注意在整理大量材料的基础上，对研究的角度进行第二次选择，使文章的社会倾向与调查所收集的丰富资料更好地统一起来。

四、社区调查法的功用及其注意事项

1. 功用

社区调查法，特别是随机抽样调查法，是搜集资料的一种最常见的社会研究法。它特别适用于下面几种情况：

（1）用于回答有关各种关系的问题（包括因果关系问题），但更适合于回答有关事实和描述性的问题。

（2）抽样调查法的本质特点是以部分来说明或代表总体。因此，它特别适用于总体单位很多，不可能或不需要对所有总体单位进行调查的情况。

2. 注意事项

（1）社区调查法的步骤比较复杂，每一步都有出现错差的可能。为了使调查尽可能准确，研究者应该对可能出现的各种不同类型的误差做到心中有数，并尽力防范。

（2）社区调查法与统计学关系密切。对于这些数字，研究者必须严格依照统计法则予以运作，以求客观地报道事实，而不能在统计手法上做文章，达到自己的目的。

第二节 实地研究法

一、实地研究法的性质和特点

实地研究法也称为田野研究法，是一种在自然情境下，通过耳闻目睹的方式，实地研究、收集有关价值、行为或社会过程的定性资料的方法。这种方法属于最少结构式的观察研究类型，其隐含的哲学假定来自象征交往论，具有反数量化方法的倾向。

与那种以时间上的突然发生和空间上的不确定的客体，如以集体行为为观察对象的现场观察（spot observation）不同，实地研究法试图通过在一段时间内，对一个特定场所里的行为（包括非语言行为）的观察，捕捉人们行为出现的自然情境，寻找影响社区居民社会关系的重要事件，并勾画出从被观察者的观点所看出的事实。

二、实地研究法的种类及其优缺点

依研究者介入观察客体的程度，实地研究法可分为参与观察法（participant observation）和局外观察法（non-participant observation）两种。

（一）参与观察法

研究者加入被观察者的组织或群体，成为被观察者的活动中的一个正规的参与者，其双重身份一般不为其他参与者所知。

1. **参与观察法的主要优点**

（1）由于研究者跟被观察者发生直接而密切的互动关系，因而可得到第一手资料，其中包括那些容易被忽视的具有潜在意义的资料。

（2）只要研究者对自己的行为控制得好，不会改变被观察者行为的自然过程。

2. **参与观察法的主要缺点**

（1）它假定研究者与被观察者有共同的思维参照系。实际上，在许多情况下，二者可能大不相同。

（2）观察时间的长短会影响观察结果。时间太短，不能确切了解被观察者的价值、态度或生活方式；时间太长，则研究者容易发生"土化"（going nature）的危机。换言之，在一个局外人看来很明显的某些事件，研究者可能由于与被观察者关系过于亲密而注意不到；甚至这种过于亲密的情感因素还可能导致研究者事事从被观察者的观点出发，拒绝相信某些可能不利于被观察者的事实。

（3）由于研究者的参与，原来的社会关系中又多了一个因子，而使被观察者这边的关系复杂化。

（二）局外观察法

研究者不参加被观察者的组织或群体，不以一个成员的身份出现；被观察者可能知道，也可能不知道研究者的目的。

1. **局外观察法的主要优点**

（1）在被观察者不知道被观察的情况下，研究者既不会影响被观察者行为的自然过程，亦不会使得被观察者之间的关系变得复杂化。

（2）研究者与被观察者保持一定距离，可以冷静地、客观地搜集所需资料。

2. **局外观察法的主要缺点**

（1）研究者扮演"局外人"（outsider）的角色，不能真正了解到社会现象背后的深层意义。

（2）如果被观察者知觉处于被观察的地位，并怀疑研究者的目的，会有反应作用，从而改变行为的自然状况。

为了确保资料的有效度和可信度，对于上述第一项缺点，可以采取某些补救的办法，如多用些时间作多次观察，或运用其他非观察的方法去补充、核实观察所得的资料。

除了以上因研究者与被观察者互动关系引起的问题，实地研究法（包括参与观察法和局外观察法）还可能出现下列问题：①研究者本身的疲劳、烦闷、精神不集中、情绪化；②观察渗透理论，而不被察觉；③在自然情境下，难于控制影响资料的外部变项；④观察研究中的测量一般采取非数量的知觉形式，并以系统的方式进行编码。

参与观察法和局外观察法是一种理想型的分类。实际上，研究者在研究过程中所扮演的角色往往是混和的，只是参与观察的程度在社区研究中大约更多些而已。

三、实地研究法的一般步骤

一般来说，实地研究法，特别是参与观察法的研究过程，大略包括下面几个步骤：

1. 决定研究目的

实地研究法的目的是为了尽可能地、完全地解释和描述某一特定的文化。但对于具体的研究者来说，其研究的侧重点又可以有所不同。例如，一个研究者可以把社区作为一个整体进行系统的观察，也可以仅选择其中的某个局部或层面进行研究。

明确研究的目的，有利于研究者集中精力，详细透彻地收集所需资料，同时，也可不至于遗忘或漏掉所要观察的项目。但实地研究中的目的通常要有一定程度的弹性，不必预先有具体假设或理论构架。

2. 决定观察对象、范围和场合

其基本原则是，研究规模不宜太大，要有能力处理，最好是没有太复杂的社会关系。

3. 准备观察工具

如笔、笔记本或观察卡片、照相机、小录音机等，都要准备妥当。

4. 最初观察

不动声色地到观察点的周围看看，留下初步印象。

5. 获准进入被研究的组织或群体

典型的做法是，通过组织或群体的熟人，或者通过某个既认识研究者、又认识被

观察者的中间人的协助，正式或非正式获准进入。在这一过程中，取得该组织或群体的关键人物的支持是十分重要的。研究者要尽可能向其表达自己的合法身份及研究目的，但必须真诚和笼统。

6. 建立友善关系

研究者，特别在最初，常常由于不懂得被观察者的语言、习惯和风俗，可能会严重地违反规范而不自觉。研究者对此要多加小心，要适当调适自己的言行和表情，尽早与被观察者建立起和谐互信的交往关系，以便为进行深入的观察奠定基础。

7. 正式观察和记录

观察的时间依研究的目的与任务而定，可达数周、数月乃至数年，记录最好与观察同时进行；若这样做不方便，则要借助于记忆力。通常的做法是，白天草记，即记下关键的字、重要的引语或短语和记忆线索，到夜间，则全文写下。笔记内容要具体，有关自然环境、人、时间、地点、事件都要记，但研究者自己的分析意见、推理要跟观察的细节本身严格分开。笔记要及时校对，尽快誊写；若发现有错、漏或不清楚处，应及时纠正，采取补救措施。

8. 退出调查地点

资料收集完毕后，研究者即可退出研究所在的组织和群体。但仍需与有关人士保持一定的联系，以便日后补充资料。

9. 资料分析

大多采用定名测量或表示历史和现时发展的流程图（flow chart）来描述。

10. 写调查报告

报告要有总括性，尽可能详尽地描述所观察到的社区事实。

四、实地研究法的功用及其注意事项

1. 主要功用

（1）最适于对感性事件及其内含意义的描述性研究。因而实地研究法通常被用来研究各种大小不等的群体或机构的社会状况，如研究各种群体是怎样形成、运转的，群体成员又如何学会扮演角色的，等等。

（2）比较适宜用于个案研究。实地研究法以其深入见长，却以其囿于个人感知、时空局限而见短。因此它一般不宜用来做推论性或大规模的社区研究。但是，实地研究法所处理的每一个情境及研究对象都是事实本身，因而在一定程度上又可以反映与其同类的其他研究对象，可以用来作为发现重要变项以及为形成假设提供有用范畴的探索性的研究；还可以用来印证或丰富、充实其他研究方法所收集的资料。总之，实地研究法对理论的发展有贡献，但不能用来检验理论。

（3）就空间地域而言，实地研究法可用于城市社区，也可用于农村社区；在一些文化程度较低或文化较落后的社区，实地研究法更有用武之地。

2. **注意事项**

（1）观察是一种技巧，使用这种方法的研究者必须具有敏锐的观察力、良好的记忆力和丰富的知识，否则很难胜任。

（2）在整个研究过程中，研究者要始终注意保持认真、负责的态度，小心不要误导被观察者，也不能以自己的感性倾向去解释资料，以求尽量使资料的报道准确、明白、客观。

（3）研究者在达成研究目标的同时，不能对被观察者造成损害。例如，不可故意藏在被观察者的家中偷听。若由于某种原因，对被观察者造成损害的，应给予合理补偿。

第三节 文献分析法

一、文献分析法的性质和特点

文献分析法（documentary analysis method）是通过收集分析各种文献档案、统计资料，从中引证对研究对象的看法或找出其真相的一种研究方法。

文献分析法的基本特点是，它带有程度不等的回溯性，这表现在对历史事件的研究上，同时也表现在对某些现代社会现象的研究上。

二、文献分析法的种类及其优缺点

（一）文献分析法的种类

文献分析法的种类跟所分析的文献本身的性质有密切关系。按照通常的尺度，可以把文献分成性质不同的两大类。一类是第一手文献（primary document），它出自曾经经历过某一事件或行为的人所作的回想描写，大多带有个人的属性，主要如日记、给朋友或亲属的信件。另一类是第二手文献（secondary document），出自那些不在现场的人的手笔，他们通过访问目击者或阅读第一手文献，获得编制文献所必需的材料。这类文献主要是企业或组织的记录、档案以及报纸、杂志、期刊等，比个人文献较有结构。与以上两类不同性质的文献相对应，文献分析法也可分为两种：非结构式的个案研究法（unstructured case study approach）和结构式的内容分析法（the structured content-analysis approach）。

1. 非结构式的个案研究法

主要用于分析个人文献。其优缺点类似于参与观察法。一方面，它所处理的材料具有第一人称叙述的主观性、很深的亲密程度以及内心（甚至下意识）的感觉；另一方面，它提供的样本数较少，所研究的个案（即用于说明问题的例子）也大多是根据研究者个人的兴趣主观地选定的，而不是随机选择确定。所以，个人文献一般只适合于定性而不是定量的分析。

2. 结构式的内容分析法

主要用于分析结构性较强的文献，其特点是将用语言表示的文献转变为用数量表示的资料，从而便于使用正式的假设、科学地抽取大型样本以及运用计算机和现代统计技术作数量化的分析。从这一角度来看，它很相似于社区调查法。

内容分析法在一定程度上克服了传统分析中主观性的弱点。但在丰富多样的文献中，并不是所有内容都能找到容易测量的指标。因此，这种方法往往不能完整地、详细地揭示文献的内容，而只能对文献作概略的分析。此外，内容分析有赖于建立分析所需的类别，并决定记录单位、语境单位和点算体系，从而使分析难免带有主观性。

（二）文献分析法的优缺点

上面所述的是不同类型文献分析法各自的特性及优缺点。如果将这两类分析法合起来看，文献分析法有如下共同的优缺点。

1. 优点

（1）在大多数情形下，研究者获取资料比较方便、经济。

（2）文献的原作者或编者不可能预料到他们的作品日后会被研究者所研究，因此无反应性。

2. 缺点

（1）分析工作量大。研究者为了利用资料说明问题，必须对文献作外部分析和内部分析。前者是指弄清文献的类型、形式、出现的时间背景、作者及写作意图，以把握文献的可靠程度；后者是指对文献中所记载的资料的可靠性进行评估。

（2）偏见。许多文献原本不是为了研究目的而编写的，而是带有作者自己各种各样的倾向。

（3）片面性。由于文献一般是用纸写的，它们不太经得起自然环境的磨损。那些留下来的文献，大多可能是有意维护着的名人的作品。

（4）知识空白。许多文献中都有只有当事人才知道，而研究者所不熟悉的关于某些事件的特殊知识。

（5）限于语言行为。

（6）编码困难。许多文献，尤其是个人文献缺乏标准格式。

三、文献分析法的研究步骤

上面已经提到，文献分析法基本上是非反应性的，因而不存在其他研究方法所遇到的搞好与被调查者的关系等问题。这样，文献分析法的步骤为：①获准使用文献；②对文献的可靠性做出评估；③对文献进行编码和分析。不过，如上所述，文献分析有两种不同的类型，因而它们的具体步骤又有所不同。

个人文献分析的步骤较为简单：首先是建立分类学；接着利用文献的一些特殊例子来说明分类中所包含的类型，或说明某些论点。

内容分析的步骤稍为复杂，一般包括如下几步：

（1）抽出文献样本。其方法跟第一节中所论及的社区调查法中所使用的抽样方法大致相同，可为参照。

（2）界定类别内容。内容分析的类别一般不是来自理论，也不是凭空确定的，而是通过仔细检查将被研究的文献，然后确定它们所包含的共同因素而确立的。

（3）界定记录单位。对特定的某一套文献和特定的某一套类别来说，必须使用的记录单位并非一个单一的单位。它可以是：

1）单词。一个单词是离散的，界限清楚，易于识别。但若所研究的样本包括了大批长篇文献，则所要处理的字就会太多。

2）主题。一般关于主题从何处开始到何处结束的意见的一致性程度低，因而导致符号间的可信度也低。

3）人物。一个个人是具体而不含糊的，从而避免了主题的界限问题；而且用人物作单位所处理的数目字也不可能太多。不过，用人物作为记录的单位只限于小说、戏剧、电影剧本等文献。

4）句子或段落。它们具有界限易于识别的优点。但它们包含不止一个主题，从而它们不是相互排斥的，因此，不是很令人满意的记录单位。

（4）界定语境单位。对于任何一定的记录单位（如一个词）来说，如果不考虑这个单位的语境（上下文），就难于或不可能说明该单位属于什么类别。例如，某项研究不仅对权力的存在感兴趣，而且对是丈夫还是妻子有权力更感兴趣。那么，第一步是探讨权力这个词。但是，不可能从这个词说明究竟权力属于谁，必须在上下文中读这个词。因此，研究人员常要选择一个语境单位——包括记录单位的较大的单位。

（5）界定点算体系。界定点算体系，就是决定如何使资料以数量表示。在内容分析中，有如下四种点算资料的方法：

1）简单的二元编码。只指出文献中是否出现类别。例如，假定希望根据几种报纸样本进行关于性别歧视即明显歧视妇女的研究，现确立关于妇女的有相互排斥的穷尽无遗的类别为：a. 应该呆在家里；b. 地位低于男人；c. 过度的激动；d. 不应有投票权。若甲报的评论中有"妇女应该呆在家里"这样的话，而乙报没有任何这些类别，则可以得出结论：甲报比乙报性别歧视严重。这种单纯注意类别是否存在的做法，严格地说，属于定性资料的分析。

2）在文献上出现类别的频数。这是一种基本的点算方法，但在实际进行时，要注意对单位的不等同加权问题。

3）给类别派定的空间额。

4）类别所反映的力量或强度。

四、文献分析法的功用及其注意事项

1. 功用

（1）在第一手资料，即从调查或观察中获得的原始资料不够用或不能取得时，只要有文献可查，常可采用文献分析法。

（2）适宜纵贯分析，尤其是适宜于做长时期的研究。

（3）做其他研究的辅助手段，被用于社区研究的各个阶段。

2. 注意事项

（1）使用文献法切忌断章取义。必须在文献可靠的基础上对文献的内容做系统的分析，不能简单地依作者一时、一地的一篇或数篇作品来判断和评价作者的思想，也不能依一个或几个文献来描述或推断当时的社会状况。文献分析后所得数据应具有理论概括要求，不能满足于对文献内容做简单的描述。

（2）为了表明引用资料的可靠程度，并使他人检查方便，应注意标明资料的出处和文献的时间。

（3）对那些纵贯时间较长的资料，应作适当的调整。因为同一个分析单位，在一个变化了的时期内，其价值可能发生巨大的变化，否则会做出错误的对比。

术 语 解 释

社区调查法：是一种在自然情境下，有系统地收集、研究有关社区事实的数量性资料的方法。

实地研究法：是一种在自然情境下，通过耳闻目睹的方式实地研究、收集有关价值行为或社会过程的定性资料的方法。

文献分析法：是通过收集分析资料，即各种文献档案、统计资料，从中引证研究对象的看法或找出其真相的一种研究方法。

思 考 题

1. 如何设计问卷？
2. 撰写研究报告有哪些要求？
3. 社区调查法有哪些注意事项？
4. 实地研究法的一般步骤是什么？
5. 采用局外观察法做一项实地研究。
6. 文献分析有哪几种方法？

附录一 社区工作

1962 年，美国的社会工作教育课程委员会正式承认社区工作为社会工作的基本方法之一。从此以后，社区工作就与个案工作、小组工作并列为社会工作的三大基本方法。

一、社区工作的定义、特征、功能

(一) 社区工作的定义

1. 社区工作、社区发展和社区组织辨析

社区工作（community work）、社区发展（community development）和社区组织（community organization）是经常在各种书籍出现的术语。根据甘炳光、莫庆联的见解，这三个术语从广义上来讲可视为相同的概念；但在实际的运用中，尤其是在不同的国家，它们有着不同的侧重点（详见表 F1）。①

表 F1 社区工作、社区发展与社区组织的分别

术语	英国	美国	我国香港
社区工作	社会工作的方法之一	较少采用这个名词	社会工作的方法之一
社区发展	第三世界的发展工作及发展中国家的自助计划	社区组织的工作模式之一	等同于社区工作
社区组织	地区组织的联系统筹，合力为社区服务	等同于社区工作，是社会工作方法之一	社区工作中的一个工作模式

由表 F1 可以看出，争论的焦点无非在于术语的含义："社区工作"这个词代表

---

① 甘炳光等编：《社区工作：理论与实践》，香港中文大学出版社 1998 年版，第 6~7 页。

的是否是一种方法？"社区组织"代表的是一种方法还是模式？"社区发展"是一种服务内容还是工作模式之一？

综合美国和我国香港的概念可知，社区工作是社会工作方法之一，社区发展和社区组织则是社区工作中的模式。下文的叙述都采用这一定义。

2. 社区工作——既是"方法"，又是"服务内容"

社区工作的定义十分繁多，在其他书籍中都有所列举①。笔者不打算一一列举。但是，笔者经过综合、比较这些定义后，发现它们一般都涉及"过程""挖掘需要、解决问题""促进社区改变""市民参与""集体行动""居民自身能力的提高""社区归属感的提高""方法""专业性"等方面（表F2至表F4）

表F2 英国社区工作的定义

定义	高本汉报告书	哥斯信	美臣	布托	谭马士
是一个过程	不同群体建立关系的过程	去运用这个过程以达致有效用及有效率的关系	是一个过程去动员社区内的资源	—	是一个长远的过程
挖掘需要解决问题	—	—	—	借以协助居民识别所面对的问题及机会	辅助居民争取眼前的要求
促进社区转变	涉及社区转变	对小组及社区生活做出贡献	—	—	—
市民参与	让市民参与决策的制定	运用适当的资源去完成居民自己选择的目标	—	由居民共同做出实际决定	—
集体行动	—	—	—	采取集体行动解决所面对的问题	需要协助居民在日后成功组织起来
居民自身能力的提高	—	—	—	培养居民的能力及自我独立	协助居民成长及发展

---

① 甘炳光等编：《社区工作：理论与实践》，第8~13页；王思斌主编：《社会工作概论》，高等教育出版社1999年版，第116页；周沛著：《社区社会工作》，社会科学文献出版社2002年版，第60页。

续表 F2

定义	高本汉报告书	哥斯信	美臣	布托	谭马士
增强居民对社区的归属感	使市民对社区建立认同感	—	保障、支持及加强个人及小组成为社区的一分子	—	—
是一个方法	透过社会情况的分析	是一个方法	—	—	—
专业性	—	透过工作人员的协助	—	由受薪工作人员支持,社区工作者亦给予支持	社区工作者要耐心、诚心及不要冀求即时效果
是一项服务	向市民提供所需服务	—	—	—	—

表 F3　美国社区工作的定义

定义	罗斯	邓肯	毕加和史伯	胡宾和胡宾
是一个过程	是一个过程	是一个有意识的社会接触过程	解决问题步骤及组织工作是两个最主要的过程	—
挖掘需要解决问题	社区确定本身的需要及目标	满足社区需要,维系社区需要及社区资源的调适	—	—
权力关系	—	改善社区及社区小组的关系,并改善决策权力的分配	—	—
促进社区转变	—	—	采取有计划的行动去解决社会问题	控制及影响社区的一切程序、计划、决定及有关政策
市民参与	在社区内发展居民合作的态度及实践	培养、加强及维持居民拥有参与、合作的素质	个人、小组及社区组织参与	—
集体行动	—	—	—	组织居民,采取集体行动

续表 F3

定义	罗斯	邓肯	毕加和史伯	胡宾和胡宾
居民自身能力的提高	—	培养居民自决的素质	—	通过协助居民克服及冲破其无能感去解决问题
增强居民对社区的归属感	—	—	—	—
是一个方法	—	是一种社会工作的方法	是一项介入手法	—
专业性	—	—	—	—
是一项服务	—	—	—	—

表 F4　中国香港及内地社区工作的定义

定义	甘炳光和莫庆联	王思斌	周沛
是一个过程	一个居民参与的过程	—	是一个工作过程
挖掘需要解决问题	去厘定社区需要，合理解决社区问题，改善生活环境及质素	确定社区的问题与需求，动员社区资源，争取外力协助，有计划、有步骤地解决或预防社会问题	解决社区问题，满足社区需要
权力关系	—	—	—
促进社区转变	达致更公平、公正、民主及和谐的社会	调整或改善社会关系，减少社会冲突；提高社区社会福利水平，促进社区进步	减少社区冲突，促成社区整合，增进社区福利，改善社区生活素质，促进社会转变
市民参与	加强市民的社区参与	培养社区居民的民主参与意识和能力，发掘并培养社区的领导人才	—
集体行动	组织居民参与集体行动	发动和组织居民参与集体行动	运用集体行动的方法
居民自身能力的提高	培养自助、互助及自决的精神；加强市民影响决策的能力和意识，发挥居民的潜能，培养社区领袖	培养居民自助、互助及自决的精神	培养居民自助、互助及自决的精神

续表 F4

定义	甘炳光和莫庆联	王思斌	周沛
增强居民对社区的归属感	居民建立对社区参与的归属感	加强社区的凝聚力	培养社区归属感和认同感
是一个方法	以社区为对象的社会工作介入方法	是一种基本方法	是一个介入方法
服务内容	—	—	社区服务、社区发展、社区组织等形式

综上所述,西方的社区工作定义多被视为一个方法、一个过程。但是在我国香港,社区工作还可被视为一种特定的服务,尤其在香港政府规定的文件中。例如在20世纪70年代,为了解决木屋区的环境问题,香港政府开始资助社工机构,从事"邻舍层面社区发展计划"。这是官方对社区工作作为一种服务的确认。邻舍层面社区发展计划是由非政府机构在社会设施及福利服务不足够或完全欠缺的过渡性社区(包括临时房屋区、寮屋区、平房区、水上寮屋,以及受房屋委员会五年整体重建计划影响的第三至第六型公共屋)之内推行。提供的服务包括一系列的社会福利服务:①认定福利服务的需要,策划福利服务的提供,设立及维持满足需要的福利服务(如辅导服务、社区教育、社交及康乐活动)。②支持及协助社区团体或个人,界定及解决社区之需要、问题及危机。这包括:进行社区需要的调查;接触居民,建立网络,就共同关心的问题联系居民;鼓励居民参与,组织或强化社区团体,共同解决社区问题;推动社区团体通过不同渠道解决问题;协助社区团体发挥潜质,使其变得更独立及自主;联系其他部门及组织,引入不同服务或改善现存服务模式,以满足新的社区需要。③提供信息、建议及中介服务:为不同年龄组别提供个人辅导、教育、训练及发展服务。[1]

此外,现时香港的社区工作服务还包括举办社区中心[2]。社区中心是方便不同年龄的居民聚首和联谊交往的地方。借举办各种小组及社区工作活动,社区中心亦可促进居民的公民意识,使他们团结一致,建立对社区的归属感。

作为服务项目的"社区工作"概念过去在我国内地并不常用。近年来随着社会工作教育的兴起,社区工作不单作为一种方法,同时还指代服务内容。例如,在上文

---

[1] 黎熙元、童晓频、蒋廉雄著:《社区建设——理念、实践与模式比较》,商务印书馆2006年版,第84~85页。

[2] 见香港社会福利署网页(www.swd.gov.hk)。

所讲的周沛的定义中，则清楚指出社区工作包括社区服务、社区发展、社区组织等形式。并且在众多书籍中①，社区工作都既是方法也是内容，其中包括：①以地域来分，有农村社区工作及城市社区工作；②以群体来分，有分别针对老年人、青少年、残疾人、生活困难群体等的社区工作；③以内容来分，则称为社区服务，包括社区社会救济、社区优抚工作、社区助残服务、社区就业服务、社区养老服务、社区卫生服务、社区文化服务、社区物业管理服务、社区商业服务、社区家政服务等。

因此，有学者认为社区工作的定义有广义和狭义之分。广义的定义把社区工作视为一种服务内容："广义的社区工作是指在社区内开展的以提高社区福利、促进社区和社会协调发展的社会服务或社会管理。因此，任何人或组织，包括政府、政党、各种社团以及企业等，只要在社区内从事的助人活动和服务，都可视为社区工作。"狭义的社区工作则是社区社会工作的简称，特指专业社会工作机构及社会工作者关于社区工作的理论、方法、技能及其应用过程。"作为专业社会工作的重要组成部分和基本方法之一，社区工作主要以社区和社区居民为工作对象或服务对象，通过专业社会工作者的介入，旨在确定社区的问题与需求，发掘社区资源，动员和组织社区居民实现自助、互助和社区自治，化解社区矛盾和社区冲突，预防和解决社会问题，从而促进社区服务质量、福利水平的提高和整个社会的进步。"②

（二）社区工作的功能

1. 社会福利功能

广义的社会福利是指改善社会成员的物质文化生活的一切措施，狭义的社会福利是指对社会弱者所提供的带有福利性的社会服务。③ 在这里，社会福利取其狭义的定义，是指各种社区工作的主体，如政府、中介组织、居民自治组织针对社区弱势群体的福利需求，在各个需要层次（如医疗、养老、住房、再就业辅导等）开发和利用社区的资源，为他们提供服务。其中，低收入人群的保障工作是重点，关系到社会的稳定。社区工作者可以运用专业的理论和知识，管理、帮扶、追踪领保人员：一方面以家庭调查为基础，了解低保人员的状况，定时发放社会救济给有需要的人士，并且防止出现骗保的情况；另一方面，尽力协助低保人员就业，让他们自力更生，重新投入工作。此外，社区也要承担起"三无"老年人、残疾人等特殊群体的生活救助和服

---

① 参见房列曙等主编：《社区工作》，合肥工业大学出版社2005年版，第六章；吴亦明著：《现代社区工作——一个专业社会工作的领域》，上海人民出版社2003年版，第八章。
② 徐永祥主编：《社区工作》，高等教育出版社2004年版，第20页。
③ 王思斌主编：《社会工作概论》，第13页。

务的工作，确保这些人群能够得到社会的关怀，感受到温暖，在社区内继续生活下去。

2. 社会服务功能

满足社区居民的需要，为社区居民提供各类公益性的社会服务，是社区工作最基本的社会功能。社区工作这一功能的实现，有赖于为社区居民提供包含福利服务在内的社会服务以及管理服务的过程。社区工作通过设置社区服务中心、社区青少年服务中心、社区养老助老中心、社区康复中心等社区组织和机构，为社区提供一系列服务。社区工作者的任务是提供专业的社会工作服务，以及指导和帮助社区建立所需要的社会服务组织、服务项目及服务机制。还需指出的是，社会工作机构或社会工作者提供的社会服务，既可以是无偿性服务，也可以是微利的有偿性服务。无偿性服务的受益对象是整个社区或社区的居民，买单者或购买者则是政府、慈善组织及慈善人士。另外，从广义的社会服务角度来讲，社区服务除了社区救助、社区优抚安置、社区残疾人服务、社区为老服务外，还包括社区治安、社区卫生、社区文化建设、社区体育等广义的社会服务。

3. 社会控制和社会稳定功能

社会稳定功能是指社区工作在维护社会秩序、解决社会问题、化解社会矛盾与社会冲突、控制各种非稳定因素等方面具有的特殊的地位和作用。社会控制与社会稳定密切相关。如果说社会稳定是目标，那么社会控制就是手段，是要人们遵从约定俗成的社会规范，保证现有社会秩序不被破坏，二者共同之处在于都是为了维护社会秩序。社区工作的社会稳定功能实现的好坏，有赖于社区是否拥有一套社区社会救助和社会福利服务的体系以及解决社会问题的运作机制。完善的社区社会救助和社会福利体系及其相应的运作机制，使得社区工作者能够充分利用社区内外的人、财、物等资源，去协调社区内部的关系，缓解和解决社区内的矛盾和冲突，化解社会冲突，控制潜在和现实的非稳定因素，进而实现整个社区乃至整个社会的稳定。此外，社区工作的社会稳定功能还蕴涵在社区文化建设、社区服务、环境卫生等各项社区事业计划和社区生活中。积极的社会控制和社会稳定是发展中的控制和稳定。社区工作通过促进社区各项事业的完善和发展、居民生活环境的改善、生活质量的提高、社区居民归属感的增强，使得社区的控制和稳定有了坚实的基础和可靠的保证。

二、社区工作的主要工作模式

模式是一套为了达成一定的目标、价值而在工作过程中采取的方法。社区工作的工作模式则是社会工作者在开展社区工作时所依照的方法的组合，反映了社会工作者以人为本、追求公平、尊重人权、助人自助的价值观。从 1939 年兰尼（Robert P. Lane）提出社区工作的专业地位以来，社会工作者、社会工作学者提出了不同的工作模式划分方法，如巴特恩（T. R. Battern）的二模式——直接干预法与非直接干预法，罗夫曼（J. Rothman）的三模式——地区发展、社区计划、社会行动，泰勒（S. H. Taylor）与罗伯茨（R. W. Roberts）的五模式，等等，从不同的角度对社区工作模式进行了概括。① 综观这些工作模式，可以概括出下列四个因素：①社区问题的界定与假设。社区在发展过程中发生了什么问题？工作者是如何界定这个问题的？② 社区工作的目标与取向。社区工作者的介入想要解决什么，达到什么目标？③社区工作的策略和技巧。社区工作者根据前两方面的界定和分析决定采取什么方法？④社区工作者的角色和定位。在社区工作中，工作者采取了什么角色去介入？是使能者（enabler）、协调者、老师，还是管理者？

根据对上面四个因素的概括及对这些工作模式的分析，可将工作模式分为下列六种。

（一）社区发展

社区发展是罗夫曼提出的社区工作三大工作模式之一，着重发动社区内不同主体的参与，在参与中达到助人自助的目的，以改善社区关系，增强他们对社区的归属感（表 F5）。

表 F5　社区发展

项目	内　容	
问题及假设	工业化社会的发展导致社会问题丛生，社区关系疏离，居民参与冷漠，缺乏沟通，社区问题日趋恶化。托马斯（D. N. Thomas）认为有下列七方面的问题：a. 居民对公民责任欠缺承担；b. 居民不愿意参与公共事务；c. 社区网络日益解体；d. 人口流动加剧，居民背景的复杂化令沟通合作不易；e. 居民欠缺交往及沟通渠道；f. 不同利益群体出现，容易形成对抗；g. 市民普遍冷漠，不太关心社会事务	基本假设：a. 市民应该并愿意参与社区事务；b. 社区问题的主要成因是欠缺沟通和合作，若能通过带动参与去改善沟通和合作，社区问题便能获得解决

---

① 张佳安：《社区工作模式》，《社会福利》2003 年第 12 期，第 16～19 页。

续表 F5

项目	内　容	
目标	建立社区自助的能力和社区的整合，解决社区问题，提供服务；强调一些较长久的制度或组织的建立	托马斯认为社区发展有下列具体目标：a. 居民社会关系网络的建立；b. 居民交往互动增加；c. 邻里关系改善；d. 居民及团体之间重建紧密的联系；e. 居民自觉参与的重要性，并愿意承担责任；f. 居民对社区认同和投入
策略、技巧	着重于推动社区内的居民作广泛的参与，界定本身的需要，并采取行动去改善社区问题，从而改变社区	
工作者的角色和定位	使能者，教师，中介人	

例1：北京市"十一五"社区发展部分指标[①]

* 到2010年，使多数社区的志愿者人数达到社区常住人口的15%以上。

* 到2010年，每年开发12万个社区就业岗位，安置失业人员10万人；帮助6000人实现创业，带动4万名失业人员就业。

* 研究设定"邻里节"，增强社区认同感和凝聚力。

* 到2010年，全市专职巡防队员达到5万人以上，社区治安巡逻志愿者队伍发展到30万人以上。

* 建立健全社区流动人口管理与服务组织，配备相应的专职流动人口协管队伍，及时掌握社区流动人口和出租房屋基本情况。

* 全市新增社区连锁洗衣网点500个，建成集中洗衣园区2个。完成新建和升级改造标准化社区菜市场150家、社区便民配送菜店300家，规范和新建社区便民超市和便利店100家。

全市规划设置360个社区卫生服务中心、2711个社区卫生服务站。社区卫生服务将实现100%覆盖城乡社区。到2008年，城镇、远郊平原和山区居民分别出行15、20、30分钟以内，基本就可获取社区卫生服务。

（二）社会行动

社区工作强调组织居民参与集体性活动，通过居民自身力量组织起来解决社区问题，凝聚资源，争取援助。社会行动模式则是这个目标的重要体现。社会行动模式假设社区中存在着少数弱势群体，由于社会或其他方面的不公平，他们的生活状况受到损害，他们的利益诉求没有得到充分表达，因此必须把他们组织起来，利用集体的力

---

① 民宣：《解读〈北京市"十一五"时期城市社区发展规划〉》，《社区》2006年12期。

量与社区、政府等外界制度机构争取他们的利益，提出自己的利益诉求，从而争取资源的合理分配。这个模式往往要求制度和机构的改良，激进主义者还进一步要求制度的改变。社会行动模式的具体分析参照表F6[①]。

表F6 社会行动模式的具体分析

项目	内	容
问题及假设	社区中存在一些贫穷、无权的弱势群体，他们面对着环境恶劣、生活无法自理、没有住房等影响生活的问题，受到政策的不公平对待	假设：社会问题的出现是由于社会上不同群体存在利益上的冲突，这些冲突可能是因为缺乏适当的沟通，以致不同的需要未能在政策实施中反映出来，从而出现了社会不公平
目标	任务目标：争取权益及资源的重新分配，通过行动，争取本身利益，获取应得资源，改善生活环境，促进社会公平	过程目标：通过组织社会行动，促进居民对公共生活的参与程度，增强他们的权力感，提升他们解决问题的能力
策略、技巧	策略： 对话性行动：最温和的行动策略，行动者与当权者在现存制度框架下解决问题，认为可以通过协商达到问题的解决	形式及技巧： 游说政府官员，约见领导表达意见……
	抗议性行动：行动者认为通过协商的方式不能获得问题的解决，唯有将问题诉诸社会行动，通过吸引公众舆论的注意，把问题暴露出来，强调政府政策的不完善，争取得到同情，向政府施压	抗议性行动形式繁多，我国港台地区较普遍采用的有：签名运动，记者招待会，请愿及游行，露宿及绝食，群众聚会
	对抗性行动：通过组织群众，用行动直接影响对方的利益或令对方不可以正常运作，对方因有损失而愿意与群众谈判	这种行动不完全依赖社会舆论的支持，甚至以违法形式出现，冒比较大风险，主要形式有：罢工，罢交租金，占用房屋或公共场地，公民抗命
	暴力性行动：通过向有关部门人员投掷物品、泼水、追打等，施与暴力行为。这种策略比较少见，往往在缺乏组织或无计可施的情况下出现	
工作者的角色和定位	倡导者，行动者	

[①] 参见甘炳光等编：《社区工作：理论与实践》。

例2：香港的社会行动发展状况①

(1) 20世纪70年代：
- 70年代初的盲人工潮事件，失明人士组织起来到天星码头隧道静坐示威；
- 1972年发生的仁义村事件，百多名居民要求合理徙置；
- 70年代中的全港反加租事件；
- 1979年的艇户事件。

(2) 20世纪80年代：
- 解决公屋顶楼高温事件；
- 临屋单身人士为反对迁入单身宿舍，要求合理安置而发动在布政署门外露宿的事件；
- 反对临屋区加租事件；
- 木屋区改善食水供应；
- 临屋挤迫事件；
- 要求尽快清拆超龄临屋，让居民可以"上楼"。

(3) 20世纪90年代：
- 反对重建区搬新楼大幅加租事件；
- 撤销公屋富户政策事件；
- 单身人士要求加快入住公屋事件。

(三) 社会计划②

社会计划指工作者在一个较为复杂的工作环境下，依照预先设定的目标对未来工作的一个计划过程，包括制定规则、安排任务等，以有效的政策和计划服务有需要的人群（表F7）。社会计划强调工作开展之前的部分，是一个理性化安排将来的过程，计划的好坏关系到后阶段工作开展的成与败。

---

① 参见甘炳光等编：《社区工作：理论与实践》，第158~159页。
② 参见甘炳光等编：《社区工作：理论与实践》，第172页。

表 F7　社会计划

项目	内容
目标	重视任务目标，以解决社区实际问题为工作取向，因此社会计划要紧紧依照社区问题去制定
特点	a. 理性化。以客观的理由为标准，依照清晰的目标和假定，运用连贯及一致的决定标准，有系统及周详地考虑事实，然后做出理想的决定。理性化有下列五个特点：具有清晰的目标及价值取向，列出所有可以解决问题或达到目标的方案及其可行性，研究及估计各方案的得益及其所需付出的代价，比较各方案的效果，选出能以最低代价却可达到最佳效果及效率的方案。 b. 由上而下的改变。社会计划是一个由上而下的组织过程，由专家、学者、工作者等进行分析，制定出符合实际情况的规划，很难与服务对象协商进行，所以是一个由上而下的改变。 c. 控制及指导将来。社会计划是一个指向将来的工作，通过周密的计划将未来的不确定性降到最低，从而降低活动失败的可能性
过程	了解组织的使命及目标→分析环境及形势→自我了解→界定及分析问题→确定需要些什么→建立目标及达致目标的标准→寻找、比较并选择可行方案→测试方案→执行方案→检讨结果
工作者角色和定位	专家：与其他工作模式与服务对象一起工作不同，在社会计划中，工作者扮演了专家的角色，也即通过自己对问题的判断分析，制定出周详的计划，为民众而做事

例3：北京市科普扶弱社会计划①

北京市科协通过充分的调查研究，提出利用现有科普资源优势，在广大弱势群体中普及科学知识，提高他们的劳动技能，增加弱势人群就业和再创业机会的大型科普活动的构想。我们称之为"3320"工程，也可叫"科普扶弱社会计划"。

科普教育培训系统：旨在建立适合不同人群的教育培训模式，用3年左右时间，帮助20万弱势劳动群体接受每人不少于2个月的科普教育和专业培训，使其中30%的人的劳动能力有较大提高，使北京地区的劳动力结构得到改善。

再就业创业园区科普系统：与北京市劳动和社会保障局正在建设的十大再就业创业园区计划相对接，给再就业创业园注入科技文化内涵，实现每年孵化培养创业者1000人，使1万人的劳动能力得到提高。

科普创新项目转化系统：吸收上海的"4050"经验，充分调动北京地区的社会资源，通过市

---

① 田小平：《发挥科普资源优势、提高弱势群体能力——关于实施"3320科普扶弱社会计划"的构想与建议》，《北京观察》2003年第7期，第24～29页。

场机制,每年推出科普创新项目 100~200 项。政府为这些项目的实施提供平台和优惠政策,鼓励项目的策划者、出资者和技术提供者,以及项目实施者利用政府构建的平台,通过招投标迅速进入市场。在这一过程中,争取每年有 5000~8000 名弱势劳动者从中受益。

在"3320 工程"中,上述三个系统是有机融合在一起的,形成互补、互利、互动的有机整体,成为北京地区提升弱势群体能力的主要模式。

(四)社区组织

社区组织是指把社区内个别人士或家庭联系起来,形成相互关怀、平等互助的社区互助网络,解决个人、家庭及小组的问题;培育一批社区事务小组及社区领袖,关注社区内有关的生活需要及难题,代表及联合社区内人士与社区外的社团组织及政府部门建立联系,邀请专业人士协助,解决有关社区整体功能的问题。(具体内容参考本书第二章第三节"社区组织"部分。)

例4:甘肃城市社区建立以居民委员会为主体的社区组织体系①

社区建设伊始,首先根据需要对原有居委会规模重新调整划分,组建了新的社区居委会。全省原有居(家)委会 2086 个,经过调整划分,共组建新的社区居委会 1061 个,社区管理服务区规模明显扩大,辖区居民一般为 1000~3000 户。社区调整组建以后,各城区即着手构建新的社区组织体系,普遍建立健全了四个社区主体组织:一是社区党组织,包括社区党支部或党总支,有的社区还在居民小组建立了党小组;二是社区居民代表大会;三是社区居委会;四是社区协商议事会。社区党组织按照《党章》规定设立。

积极建立社区服务机构或组织。如肃州区在社区建立起统一管理、统一服务、统一着装的液化气服务点 27 个,建立家政服务中心和中介机构 17 个、车辆看管点 47 个、联办社区服务网 24 个、便民医疗服务诊所 12 个,组建社区文化活动队伍 42 个、青年志愿者服务队伍 27 个、妇女志愿者服务队伍 16 个、党员志愿者服务队伍 7 个。各社区普遍建立了由离退休人员、享受低保人员、社区居民组成的社区治安志愿者队伍。

(五)社区教育

社区教育以提高社区内居民生活质量和素质为目标②,增强居民解决问题、掌握自己命运的能力,使居民掌握一定的能力后可以积极投身社区事务之中,争取公平、

---

① 张姝:《社区组织与社区发展——甘肃城市社区社会工作方法的应用》,《甘肃政法学院学报》2006 年第 6 期。

② 厉以贤:《社区教育的理念》,《教育研究》1999 年第 3 期。

合理的权益①,是一种区域性的有组织的教育与社区一体化的教育活动②。社区教育是一种传授知识的活动,也是社区的一种管理机制,还是平衡居民与社会环境的一个过程③。

社区教育是一个循环互动的过程,这其中涉及三个主体性因素,即个人、机构、社区,这三方面决定了社区教育采取的形式和内容,也决定了其他因素的特点。按照这三个主体来分,社区教育的主要功能是完善市民、强化机构、发展社区④,这是一个连续的从个人到整体的发展过程,只有三方面进行良性的循环互动,才能达到应有的效果。按照教育满足需要的基本目标来划分,社区教育可以分成三类⑤:①补偿式教育。正统的学校教育是一个人社会化的必经阶段,人们可以从学校里面了解到包括文化、社会、经济、历史等相关知识,完成一个人适应社会需要准备的工作。但正统的学校教育并不能覆盖所有民众,而且有些知识必须回到社区中来,这就要求社区提供辅助正规学校教育的补偿式教育。通过社区教育,能补偿居民未受到正规教育的知识空间,提供必需的知识和技能。②控制式教育。控制性教育推行一些居民行为的规范,通过社区教育使居民习得在日常生活中需要注意的规章制度、道德守则等,主要是政府控制的宣传手段。③解放式教育。解放式教育注重个人的全面发展,在知识、行为、态度和价值观念等方面发挥个人的潜能和积极性,协助个人体会制度上的不公平,并汇集个人及集体力量,创造公平的社会秩序。

根据我国港台地区的经验,社区教育有家庭生活教育、成人教育、健康教育等服务提供模式,分别对应不同的工作内容;在工作手法方面,社区工作者可以采取知识及资料的传播、领袖训练、社会行动、群众动员、社区关系、互助运动等工作手法;通过模式与内容的配合达到居民知识、行为技能、情感价值多方面素质的全面提高。⑥在社区教育的过程中,工作者主要发挥倡导者、教师、协调者的作用,对整个过程起一种引领的作用,争取达到最佳效果。社区中各参与主体的参与目标、内容、工作手法如表 F8 所示。

---

① 甘炳光等编:《社区工作:理论与实践》,第 234 页。
② 黄云龙:《中国社区教育的两个飞跃》,《教育参考》1994 年第 4、5 期。
③ 顾东辉:《"社区教育"的概念架构》,《广西民族学院学报》(哲学社会科学版) 2003 年第 4 期。
④ 顾东辉:《"社区教育"的概念架构》。
⑤ 甘炳光等编:《社区工作:理论与实践》,第 234 页。
⑥ 甘炳光等编:《社区工作:理论与实践》,第 234~244 页。

表 F8 社区中各参与主体的参与目标、内容、工作手法

参与主体	参与目标	参与内容	工作手法
社区领袖	a. 培养组织社会行动的能力； b. 培养分析问题、解决问题的视角； c. 对社会制度、社会结构把握程度的提升	a. 领袖培训； b. 社会策划能力； c. 群众动员方式	a. 培养领袖才能及技巧； b. 提供组织行动的机会； c. 增强社区领袖的信心； d. 提供与外界交往机会； e. 增强居民对其信任度
社区积极居民	a. 促进自己各方面素质成长； b. 维系社区生活； c. 调节生活； d. 寻找社会关系的拓展； e. 在服务中提升自我意识	a. 较稳定、长期举行的课程； b. 社区文化交流小组； c. 家庭生活教育； d. 成人教育； e. 健康教育	a. 提供多元化的课程，以供选择； b. 安排结构性的活动； c. 提供参与到社区活动中的机会； d. 长期稳定的小组活动； e. 提供扩展自己社会关系的机会
社区一般居民	a. 促进自己各方面素质成长； b. 增强社区生活的参与度及社区归属感； c. 调节个人生活； d. 寻找社会关系的拓展； e. 在服务中提升自我意识	a. 对社区资料的掌握，了解社区活动的开展情况； b. 破冰活动； c. 短期课程； d. 家庭生活教育； e. 成人教育； f. 健康教育	a. 加强他们与其他社区居民之间的了解； b. 加强参与活动之后的满足感； c. 吸纳为新的组员； d. 分析其需要，提供相应服务
社区消极居民	a. 引导其认识到社区的重要性； b. 提升其好奇心； c. 适当参与到社区生活中； d. 提升处理社区人际关系的能力	a. 对社区资料的掌握，了解社区活动的开展情况； b. 破冰活动； c. 临时课程	a. 开展活动，吸引他们的注意力； b. 提供活动的详细资料，以促成他们的好奇心； c. 分析其需要，提供相应服务； d. 向他们推销活动； e. 掌握他们的联系方式

社区教育是一个综合体，涉及社区内各主体之间的全面互动，其本质在于社区生

活、社会发展与教育的有机结合。① 充分动员区内教育资源以提升教育的覆盖范围、效果是工作者应该掌握的。在我国，社区教育往往不是由社会工作者组织的，对其研究停留在教育学层次上，采取的模式主要为区内学校、文化中心的对外辐射，如区内小学、中学举办的一些讲座，大学组织的一些活动等。很多社区也建立了社区文化中心以提供服务，但这些都是很不完善的。下面以湖北省开展的社区教育为例。

例5：我国推行社区教育的一些做法及出现的问题②

为了落实国务院批转的教育部《面向21世纪教育振兴行动计划》提出的"开展社区教育实验工作，逐步建立和完善终身教育体系，努力提高全民素质"的要求和教育部职成教司《关于在部分地区开展社区教育实验工作的通知》，湖北省开展了一系列增强社区教育的活动。主要做法有：

(1) 加强宣传，提高认识，转变观念。
(2) 建立领导和管理机构，健全管理体制。
(3) 以人为本，抓好队伍建设。
(4) 学校、社区互动，促进教育与社区的共同发展。
(5) 建立社区教育阵地，拓展社区教育空间。
(6) 统筹规划安排，实现社区教育资源共享。
(7) 科研先行，向科研要质量，要效益。

从这些做法可以看出，政府统筹社区教育的因素起了比较大的作用，是社区教育取得成效的保证，从上级政府的行文到基层社区教育领导机构的建立，都体现了这一点。另外，学校、社区互动也是比较普遍的做法，细化下来，有社区参与学校活动、学校在社区举行活动、学校鼓励学生参与社区活动三种形式，体现了由学校向社区辐射的基本特点。在社区教育推行的过程中，必须处理好政府、学校、社区、个人多层次之间的关系，优化各方面力量的结构关系，从而组成一个强有力的社区教育实体，以开展活动。

在社区教育推行过程中，也出现了诸多问题：

(1) 专业化的工作者队伍没有建立起来。社区教育主要由学校、政府等单位承担，并没有一个全职的专业化队伍去实施，导致教育质量的不佳。
(2) 社区教育覆盖范围不广。社区教育发展很不平衡，而且对社区教育的概念也未能准备掌握，导致教育的片面性。
(3) 形式重于内容。
(4) 开展活动的经费不足。
(5) 居民参与意识不强，参与积极性并没有给调动起来。

(六) 社区照顾

社区照顾的概念产生于第二次世界大战后，与英国的非住院化运动息息相关。当

---

① 黄云龙：《关于社区教育本质的思考》，《教育研究》1999年第7期。
② 参见《湖北省社区教育现状调查报告》，http://hbzc.e21.cn/news_ detail.php?id=380。

时正逢福利国家制度在英国的兴起,国家对孤寡老年人、残疾人和精神病患者实施住院式照顾,即将他们安置在由政府出资兴办的、与生活社区隔离的福利院舍中进行精心而细致的照料。虽然,这一做法对那些生活不能自理、又无依无靠的老年人来说具有相当的成效,但是,机构照顾存在一些基本的缺陷,加之维持机构运转的费用随社会发展和提高照顾质量的要求而不断增加,到20世纪50年代,英国的一些有识之士行动起来提出改革机构照顾的"去机构化"要求。他们认为,由机构照顾的人不仅因为他们身体的或精神的"失能"而被打上了"烙印",作为不正常的人被关在机构的院墙里,而且还因为这种隔离使他们的社会角色被剥夺,在身体或心理的"失能"之后,因为与世隔绝,进一步制造了社会"失能"——没有了正常的社会角色,没有了个人的隐私权和做人的尊严,他们只能在别人的控制下生活。因此,除去机构的控制,让需要照顾的人在社区里过普通人的生活,在日常生活的环境里接受治疗和服务,以恢复他们的社会角色,维护他们的基本权利和尊严的"去机构化"主张,就成为推动社区照顾发展的主要潮流。于是人们发出了让住院者回归社会的呼声。随着福利国家制度的逐步衰退,政府顺势倡导,英国社区照顾的方法便应运而生。

1. 社区照顾的概念

照顾(care)基本上可以从四个不同层次来进行界定:①行动照顾——起居饮食的照顾、打扫居所、代为购物;②物质支援——提供衣物家具和现金、食物等;③心理支持——问候、安慰、辅导等;④整体关怀——留意生活环境、发动周围资源以支援等。由此可以看出,照顾是一个多层次的概念。因此,在设计社会服务或政策的时候,应该涉及以上四个方面,遗留了任何一个都是不完整的。

综合社区及照顾的概念,可以归纳出社区照顾的定义:在社会工作的理念中,社区照顾是指社区中的各方面成员——家人、亲戚、朋友、邻居、志愿者——和社区领袖、社区积极分子等组成的非正式网络,与各种正式的社会服务机构——医院、养老院、福利院、精神病院及各种康复中心等政府的和非政府的机构相配合,在社区内对需要照顾的人提供服务的过程。

该定义可以说由以下三个基本因素组成:

(1)照顾对象和工作对象:为社会上有依赖(dependent)需要的一群提供照顾及支援。这些对象多是社会上最脆弱(most vulnerable)及最无依靠的一群。因此,社区照顾的对象不单指老年人,还有残疾人、精神病康复者等。

(2)提供照顾者:社区内的正式支持网络和非正式支持网络。所以社区照顾还包含"由社区照顾"(care by the community)和"社区内照顾"(care in the community)两种模式。"由社区照顾"所采用的是非机构、非住宿、非隔离式的照顾方式,是老年人在家接受政府、社会、家人等社区内正规与非正规资源所组成的综合性照顾，是一系列的支援性服务，它的服务对象主要是有一定自我生活照顾能力的老年人；"社区内照顾"则包括机构形式的照顾，接受照顾的老年人需要依赖社区内的专业机构或专业人员维持日常生活，它的服务对象主要是生活难以自理的老年人。在"由社区照顾"模式中，根据老年人的健康状况、家庭护理条件等内在因素和外在环境的不同，可以分别采取家庭照顾、居家照顾与日托照顾相结合的照顾方式；在"社区内照顾"模式中，根据老年人日常生活照料和身体护理等级的不同，可以分别采用老年人院、老年人福利院和老年人护理院等机构照顾方式。

（3）照顾的目的：社区照顾是尽量维持有需要人士在社区或其自然生活环境内的独立生活，直至他们必须接受住院照顾。社区照顾极力提倡社区内的正式和非正式资源的整合，去协助有需要帮助的人士，从而达致一个关怀的社区（caring community）。

综上所述，可以用图F1去表达社区照顾的概念。

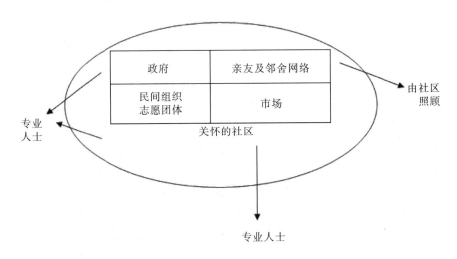

图 F1　社区照顾的概念

2. 社区照顾的目的

社区照顾的目的是提倡正常化，不仅是使失能者在社区里生活，即他们在居住、教育、健康、收入、社交、情感和性关系等方面有相应的机会和资源支持，更重要的是在日常生活中，他们的举止、行为和人格为社会所尊重，他们的诉求应得到社会的重视和积极的反应。换句话说，要使失能者能在社区里正常地生活，激发失能者的社会角色，使他们在与社会进行互动的过程中，将个人整合到社会里，实现其与不同人群一起生活，而不是被分割在一个分隔的空间里。正常化作为社区照顾的目的，使社区照顾中包含的对弱势群体的关怀、对个人权利和人格的尊重以及追求社会公平的价值理想成为支撑其工作实践的主要伦理依据。

3. 社区照顾关注的需要

根据前文所述的马斯洛需求理论，可以根据生理需要、安全需要、爱与隶属需要、尊重需要和自我实现需要来相应制定社区照顾的具体内容。

（1）生理需要。针对一些白天独自在家或者本身就是孤寡的老年人，社区照顾可以提供膳食及洗衣服务。老年人只需给付少量的费用，就能够来到社区中心吃饭、洗衣服。香港的社区中心甚至还配备冲凉房，以备老年人的不时之需。

（2）安全需要。人到老年，生理功能下降，容易生病，因此常有恐老、怕病的心理。这就要求在老年人的居住环境附近应该有一些医疗保健机构，方便老年人就医和按期定时检查身体。社区照顾所提供的日间护理中心以及日托中心就能在一定程度上满足这一需要。老年人不用去到大医院那里看病和接受治疗，在日间护理中心或日托中心就能接受常规性的检查和康复治疗。此外，如果老年人出现心理障碍或疾病的时候，社区中心的社会工作者能够适时地介入，提供辅导服务。

（3）爱与隶属需要。人到老年之后由于生理上的原因以及所处地位的变化，心理上会出现失落感、孤独感等一些负面的情绪。城市中"鸡犬之声相闻，老死不相往来"的格局更加剧了他们的不良反应。在社区照顾中，社区中心可以提供各种类型的康乐服务，让老年人能够在中心内聊天、看电视，参加社工组织的各种文娱活动，如唱歌、跳舞、旅行等。各种各样的社区活动不但增加了老年人与人交往的机会，而且丰富了他们的生活，有助于他们克服孤独感和失落感。

（4）尊重需要和自我实现需要。退休后的老年人大多尚有工作能力，为体现自身价值，不希望"角色中断"。在社区中心里，则可以让部分有能力的老年人发挥余热，做一些力所能及的工作，使他们老有所为，增强自我效能感，同时也有利于社区的良性运作。例如，可以请一些老年人在中心值班，解答其他会员的问题；一些有特长的老年人，如能歌善舞、通晓外语的，则可以充当导师开班授徒。此外，可以大力发展老年义工，调动老年人本身的资源，服务社区，同时大大提高他们的自尊感。

4. 社区照顾的功能

由此看来，社区照顾的功能有：

（1）促成社区成员之间的多向支持和关怀，扩大社区安全网的影响范围，提升社区工作的功能。

（2）通过社区照顾，使得有特殊困难而需要帮助的人及其家庭能够得到不同程度的帮助。

（3）提供不同形式的物质和精神上的援助和支持，能够保持被帮助者健康的生活方式和正常的生活水平，并且把家庭的某些功能社会化，从而减轻家庭的物质和精神负担，加强社会整合。

（4）促进社区内良好人际关系的确立。

（5）从宏观上看，通过社区照顾，社区工作者对社区成员灌输互帮互助的理念，对有困难的成员或家庭在进行援助的同时鼓励其走向社区，这就体现了社区的综合功能，使得社区成为有生气的、集多种功能为一体的社会实体。从微观上看，社区照顾使得特殊困难的家庭和个人能够正常生活和工作，无疑为社区建设和社区发展提供了基本条件。

例6：社区照顾例子——作为个案的和心俱乐部①

和心俱乐部是在家庭小型化和人口老龄化的背景下出现的。这一典型的社区非正式组织的出现为解决我国老年人的照顾和发展问题，也即"老有所养"和"老有所为"的问题提供了可资借鉴的经验。和心俱乐部位于长春市朝阳区崇智社区平安小区。该小区是一个由8个20层塔楼、4个11层和4个7层高的群楼组成的全市最大的高层居民小区，于1996年建成。小区居民来自全市不同地方，有住户1500多户，总人口4000人左右，其中约有13%是60岁以上的老年人口，是典型的老龄化社区。如何为老年群体提供照顾服务是社区工作的一项重要任务。在小区建成之初，整个小区没有成立居委会，也没有社区组织。住户开始彼此互不相识，物业管理、社区照顾事务、治安管理无人负责。在此背景下，1996年5月迁到这个小区8A3栋的退休干部史品忠联系了一部分老年人和居民，发起成立和心俱乐部，利用3楼自家门前的一块10多平方米的走廊，作为全楼相互往来与俱乐部活动的核心场所。和心俱乐部没有明确、成文的会员章程，也没有在民政部门登记，没有正式明确的法律地位和资金来源。成员不需缴纳会员费。

成立10年来，和心俱乐部已经形成一些例行化的常备服务项目。如设立文化广场和谈心处，提供报刊给会员阅读，大家在一起沟通感情；创办卫生保健广场，备有常用药品和会员医疗卡；组织成立志愿者服务队，义务为楼区居民服务；建立夕阳红活动站，组织老年人舞蹈秧歌队；创办花儿朵朵学前班，由会员中的教师为学龄前儿童讲课；创建"体闲岛"，组织会员进行娱乐活动；等等。此外，俱乐部还定期制作墙报，宣传精神文明，每年春节还要举办社区"百家宴"。和心俱乐部的成员还为居民处理大量的临时性和突发性事件，既包括"一家有难大家帮"的个别事件，也有涉及全体居民水电暖之类的公共事务。

在国家鼓励社区建设创新的背景下，和心俱乐部的创新性模式得到了政府的认可，也引起媒体、学界、社会各个部门的关注。中央和地方多家媒体对其建设进行了报道，许多人来此参观和学习。

---

① 刘岩、刘威：《老年人群体与社区照顾——对长春市和心俱乐部的个案研究》，《广西社会科学》2006年第4期，第179~183页。

三、社区工作的内容

(一) 社区服务

1. 社区服务的基本含义

随着实践的发展和理论探讨的不断深入,专家、学者和实际工作者从不同侧面、不同角度认真探讨了社区服务的内涵,出现了多种具体界定。概括说来,有广义和狭义等不同理解。持广义社区服务说的学者们普遍认为,社区服务不仅包括社区福利性、公益性服务,而且包括一定程度的商业性或准商业性的便民利民的生活服务,以及为辖区内企事业组织提供的后勤保障服务;与广义社区服务说不同,持狭义社区服务说的学者们普遍认为,社区服务仅仅是指社区福利性、公益性(非营利性)服务,不应该包括商业性服务。

可以看出,广义和狭义的定义区别在于社区服务是否包括商业性服务。社会工作面对的一般是遇到困难、需要帮助的弱势群体,这包括生理性弱势群体和社会性弱势群体。前者作为弱势群体有明显的生理原因,如儿童、老年人、残疾人等;后者沦为弱势群体主要是经济、政治和文化原因造成的,如失业者和贫困者。弱势群体存在于社会发展的各个阶段,尤其是在我国社会转型时期,弱势群体规模的扩大和弱势程度的加深都相当明显。他们存在着这样或那样的生活困难,最需要接受社区的帮助。因此,从社会工作的角度出发,这里所讨论的社区服务仅指狭义上的社区服务,也就是指政府、社会组织动员社区力量,利用社区资源,为社区成员提供福利性、公益性的服务,以不断满足社区成员日益增长的物质文化需要的过程。

2. 社区服务的主体、对象和内容

2000年民政部颁布的《民政部关于在全国推进城市社区建设的意见》就明确地指出"社区服务是社区建设重点发展的项目",并指出社区服务的主体、对象和内容:

(1) 主体:"在大中城市,要重点抓好城区、街道办事处社区服务中心和社区居委会社区服务站的建设与管理"。

(2) 对象:"社区服务主要是开展面向老年人、儿童、残疾人、社会贫困户、优抚对象"。

(3) 内容:"面向社区居民的便民利民服务,面向社区单位的社会化服务,面向下岗职工的再就业服务和社会保障社会化服务"。

(二) 社区救助

1. 社区救助的对象

从救助对象的角度来看,当今我国城市社区社会救助工作主要是面对贫困户和孤老病残人员的生活救助。这是按照国务院颁布的《城市居民最低生活保障条例》规定的,也是社区社会救助工作碰到的最常见的类型。从多数城市已经确定的保障范围来看,保障对象主要包括五类居民:一是无生活来源、无劳动能力和无法定赡养、扶养、抚养义务人的居民,亦即通常所说的"三无"对象;二是领取失业救济金期间或失业救济期满仍未能重新就业,家庭人均收入低于最低生活保障标准的居民;三是从业人员在领取最低工资、下岗人员领取基本生活费、离退休人员领取离退休金后,其家庭人均收入仍低于最低生活保障标准的居民;四是原民政部门管理的特殊救济对象;五是夫妻一方为本市非农业户口,另一方及子女为其他户口,具备特定条件且家庭人均收入低于当地最低生活保障线的居民。

此外,社区救济还包括灾民的生活救济,主要解决因自然灾害或人为灾害(如人为的火灾)造成的受灾居民的吃、穿、住和防疫、治病问题,具有临时性、突击性救助的明显特征。

2. 救济内容

《城市居民最低生活保障条例》规定:"持有非农业户口的城市居民,凡共同生活的家庭成员人均收入低于当地城市居民最低生活保障标准的,均有从当地人民政府获得基本生活物质帮助的权利。"可以看出,救济对象首先是城市户口的居民,然后以家庭为单位进行收入调查,其总额要低于当地规定的最低的生活标准,才能确定为低保人员,获得包括金钱、医疗、教育、住房等方面的救济。

此外,该条例还针对不同种类的人群提供全额及差额的救助,目的是希望社区救助能够帮助最需要帮助的人,避免有人骗取低保:"对无生活来源、无劳动能力又无法定赡养人、扶养人或者抚养人的城市居民,批准其按照当地城市居民最低生活保障标准全额享受";"对尚有一定收入的城市居民,批准其按照家庭人均收入低于当地城市居民最低生活保障标准的差额享受"。

3. 救济工作任务

唐忠新认为社区在低保工作方面的主要任务有[①]:

---

① 唐忠新著:《社区服务思路与方法》,机械工业出版社2003年版,第55~57页。

(1) 受基层政府或者街道办事处委托,接受低保申请。
(2) 对低保申请人的家庭收入和身份状况等进行调查、核实。
(3) 张榜公布低保申请人的有关情况,听取群众意见。
(4) 为申请低保的居民如实地出具证明材料,向街道办事处或镇政府报送低保审批表和初审意见。
(5) 负责发送本社区低保对象的最低生活保障和其他救助物品,并且组织社区力量为他们提供相应的服务,尤其是社区福利性服务。
(6) 组织就业年龄内有劳动能力而又未就业的低保对象参加公益性社区服务劳动。
(7) 对低保对象进行动态管理。
(8) 按照有关政策和工作要求,在基层政府组织的指导下,做好低保制度的宣传解释和档案管理工作。

4. 救助工作现存的问题

目前,我国城市救助系统存在着立项分散、经费分散、救助对象分散、管理方式分散的状态。这种单项分立的制度很难系统承担起对不同层次贫困居民的社会救助,也不利于职能部门进行规范化、科学化、法制化的管理。为消除这种弊端,应构筑社区综合救助机构,将多头管理因素集中到社区救助机构中来,统一项目、统一经费、统一管理机构,实现一体化的救助目标。还要注意做好以下方面的工作:第一,培育社区中介组织,这种组织既能代表政府,但又基本与政府脱钩。第二,把救助对象扩展到城市中的所有贫困者;但是要特别照顾特殊群体的救助,就是为"三无"对象提供的特殊救助。第三,救助机构要做好救助对象登记、管理、立案、追踪的行政工作。第四,壮大志愿人员的队伍,开展志愿工作。

(三) 社区优抚服务

1. 社区优抚服务的基本含义

优抚安置制度是中国政府对以军人及其家属为主体的优抚安置对象进行物质照顾和精神抚慰的一种制度。中国政府为保障优抚对象的权益,陆续颁布了《革命烈士褒扬条例》《军人抚恤优待条例》等法规。国家根据优抚对象的不同及其贡献大小,参照经济、社会发展水平,确立不同的优抚层次和标准:对烈士遗属、牺牲和病故军人遗属、伤残军人等对象实行国家抚恤,对老复员军人等重点优抚对象实行定期定量生活补助;对义务兵家属普遍发放优待金;残疾军人等重点优抚对象享受医疗、住房、交通、教育、就业等方面的社会优待。

因此，社区优抚对象服务是指社区发动和依靠社会力量，以一定形式，为优抚对象排忧解难，尽可能满足他们的各种合理需求。

2. 优抚对象

优抚对象是指该优抚的个人，包括中国人民解放军的现役军人、伤残军人、复员退伍军人、革命烈士家属、因公牺牲军人家属、病故军人家属、现役军人家属和军队离退休干部。

3. 优抚内容

奚从清等认为，社区优抚服务的内容包括①：
(1) 落实优抚政策：审报、代发抚恤金、优待金和定期定量补助费。
(2) 协助做好征兵和退伍安置工作：优先解决优抚对象生活中的困难，优先解决其子女入托入学，分担其家人的生活负担，优惠供应商品，安排就业，等等。
(3) 满足优抚对象的精神需求：如文艺访问、游览参观等。
(4) 帮助部队解决实际困难：如从人、财、物方面协助部队发展生产经营等。
(5) 帮助部队培养两用人才：如培养师资、为部队举办培训班等。

（四）社区残疾人服务

1. 社区残疾人服务的基本含义

社区残疾人服务是依托社区，充分利用社区资源和社区力量为本社区残疾人提供多项服务的工作过程，是我国城市社区服务的一个重要的组成部分。

2. 社区残疾人服务的对象

关于残疾人，不同国家有不同的定义和标准。根据《中华人民共和国残疾人保障法》和《残疾人实用评定标准》的规定，残疾人是指在心理、生理、人体结构上，某种组织、功能丧失或者不正常，全部或者部分丧失以正常方式从事某种活动能力的人。

3. 残疾人面对的困难

由于残疾的存在和影响，残疾人在人生的道路上步履维艰，成为社会中特殊困难的一个群体。他们面对的困难具体表现为：

---

① 奚从清、沈赓方主编：《城市社区服务》，浙江大学出版社1989年版，第115~117页。

(1) 日常生活困难。由于残疾人部分或全部生理功能的丧失，使到他们不能过上正常人的生活。他们甚至需要付出比常人数倍的努力，才能应付日常生活。

(2) 劳动就业难。残疾人出于生理、心理缺陷，不能像健全人一样胜任同样的工作，发挥正常作用。由于职业选择面狭窄，再加上社会的偏见，造成残疾人就业困难。

(3) 受教育难。残疾人的思维能力和行为能力受残疾影响而减退，生理和心理上都难以接受普通教育。

(4) 择偶和成家难。生理的、心理的和社会的原因使到残疾人择偶难。另外，文化素质的低劣限制了他们的社会交往范围，减少了相互间的接触。经济收入偏低、社会偏见、残疾造成的沉重心理压力，都使他们遇到了婚姻家庭方面的障碍。

(5) 参与社会活动难。残疾人需要全面与社会融合，但是缺少平等机会，甚至被各种公共场所排斥于大门之外。

4. 残疾人服务的主要内容

(1) 建立残疾人就业保障基金。按照国家有关规定，社会单位按比例缴纳残疾人保障基金或接收残疾人就业。

(2) 伤残儿童的托儿服务。将残疾儿童放在一个专门设置的教育机构培养，使其受到更多的照顾与特别的教育。康复程度良好的可以送到普通学校学习，有需要者则转入特殊教育学校。

(3) 盲校、聋哑学校。这是国家专门设置的特种教育学校。

(4) 残疾人职业培训班、福利工厂、福利组。经过对残疾人进行培训与安排，帮助残疾人就业，不但能使他们自食其力，有生活着落，而且使他们在心理、家庭关系和社会关系上树立自尊、自强的信心，也利于解决其婚姻问题。

(5) 残疾人工疗站。不能到福利工厂工作的残疾人应进入工疗站，以治疗为主，做些简单的、力所能及的劳动。这种劳动有利于提高他们的智能，并增加一些经济收入。

(6) 慢性精神病人工疗站。将工疗、药疗、心疗、娱疗结合起来，对患有慢性精神病的患者进行治疗。

(7) 残疾人活动中心、残疾人文化活动室。组织残疾人参加文艺、体育、游乐活动，举行文艺演出、残疾人运动会，有益于其身心健康，更能激发他们的进取精神。

（五）社区就业服务

1. 社区就业的基本含义

就业是指在劳动年龄内又有劳动能力或超过劳动年龄但有劳动能力的人为获取劳动报酬或经营收入，而从事一定的社会劳动。社区就业服务主要针对我国在社会转型期间所产生的下岗工人问题。社区就业希望通过政府、企业、中介组织共同合作，增进这班失业人群的工作能力，从而能够重新走上工作岗位。

2. 社区就业服务的基本内容

（1）职业介绍。现存的职业介绍机构可分为三类：第一类是隶属于各级劳动保障部门的公共职业介绍机构，是公益性的事业组织，其职能包括职业介绍、职业指导、职业咨询、失业人员管理、劳动力市场信息的收集与发布等，是一种综合性的职业介绍机构，为全社会劳动者服务；第二类是其他部门、行业或社会团体举办的职业介绍机构，其职能主要是职业介绍，以专业性职业介绍服务为主，可以是公益性的，也可以是营利性的；第三类是民营职业介绍机构，其职能主要是专业性的职业介绍，一般以营利性为主。

（2）职业指导。职业指导包括以下内容：

第一，调查分析职业变动趋势和劳动力市场供求状况。

第二，开展对劳动者，包括青年学生个人特质和特点的测试，对其职业能力进行评价。通过对求职者的个人兴趣、能力、性格、个性、理想、道德品质等方面的测量，对求职者做出全面、客观、公正的评价，帮助求职者客观了解自身的职业能力，决定自己的职业选择。

第三，帮助求职者了解职业状况、分类、性质、特点，以及对求职者素质的要求，使求职者全面了解和认识职业。

第四，向求职者传授求职的方法和技巧，使求职者掌握求职艺术，增强择业能力。

第五，向求职者提出建议，并推荐培训机构。对求职者进行职业测试，当求职者不具备某种职业要求时，根据求职者的实际情况，推荐求职者参加相应的职业技能培训，使其获得从事各种职业的技能。

第六，给妇女、残疾人等特殊群体提供专门的职业咨询服务。

第七，对下岗职工进行全方位的职业指导。由于下岗职工在就业观念、就业能力方面较难适应市场经济发展的客观要求，在他们之中开展积极主动的就业服务是必要的措施。通过职业指导，帮助下岗职工了解政策，转变观念，掌握求职方法，提高自主就业能力。

第八，对从事个体劳动和开办私营企业的劳动者，提供开业和经营方面的职业咨询服务。

(3) 再就业培训。再就业培训包括以下内容：

第一，搞好摸底调查。要了解当地失业和下岗职工的基本情况，以便有针对性地开展再就业培训。

第二，开展职业指导。

第三，组织职业技能培训。

第四，进行创业能力培训。

第五，开展再就业伙伴培训。

第六，政府购买培训成果。

第七，建立再就业培训基地。

(4) 开发就业岗位。开发更多的就业岗位是解决就业问题的关键。在开发就业岗位方面所涉及的领域主要包括劳动就业服务企业、中小企业、社区服务业及非正规部门就业等。

(七) 社区养老服务

1. 社区养老服务的基本含义和对象

社区养老服务是指对老年人的社会保障，主要指老年服务保障。老年服务保障指满足老年人生存与发展需求的服务。

社区养老是适合我国国情的一种新型养老模式。既然现有经济发展水平不允许机构养老全面替代家庭养老，家庭养老功能又逐步弱化，那么必须开拓创新，探索与我国社会发展相适应的养老模式。近年来，在全国各地实践中逐步为人们所认可的以家庭为核心、以社区养老服务网络为支撑、以养老保险制度为保障的社区养老，是适合我国国情的一种新型社会养老模式。这种养老模式把家庭养老和机构养老的优势功能很好地结合在一起，实现互补结合。

社区养老服务的重点对象是"三无"老年人、独居老年人，社区应该为这些人优先制定和提供服务。另外，社区的其他老年人也应该是社区养老服务的对象。

2. 社区养老服务的内容

(1) 老年人精神生活设施，主要包括：

第一，老年学校。为满足低龄老年人的求知欲望，实现国家终身受教育的要求，保证老年人继续受教育的权利，在规范中应增加在社区内设置老年学校的项目。根据老年人需求，老年学校提供各种学习培训内容，其中包括电脑操作、绘画、乐器、唱歌、舞蹈、服装设计、表演、烹饪和手工制作等项目。

第二，老年活动站。为使老年人的晚年生活丰富多彩，充满乐趣和欢笑，在社区内应设置老年活动站。老年活动站以娱乐为主的活动室应有练歌室、卡拉OK室、戏曲表演室、音乐欣赏室、舞厅、健身房等内容，以消闲为主的活动室应有期刊阅览室、棋类活动室、台球室、游艺室、影视厅、科技活动室、各类艺术培训班，等等。

第三，老年谈心站（聊天室），适合中高龄老年人。白天子女上班后，老年人在家中就会产生寂寞和孤独的感觉，所在居住区应分多处设立"老年聊天室"项目。在那里老年人可以谈天说地、交流思想、交流感情，也可以倾吐心中不快，或交流养花、养鸟的乐趣及烹饪经验，更多的是可以从其他老年人那里了解社会，获得信息。

(2) 日常生活需求设置，主要包括：

第一，敬老院。老年人及其子女都比较喜欢建在社区内的敬老院，因为离家近，环境又熟悉。社区的敬老院主要解决中高龄老年人、生病老年人和孤寡老年人的生活照料、治病护理问题。

第二，老年人日间照料中心（托老所）。托老所就像托儿所一样，早晨子女上班时将老年人送进，晚上下班回家时再把老年人接出。托老所里的老年人，白天在托老所吃中午饭，饭后有各自的床位进行休息，上、下午可参加托老所里组织的各项文艺、体育活动。托老所既解决了白天老年人在家无人照料的问题，使子女安心工作，又可以使老年人晚间回到家中与子女团聚，享受家庭的温暖和子女的亲情。

第三，老年医疗保健中心。随着年龄的增长，老年人身体的抗病能力、健康状况每况愈下，所以大多数老年人普遍需要的是能方便及时地看病、治病、买药、护理等方面的帮助。老年医疗保健中心一般可与社区里的医院或门诊所建在一起。老年医疗保健中心的主要工作为：老年人看病、治疗、护理、身体保健服务，定期为老年人上门入户体检，为老年人开设一些医疗、治病卫生知识普及讲座，建立老年人健康档案，为居家养老、行动不方便的老年人提供上门治病的家庭病床治疗、护理服务。

第四，送饭服务。对大多数留在家中，不愿去敬老院、托老所的老年人，为解决他们中午无子女做饭的困扰，社区应考虑增加建立老年餐厅或老年饭桌或送饭上门服务，以解除他们居家养老的中午吃饭问题。

第五，社区老年服务中心。社区应增建老年服务中心，全方位为老年人服务。社区老年服务中心应建立所在区域内全部老年人的分布情况及老年人基本情况的档案，建立各种为老年人服务的网站，向老年人提供各种服务帮助。例如，为老年人提供法律咨询服务，提供钟点保姆上门服务，帮助购买东西送上门，帮助提供病床护理人员，帮助提供做伴陪聊人员，过年过节看望，为困难老年人提供帮助，等等。

(八) 小 结

社区工作并不是一个容易界定的定义，由于各个国家的用法不同，社区工作、社区发展和社区组织在不同的地区有不同的含义。但是总体来说，社区工作可以被认为既是一种方法亦是一种服务内容。从功能说上看，社区工作具有社会福利功能、社会服务功能、社会控制和社会稳定功能。前面介绍了社区工作的六种模式（社区发展、社会运动、社会计划、社区组织、社区教育和社区照顾）和社区工作的具体内容。现时中国社区工作的具体内容是指社区服务，狭义上包括社区救助服务、社区安抚服务、社区残疾人服务、社区就业服务、社区养老服务。

本附录的最后着重介绍社区矫正的基本概念、功能、执行主体、实行步骤及其在我国的一些基本情况。社区矫正并非社区工作的一个工作模式，而是一个各主体参加的综合体，也不可以单纯作为一个工作内容来看，所以这一小节与前三小节不是一个并列的关系。在这里，我们认为社区矫正是社区工作跟矫正工作的一个结合，在我国已经迅速开展，并取得了良好效果；但与欧美发达国家相比，在发展程度上还远远落后，而且服务形式、内容等也有差别，对社区工作者在矫正中发挥的作用也有不同看法。这就要求我们在借鉴他们的经验的同时也要考虑我国的国情，才能达到矫正效果的最优化。

四、社区矫正——社区工作与矫正工作的结合

2002 年 8 月，上海市在市委政法委的领导下，开展了社区矫正的试点工作。2003 年 1 月 28 日，上海市在三个区启动了社区矫治试点的第二阶段，进一步推进社区矫正；从那时开始，上海一直在摸索适合本市、适合中国本土的社区矫正运作模式。2003 年 7 月 10 日，在上海矫正工作经验的基础上，最高人民法院、最高人民检察院、公安部、司法部联合下发了《关于开展社区矫正试点工作的通知》，决定在北京、上海、天津、江苏、浙江、山东等省市开展社区矫正的试点工作。[1]

社区矫正在英、美、澳、德、日等发达国家都已经得到很大范围的推广，各个国家以非监禁刑取代监禁刑改造罪犯、恢复其社会功能已经成为不成文的共识，并且取得了巨大成功。在这方面中国远远地落在了后面，在开展社区矫正试点以来，虽然取得一定的成效，但社区矫正的字眼很少出现在公众的视野中。另外，以往的社区矫正主要停留在法学上的探讨，把社区矫正作为一种刑罚手段来分析，强调它的法理功

---

[1] 参见张昱、费梅苹著：《社区矫正实务过程分析》，华东理工大学出版社 2005 年版，第一章。

能；但在社会学、社会工作方面的文献寥寥可数，在中国社会工作刚刚起步的状况下，把社区矫正与社区工作充分融合起来难度更大。鉴于此，本附录的最后一节希望对以往的研究做一个回顾，进一步补充社会学、社会工作方面在社区矫正方面的文献。

（一）概念分析

美国《国家咨询委员会刑事司法准则与目标》将社区矫正定义为社区中的所有犯罪矫正措施。美国学者福克斯（Vernon Fox）则认为社区矫正是指发生在社区，运用社区资源并具有补充、协助和支持传统犯罪矫正功能的各种措施。我国司法部社区矫正制度研究课题组将社区矫正定义为与监狱矫正相对的行刑方式，它是指将经法院宣告缓刑和经法院裁定假释以及由监狱等部门予以监外执行的罪犯放在社区，由专门的国家机关，在相关社会团体和民间组织以及社会志愿者的协助下，在判决或裁定规定的期限内，矫正其犯罪意识和行为恶习，并促进其顺利回归社会的非监禁刑罚执行活动。[1]

社区矫正强调的是一个地域性的概念，着重矫正对象跟社区的联系，从而保持矫正对象的社会功能，我们可以把它与另外一个概念——行刑社会化联系起来。行刑社会化指在执行刑罚过程中，通过放宽罪犯自由、拓宽罪犯与社会联系、促使罪犯掌握生活技能与相关社会知识、塑造罪犯符合社会正常生活的信念和人格，最终促成罪犯回归社会。行刑社会化强调刑罚执行要与社会紧密联系起来，与传统封闭的监禁刑完全不同，有利于改变传统监禁刑的行刑悖论。监禁刑是为了避免犯罪者重新为害社会、改造犯罪者的一个手段，司法者认为通过监禁刑可以在隔离的同时改造犯罪者。但监禁刑是与恢复犯罪者社会功能相悖的，把犯罪者监禁起来，等于隔绝他与外界的联系，断了他社会化的途径，而再社会化的环境即是监狱，通过与其他犯罪者互动，容易产生更恶劣的后果，也即犯罪者"交叉感染"，没有改善的同时可能会更加恶化。所以行刑社会化思想虽然产生的时间不长，但由于它反映了刑罚效益思想，且符合行刑人道性、行刑个别化等原则，已经成为当今世界各国刑罚执行的重要发展趋势之一。社区矫正体现了现代刑事政策的精神和现代刑罚轻型化、行刑社会化的理论趋向，顺应世界性监狱行刑社会化制度改革的潮流，有利于全面提高罪犯教育改造质量，减少并预防重新犯罪。世界各国推行行刑社会化是社区矫正存在的大背景，是社区矫正发展的助推器，有利于改变监狱行刑的悖论。[2]

---

[1] 王琼、邵云伟、章志伟等：《行刑社会化（社区矫正）问题之探讨 I》，《中国司法》2004 年第 5 期。
[2] 黄勇峰：《行刑社会化视野下的社区矫正》，《中国司法》2005 年第 5 期。

犯罪者走上违法犯罪的道路，往往不单是由个人原因造成的，很大程度上还要归因到社会结构上，如个人社会化途径被阻导致他们不能按照正常的途径完成社会化，或者如标签理论所说的社会越轨者往往是被标签出来的，再就是在与别人社会互动中习得的，种种因素导致了他们社会功能的残缺。社会化是一个控制途径，绝大多数人之所以能够认同现在的社会结构、法律制度，遵纪守法，依照社会认可的方式去生活，就是他们一直以来社会化的结果。这里还要强调社会联结的重要性。个人在社会生活中，与周围的人结成了亲密的社会关系，人们是生活在群体之中的，正是群体的这些联结支持了人们的生活。在中国本土强调的联结如费孝通提出的差序格局，以血缘为中心的联结，犯罪者问题的出现、功能的受损表现在他们与社会的联结和自身的联结的受损。社区矫正关注的是如何恢复犯罪者正常的社会功能，而怎么样才是最好的恢复社会功能的途径呢？要恢复矫正对象的社会功能必须满足以下条件：其一，能够综合各种手段的功能，本身应是一个系统；其二，具有康复功能，能够协助矫正对象恢复其正常的社会联结和自我联结；其三，具有发展功能，能够通过恢复矫正对象的社会联结和自我联结，使矫正对象达到自主、自立、自律，使矫正对象恢复的社会功能能够在今后的生活中长期保存。[1] 社区工作正符合了这些要求。谭马士就认为，社区工作有两大目标——分配资源和发展市民[2]，争取资源的合理公平分配，促进公民参与，促进社会发展、社会公平。社区工作的具体目标为：促进居民参与解决自己的问题，改善生活素质；改进社区关系，改变权力分配；提升居民的社会意识；发挥人民的潜能；培养相互关怀及社区照顾的美德；加强居民对社区的归属感；善用社区资源，满足社区需要。[3] 从社区工作的目标和功能我们可以看到二者的亲和性，社区工作可以运用社会工作的手法去帮助个人恢复其社会功能，通过各种手法达致案主的改变，如社区工作中的个人发展正体现了上面认为必须满足的三个功能，社区康复中心等社区工作机构的存在也比较好地符合了要求。所以社区矫正必须与社区工作联系起来，在后面我们将会对这一点跟进分析。

（二）社区矫正的功能与意义

上面已经提到，社区矫正有康复功能、发展功能等，有效地弥补了监禁刑所带来的不良后果，能使矫正对象和社会双方面都往好的方向发展，这也是社区矫正之所以能在众多国家推广的一个很重要的原因。综观以往的文献研究，社区矫正具有以下

---

[1] 张昱、费梅苹著：《社区矫正实务过程分析》，第7页。
[2] 甘炳光等编：《社区工作：理论与实践》，第14页。
[3] 甘炳光等编：《社区工作：理论与实践》，第15～16页。

功能：

1. 促进矫正对象社会功能的恢复，使其顺利回归社区

以往提倡监禁刑的学者认为，通过监禁刑可以有效地避免犯罪者重新为害社会，并且在监狱内塑造一个健康向上的环境，让他们在这个环境下通过劳动改造自己，可以取得比较好的效果。但多年的监禁刑实践已经否定了这一点，监禁刑存在着若干悖论：罪犯监狱化和罪犯再社会化的矛盾，监禁刑措施所产生的监禁痛苦与刑罚人道化以及刑罚矫正功能的矛盾，封闭的监禁机构与开放的社会之间的矛盾等①，特别是监狱化问题特别严重，即犯罪者在监狱内习得更多反社会化的行为。问题的出现导致了监禁刑起到了事与愿违的后果，而社区矫正正可以发挥相应效果，使犯罪者的社会功能尽快恢复，从而顺利回归社区。社区矫正的这一功能主要表现在：①以社区为矫正场所，使矫正对象社区联结保持顺畅；②社区矫正对象大多比较珍惜这类机会，这对于他自己思想观念的改进有促进作用；③社区矫正工作者开展的一系列活动可以在思想观念上、生活上对矫正对象有帮助，改变矫正对象的行为方式。②

2. 社会制度、结构上的自我完善，推动社会进一步发展，发挥社会的整合功能

在宏观的社会制度层面，推行社区矫正是全世界各国制度完善的一个潮流，体现了各国追求人类文明进步的要求。社区矫正的推广符合世界行刑制度的发展规律，有助于促进我国民主建设的进程。社会化与社会控制是社会制度的两个重要功能，通过这两个功能个体成长为社会所期望的社会人。当这两个过程某个环节出现问题时，往往导致越轨的产生，严重的则会触犯法律，这时强有力的再社会化、社会控制力量介入，力图引导个体回到社会主流的价值观中。但以往的再社会化制度也即监禁刑并没有起到这个效果，社区矫正的推行正是社会制度追求自我完善的一个体现。

3. 改变传统监禁刑的观念，消除标签化的歧视，促进社会互动

传统的监禁刑会给人们造成一种观念，即进了监狱的都触犯了法律，大部分具有人格上的缺陷，如暴力倾向、融不入社会等，这就成了一种刻板印象，服刑的个体被"标签化"了。在这种刻板印象的氛围下，即使服刑者已经得到改造，也很难再融入原先的社区，况且鉴于监禁刑的种种弊端，服刑者也很难比较好地恢复自己的社会功能。社区矫正能克服这类弊端。在社区中服刑的个体除了行为被监控外，与普通人并无多大差异，社区矫正尽量争取人们对服刑个体的宽容态度，而且通过服刑个体自己

---

① 袁登明：《监狱刑悖论与行刑社会化》，《中国监狱学刊》2005年第6期。
② 张昱、费梅苹著：《社区矫正实务过程分析》，第15页。

的努力去证明,这就不存在一个"监狱式的歧视",有利于服刑个体的恢复,有利于他们与外界的社会互动。

4. 从经济意义上说可以降低刑罚的成本①

目前,我国监狱的在押犯数量已由 1982 年的 62 万增加到 2002 年的 154 万人,20 年间增长了近 2.5 倍;各级政府用于监狱的经费也逐年大幅度增加,2002 年全国监狱执法经费支出 144 亿元,平均关押每个罪犯年费用为 9300 多元。最近,财政部和司法部联合下达了监狱经费支出标准,按照这个标准测算,全国监狱系统实际需要高达 210 亿元经费才能正常运转。这样就存在着一个矛盾:一方面监狱的经费大幅度增长,关押人数大幅度增长,有很多监狱都处于超押状态;另一方面,我们的社区矫正很不发达,处于社区矫正之下的罪犯所占的比例远远低于其他国家,监狱中还存在着大量不需要或不适宜监禁的罪犯。推广社区矫正的适用面,可以降低行刑成本,将不需要关押在监狱中的罪犯放到社区,将行刑资源更好地用于需要执行监禁刑的罪犯,从而可以增强刑罚效能。

5. 法律上,社区矫正是完善相关法律、促使我国法律制度往人性化发展的一个重要措施

社区矫正有利于中国特色的刑罚执行制度的改革和完善。刑罚执行对于打击犯罪、维护社会稳定具有十分重要的作用。随着我国从计划经济向市场经济的转轨,社会经济成分、组织形式、就业方式、利益关系和分配方式日益多样化,我国的刑罚执行也遇到了一些新情况与新问题,比如怎样提高教育改造质量、减少重新犯罪率,如何加强对服刑人员的分类教育、增强教育改造的针对性和有效性,如何使刑满释放人员能尽快融入社会、成为守法公民,如何进一步完善我国的刑罚执行制度,等等,都需要进行进一步的研究和探索。②

(三) 社区矫正的参与主体

社区矫正是一个过程,在这个过程中有不同的主体参与,完成相应的任务。对于参与主体,不同学者有不同看法。有学者认为社区矫正的执行主体只是司法行政机关,公安机关、社区组织等不能成为社区矫正的主体;《刑法》《刑事诉讼法》和最高人民法院、最高人民检察院、公安部、司法部联合下发的《关于开展社区矫正工

---

① 王琼、邵云伟、章志伟等:《行刑社会化(社区矫正)问题之探讨Ⅰ》。
② 王琼、邵云伟、章志伟等:《行刑社会化(社区矫正)问题之探讨Ⅰ》。

作试点的通知》（以下有涉及时简称《通知》）关于社区矫正执行主体的界定也存在一定的矛盾①，不同的法律文件有不同的看法，不过主要集中在主体范围的宽与窄上。在这里，我们把所有在社区矫正中出现的主体做一个介绍，主要强调他们在这个过程中产生的作用。

1. 矫正对象

矫正对象指管制、假释、被暂予监外执行和被剥夺政治权利的、缓刑等符合法律要求在社区中进行刑罚、不脱离社区生活的犯罪者。矫正对象参与社区矫正是强制性的，依照法律要求必须参加一定的社区服务，遵守一定的规章制度，听从执行主体的指挥。如果矫正对象在社区矫正期间有良好表现，被判断为已经恢复社会功能，不再为害社会，则可以结束矫正期；如果没有改进或者再犯，则执行相应的监禁刑罚。矫正对象是社区矫正双方中的一极，没有矫正对象也就无所谓社区矫正。

2. 司法行政机关

司法行政机关作为社区矫正的执行主体符合国际惯例。从国际上看，大多数国家或者地区包括美国、法国、日本、瑞士和我国的澳门，都是将社区矫正的执行权统一于专司司法行政职能的司法部，也有的国家或者地区将专司司法行政职能的部门称为内务部、法务部、法务省或者法务局等。司法行政机关作为社区矫正的执行主体，符合社区矫正刑执行的规律，也符合中国的实际情况。我国的基层司法所和基层法律服务所具有面向群众、贴近群众、调处纠纷、预防犯罪的优势和职能，最适宜从事社区矫正工作。《通知》已经明确规定，社区矫正执行主体是司法行政机关，公安机关仅仅是配合司法行政机关做好社区矫正工作。至于《刑法》《刑事诉讼法》与有关司法解释的矛盾问题，只能根据《立法法》第8条的规定，通过制定相应的法律来解决。②

3. 公安机关

我国《刑法》《刑事诉讼法》规定：管制、剥夺政治权利罪犯的执行主体是公安机关，对于假释的罪犯，由公安机关予以监督。《刑事诉讼法》还规定，对暂予监外执行的罪犯，由居住地公安机关执行。③

尽管法律把社区矫正执行主体权赋予了公安机关，但社区矫正行使的方式与公安

---

① 崔爱鹏：《我国社区矫正执行主体的法律思考》，《法治论丛》2006年第1期。
② 崔爱鹏：《我国社区矫正执行主体的法律思考》。
③ 崔爱鹏：《我国社区矫正执行主体的法律思考》。

机关的行使方式产生冲突，职能上也有冲突。公安机关并不适合做执行主体，但是可以在社区矫正中起到配合监督的作用，做社区矫正工作队伍的支持者更能体现该职能部门的作用。

4. 社区组织

社区矫正是一种刑罚形式，由于刑罚的强制性要求，社区组织不可能成为执行主体，但却是社区矫正的一个重要力量，可以有效协助、约束矫正对象，从而达到矫正对象的教育改造。

5. 社区矫正社工

上述已经分析过，社区矫正的功能、理念与社区工作有很大的亲和性，而相对应地社工在社区矫正的过程中也发挥了巨大的作用。社工可以采用社区工作的一般技巧帮助矫正对象，促使他们尽快恢复自己的社会功能。但与社区组织类似，社工并不能成为执行主体，只能得到司法行政机构的授权，以自己的专业技巧去介入。

6. 社区志愿者

社区志愿者指以志愿服务精神为指引，在工作、学习之余投身到社区矫正工作中来的个体，其中大部分由司法行政机构组织起来或者由社工组织进行活动。

（四）社区矫正的步骤[①]

参考以往的文献，基于对社区工作步骤的思考，社区矫正可以分为社区矫正专业关系的建立、社区矫正资料收集、社区矫正资料分析、矫正对象问题研究与诊断、社区矫正计划、社区矫正介入、社区矫正评估与跟进等七个阶段。

1. 社区矫正专业关系的建立

社区矫正专业关系不同于社区工作的专业关系，社区矫正具有强制性质，矫正对象有义务与工作者配合，而工作者有权利监督矫正对象的行为，通过种种方式使他们恢复社会功能。由于社区矫正的专业关系与社区工作的不同，在建立信任关系方面比社区工作更难，这就要求工作者要具有比较高的素质，有很大的耐心。

[①] 参考张昱、费梅苹著：《社区矫正实务过程分析》，第35～38、151、267页。

2. 社区矫正资料收集

资料的收集过程从工作者还没见到矫正对象之前就已经开始了，并贯穿于整个矫正的过程。社区矫正的目的是要解决矫正对象的问题，让他们恢复社会功能，回到社区。这就要求工作者在工作过程中要分析矫正对象的需求，从而有针对性地提出对策。如何收集资料、收集什么资料都是工作者应该关注的，其中文献法、访谈法、问卷法、观察法是比较主要的工作手法。

3. 社区矫正资料分析

通过资料的收集，工作者掌握了比较翔实的情况，下一步工作就是对收集回来的资料进行分析。要先对资料进行整理，使资料可分析性增强，而关于资料的分析方法有比较分析、因果分析、结构—功能分析等。

4. 矫正对象问题研究与诊断

整理和分析资料使问题研究与诊断成为可能，进而为实施矫正奠定基础。运用社区工作的分析方法对矫正对象的问题进行研究与诊断是比较关键的一个环节。

5. 社区矫正计划

社区矫正计划是在之前与矫正对象一起互动中形成的，制定计划、贯彻计划是为了更好地发挥矫正的作用，这需要矫正对象的大力配合。矫正计划一般由三部分内容组成，即计划的目的和目标、计划关注的对象、计划实施的策略。目的和目标指出了该矫正项目最终要达到的效果；关注对象是指计划实施对象，或者说计划要改变的对象，包括个人、群体、家庭、社区、社会等；计划实施的策略主要是计划实施的步骤、方法和各种安排。

6. 社区矫正介入

社区矫正的介入是工作者实施社区矫正计划的过程。在这个过程中，社会环境与矫正对象之间的互动关系是工作者介入的重点，分析个人所处的社会结构、个人在社会结构中的位置是介入成功的要求。在介入中，社区矫正工作者必须发扬社会工作者关怀、尊重、保密、个别化等专业守则，以期达到更好的效果。

7. 社区矫正评估与跟进

矫正评估是在矫正服务计划实施后，对矫正进行整体反思的过程。通过矫正评估，矫正社会工作者不仅对矫正效果、过程进行思考，而且要对矫正工作的未来制定出相应的跟进计划。

术 语 解 释

使能者（enabler）：社会工作者的一个角色，也称"实现者"，帮助案主明确表达需要、准确界定问题、探讨解决问题的策略，以及选择并实施介入策略，发展案主有效解决自己问题的能力，从而达到案主自助的效果。

思 考 题

1. 社区工作的价值观有哪些？你认为哪个最重要？
2. 社区工作模式有哪些？挑选一个你认为在我国开展得比较好的，以实际例子说明。
3. 结合社区工作中的某个模式分析社区养老服务。
4. 以一个街道为例，分析它开展社区工作的情况。
5. 社区矫正参与主体有哪些？
6. 社区工作者能成为社区矫正的执行主体么？试论证之。
7. 搜集相关文献，对我国社区矫正和英美等国的情况做一个比较。

附录二 社区诊断量表

社区诊断量表是用于对一个社区进行诊断研究的。博斯沃夫（Claud A. Bosworth）的"社区取向尺度"的设计是由社区成员的验证来评估社区进步取向的水平；菲斯勒（R. Fessler）的"社区整合指标"主要是测量社区成员的整合，这个尺度用于确定社区进步和整合之间的关系；"社区评估量表"是查明商人、劳工、领导人、部长、教师、福利工作者等不同群组的不同观点的一个实用设计；"社区服务活动记分卡"用于评估社区服务活动的参与情况，由此探讨社区成员的进步性和社区服务活动的关系将富有成效。每个尺度都揭示了研究关于社区参与和进步与职业、教育、社会阶层、年龄、性别和婚姻状况这类背景因素的关系的可能性。

量表一：社区取向尺度

- 被测变量：进步取向的水平从社区生活的以下方面反映：①一般的社区改善；②生活的条件；③商业和工业；④健康；⑤娱乐；⑥教育；⑦青年活动；⑧公用事业；⑨通讯。
- 描述：社区进步的含义是通过许多来自不同社区的成员提出一些他们认为代表进步或非进步的陈述，并对此进行横向分析来确定的。这些陈述所提出的364个命题，分别被放入"李克特模型"的五点格式中，由领导人组成的问答代表小组单独指出每一个命题是进步的或是非进步的。测验显示有60个命题是最具有差异的。这60个命题被编入三个分尺度里，每个尺度有20个题目。这三个分尺度被确定为社区整合、社区服务和社区公民职责。
- 出版地：克劳德·博斯沃夫的一篇博士论文，提交密执安大学，1954年。
- 可信度：项目 $n=60$，$r=0.56$。
- 有效度：显著区分进步组和非进步组的总平均分为0.25。
- 实用性：这个尺度无论用于访谈或问卷都是容易掌握的，调查时间约需20分钟。

社区取向尺度

	很同意	同意	一般	不同意	很不同意

（社区服务分尺度）

1. 绝大部分的社区在它们未开始任何新的社区改良计划前已足够好 （ ）（ ）（ ）（ ）（ ）
2. 所有的社区都应该鼓励进行更多的音乐和讲演节目 （ ）（ ）（ ）（ ）（ ）
3. 就居住来说，这个社区是较好的 （ ）（ ）（ ）（ ）（ ）
4. 长期的进步比近期利益更重要 （ ）（ ）（ ）（ ）（ ）
5. 我们的社区里有太多的社区发展组织 （ ）（ ）（ ）（ ）（ ）
6. 家庭和教会应负责向青年传授婚姻知识及为人父母之道 （ ）（ ）（ ）（ ）（ ）
7. 赡养老人的责任应由他们的家庭承担而不是社区 （ ）（ ）（ ）（ ）（ ）
8. 社区里已有过多的青年培养计划 （ ）（ ）（ ）（ ）（ ）
9. 大多数社区中的学校都是很好的 （ ）（ ）（ ）（ ）（ ）
10. 制定社区计划所花费的时间太多 （ ）（ ）（ ）（ ）（ ）
11. 成人教育应该作为当地学校规划的一个基本部分 （ ）（ ）（ ）（ ）（ ）
12. 只有医生才对社区健康计划负责 （ ）（ ）（ ）（ ）（ ）
13. 精神病不是全社区的责任 （ ）（ ）（ ）（ ）（ ）
14. 一个现代社区应提供社会机构的服务 （ ）（ ）（ ）（ ）（ ）
15. 市民的精神需要在教堂里可得到满足 （ ）（ ）（ ）（ ）（ ）
16. 为着发展，一个社区要提供更多的娱乐设施 （ ）（ ）（ ）（ ）（ ）
17. 通常，信徒都是好市民 （ ）（ ）（ ）（ ）（ ）
18. 教堂应该依据人口的增长来扩大和选址 （ ）（ ）（ ）（ ）（ ）
19. 市民的社会需要是对他们自己及其家庭负责，而不是对社区负责 （ ）（ ）（ ）（ ）（ ）
20. 学校应只重视"3R"课程，而忽视目前所提供的其他课程 （ ）（ ）（ ）（ ）（ ）

（社区整合分尺度）

21. 社区发展计划不应该导致对商业的损害　　（　）（　）（　）（　）（　）
22. 工业发展应包括扶持地方工业的目标　　　（　）（　）（　）（　）（　）
23. 每个市民首要的责任应是为自己的钱包赚钱　（　）（　）（　）（　）（　）
24. 镇上的工业太多会降低生活水平　　　　　（　）（　）（　）（　）（　）
25. 那些倦于参与社区发展计划的市民有责任批评那些积极参与的人　　　　　　　　　（　）（　）（　）（　）（　）
26. 有利于社区的就有利于我　　　　　　　　（　）（　）（　）（　）（　）
27. 每个人应按照自己的意愿来经商，同时也这样对待其他人　　　　　　　　　　　（　）（　）（　）（　）（　）
28. 一个强大的商会对任何社区都是有利的　　（　）（　）（　）（　）（　）
29. 商会领袖们都反对大多数的社区居民福利事业（　）（　）（　）（　）（　）
30. 如果各人都关心他们自己的事业，社区会变得更好　　　　　　　　　　　　　（　）（　）（　）（　）（　）
31. 任何社区组织的成员应该只出席对他个人有影响的会议　　　　　　　　　　　（　）（　）（　）（　）（　）
32. 只有当整个群体都争取进步时，我们每个人才能取得真正的进步　　　　　　　　　（　）（　）（　）（　）（　）
33. 不注意那些为他而工作的人们的抱怨的人都是贫穷的市民　　　　　　　　　　　（　）（　）（　）（　）（　）
34. 如果我们都像农民关照他的农活那样关照我们的事业，一切都会更好　　　　　　　（　）（　）（　）（　）（　）
35. 所有联盟都充满了社会主义者　　　　　　（　）（　）（　）（　）（　）
36. 好市民应该鼓励消息的广泛传播，包括那些对己对其组织不利的消息　　　　　　　（　）（　）（　）（　）（　）
37. 好市民应当帮助少数派解决他们的问题　　（　）（　）（　）（　）（　）
38. 农民在我们的社会中有太突出的位置　　　（　）（　）（　）（　）（　）
39. 一个人只应参加那些能提起他的兴趣的组织（　）（　）（　）（　）（　）
40. 每个人都以牺牲他人而一心为自己　　　　（　）（　）（　）（　）（　）

（社区公民职责分尺度）

41. 忙碌的人不应对城市计划负责　　　　　　（　）（　）（　）（　）（　）
42. 保持城市清洁应是城市官员的责任　　　　（　）（　）（　）（　）（　）
43. 如果不增加税收，社区发展计划是好的　　（　）（　）（　）（　）（　）
44. 不成熟的因素太多，难以谈论社区事务　　（　）（　）（　）（　）（　）

45. 一个进步的社区必须提供足够的停车设施　　（　）（　）（　）（　）（　）
46. 政府官员在执行一个主要的市政计划之前应听取（　）（　）（　）（　）（　）
　　公众意见
47. 一个好市民应愿意在城市发展组织中担任领导人（　）（　）（　）（　）（　）
48. 只要少数人参与就能很好地实现进步　　　　　（　）（　）（　）（　）（　）
49. 如果更少的人花时间于社区发展，社区会更好　（　）（　）（　）（　）（　）
50. 社区发展只与少数领导人有关　　　　　　　　（　）（　）（　）（　）（　）
51. 只有那些有大量时间的人才应对城市计划负责任（　）（　）（　）（　）（　）
52. 社区中居住条件应该改善　　　　　　　　　　（　）（　）（　）（　）（　）
53. 好市民应为社区发展而在请愿书上签名　　　　（　）（　）（　）（　）（　）
54. 改造贫民区是浪费金钱　　　　　　　　　　　（　）（　）（　）（　）（　）
55. 警察应对外来人特别严厉　　　　　　　　　　（　）（　）（　）（　）（　）
56. 已铺好的街道和路在大多数社区中是很好的　　（　）（　）（　）（　）（　）
57. 由于污水增加，社区的排污系统系统必须扩大；（　）（　）（　）（　）（　）
　　即使这样做必须增加税收
58. 有些人只愿意生活在贫民区　　　　　　　　　（　）（　）（　）（　）（　）
59. 我们面对的主要问题是高税收　　　　　　　　（　）（　）（　）（　）（　）
60. 现代的方法和设备应提供给城市行政管理的一切（　）（　）（　）（　）（　）
　　方法

量表二：社区整合指标

● 被测变量：初级农村社区成员之间的共识的量（250~2000人）。

● 描述：测验八个涉及社区活动的领域：社区精神，人际关系，家庭对社会应负的责任，学校，教堂，经济行为，地方政府，压力。这八个领域涵盖于40个陈述之中，这些陈述由回答者根据他对陈述怎样应用于社区的判断在五个选择上进行真伪评定。这五个选择按"非常真"到"的确假"排列。"非常真"的回答得5分，"的确假"的回答得1分。所有记分表得分的标准差被用于测量社区中共识和整合的程度。设定标准差越小，整合性越强。总平均分被作为社区成员关于社区性质的意见的指数来考虑。

● 出版地：菲斯勒：《社区整合测量尺度的发展》，《农村社会学》1952年第17期，第144~152页。

● 可信度：折半信度 r 被描述得很高，但没有给出值。

- 有效度：表面效度。
- 实用性：这个指标测量一个重要的社区变量。当社区行动计划和社区整合之间的关系被查明时，这个测验对社区努力的成功或失败具有较高的预见性。

社区整合指标

姓名_____社区_____职业_____婚否_____，若已婚，在学校的子女中，____个男孩____个女孩，____个孩子已毕业，在社区中居住了____年，住宅位置在镇上____在镇外____多远____英里？

考虑以下每一个与镇上和邻近农场的所有人有关的陈述，如果你认为非常合适于这个社区，在陈述后的"非常真"处打圈；若陈述只是部分适合时，在"真"处打圈；若你不知它以什么方式与这个特定的社区有关，在"不能确定"处打圈；若你认为它是错的，在"假"处打圈；若它确实是错的，在"的确假"处打圈。请记下你第一个想到的回答，不要反复想或修改你的回答。

	非常真	真	不能确定	假	的确假
1. 这个社区很难找到真正的朋友	( )	( )	( )	( )	( )
2. 我们的学校在教导青少年如何进入生活这方面的工作做得很差	( )	( )	( )	( )	( )
3. 本地舆论公正地对待每个人	( )	( )	( )	( )	( )
4. 社区是非常和平和有秩序的	( )	( )	( )	( )	( )
5. 这里许多人认为他们对你太好了	( )	( )	( )	( )	( )
6. 社区中的家庭对其子女管得很严	( )	( )	( )	( )	( )
7. 这里不同的教会相互合作得很好	( )	( )	( )	( )	( )
8. 这里有些人认为谋杀也是小事一桩，而其他人却对任何微小的不端行为大加责备	( )	( )	( )	( )	( )
9. 几乎所有人对你都殷勤有礼	( )	( )	( )	( )	( )
10. 我们的中小学为学生进入高校做了许多准备工作	( )	( )	( )	( )	( )
11. 这里每个人都试图利用你	( )	( )	( )	( )	( )
12. 这里周围的人都显现出很好的判断力	( )	( )	( )	( )	( )
13. 人们不愿为社区而继续在一起工作	( )	( )	( )	( )	( )
14. 父母教其子女尊重他人的权利和财富	( )	( )	( )	( )	( )

15.	我们大部分的信徒当他们走出教堂就忘记了大家是兄弟的教义	( )	( )	( )	( ) ( )
16.	这个社区缺乏真正的领袖	( )	( )	( )	( ) ( )
17.	如果你坚持做与众不同的人，你会落个坏名声	( )	( )	( )	( ) ( )
18.	我们的高中生对把他们居住的社区变得更美好抱有浓厚的兴趣	( )	( )	( )	( ) ( )
19.	这里少数的人占有了所有的财富	( )	( )	( )	( ) ( )
20.	太多的年轻人陷入性困扰	( )	( )	( )	( ) ( )
21.	社区对长期帮助年轻人所做的努力很大	( )	( )	( )	( ) ( )
22.	人们不关心他们的孩子在做什么，只要他们能置身麻烦之外	( )	( )	( )	( ) ( )
23.	教堂是使社区生活变得更好的一个有建设性的因素	( )	( )	( )	( ) ( )
24.	市长和议员们按他们自己的意愿来管理这个镇	( )	( )	( )	( ) ( )
25.	我很高兴自己属于这里	( )	( )	( )	( ) ( )
26.	社区中许多年轻人未读完高中	( )	( )	( )	( ) ( )
27.	这里的人都是吝啬鬼	( )	( )	( )	( ) ( )
28.	你必须花许多钱才能被这里接纳	( )	( )	( )	( ) ( )
29.	所有人都只关心自己的事业	( )	( )	( )	( ) ( )
30.	许多人让他们一家在教堂或周末学校度过星期天	( )	( )	( )	( ) ( )
31.	每个教堂都希望自己是最大、给人印象最深的	( )	( )	( )	( ) ( )
32.	少数人垄断了社区政治	( )	( )	( )	( ) ( )
33.	这里大部分的大学生对读写学得很好	( )	( )	( )	( ) ( )
34.	人们通常都只谴责其他人	( )	( )	( )	( ) ( )
35.	本地人都希望他们的佣人过低工资生活	( )	( )	( )	( ) ( )
36.	如果你碰巧出生于一个名声不好的地方，你在这里将是不走运的	( )	( )	( )	( ) ( )
37.	看来没有一个人关心你的面貌如何	( )	( )	( )	( ) ( )
38.	如果孩子们能置身于潮流之外，父母们就会满足地让他们做任何他们想做的事	( )	( )	( )	( ) ( )
39.	大部分常去做礼拜的教徒都不会把他们的教义付诸实践	( )	( )	( )	( ) ( )
40.	镇委会所做的事少得可怜	( )	( )	( )	( ) ( )

量表三：社区评估量表

- 被测变量：评估社区生活的质量以及社区"良好性"水平。
- 描述：10个社区生活的既定领域分别被评定为"好""一般""差"。这些被选定的领域包括教育、住房建筑及计划、宗教、机会均等、经济发展、文化机会、娱乐、健康和福利、政府及社区组织。得分数由0~100。

出版地：纽约州城市委员会，《成人领袖》1952年第1卷第5册，第19页。

- 可信度：未知。
- 有效度：表面效度。
- 评分标准：好社区=90~100，一般社区=70~89，差社区=0~69。
- 实用性：这个表格容易掌握，约需10分钟完成。评量者常会对做出恰当的判断和确切的限定而感到困难。这是意料之中的。这个表格的优点是它允许个别评量者分析。来自商人、劳工、福利、教育和宗教的各个评量者对相同社区的评估通常有较大的差别。
- 研究适用性：没有研究报告。然而这个量表显示了从社区质量方面来检验新的工业分布方式的可能性。社区质量及领导人之间的关系是一个应该探讨的重要领域。

社区评估量表

	好	一般	差

△指标1　教育
　　提供给每个儿童、青年和成人的现代教育。宽敞、设备充足、有良好物质条件的学校，高素质、高收入的教师　　（　）（　）（　）

△指标2　住房建筑及计划
　　每个家庭都有体面的住房，改善住宅区、公园、高速公路和其他基础设施的长期计划，停车、交通和运输问题被加以控制　　（　）（　）（　）

△指标3　宗教
　　给予每个人以信教传教的机会，大力支持教会　　（　）（　）（　）

△指标4　机会均等
　　不同种族、信仰和国籍的人有充分的机会就业和参加社区生活。通过避免歧视和不公正使紧张的危险局限在最小范围　　（　）（　）（　）

△指标5　经济发展
　　好工作是可得到的，劳动力、工业、农业和政府一齐努力保　　（　）（　）（　）

证经济增长

△指标6　文化机会

为市民生活增加更多享受音乐、艺术和戏剧的机会。一个管理专门化的图书馆服务有益于任何年龄的人。报纸和电台详细检讨社区事务　　　（　）（　）（　）

△指标7　娱乐

户外活动有足够的管理良好的运动场和设施。有充分的机会参加美术、工艺、摄影和其他业余爱好　　　（　）（　）（　）

△指标8　健康与福利

用实际的办法改善整个社区的健康状况，真正提供诊所和医院。为孤儿、老人和残疾人提供生活补助，陷入困境的家庭得到所需的援助　　　（　）（　）（　）

△指标9　政府

有才能的人任职公共部门。官员们关心所有有关社区改善的问题。引起争论的原因是意见不同而坦诚商讨，而不是为取得特权而吵闹　　　（　）（　）（　）

△指标10　社区组织

一个组织——社区论坛、市民委员会或社区联盟——全镇的代理人是为全社区的进步而工作的。市民有机会了解并参与地方事务。有一个有组织的、有社区范围的讨论日程，专业化的组织积极关注每个市民的需要　　　（　）（　）（　）

评分标准：好：10分一题；一般：5分一题；差：0分。

你所在镇的总得分：_____

量表四：社区服务活动记分卡

● 被测变量：社区服务中的个人参与。

● 描述：这个记分卡是一个评估社区服务的个人参与的一个量表。15个可能行为的项目代表了大多数的社区活动。0～15分记录每个人对每个项目的参与程度。

● 社区服务活动记分卡由米勒（Delbent C. Miller）设计。

（每个"是"记1分）

△金钱上的支持　去年里，你是否

——为社区公积金捐钱？

——为教堂捐钱？

——为其他慈善项目捐钱?

△一般活动　去年里,你是否
——服务于任何一个参与城市计划的部门?
——服务于任何为改善城市生活而工作的委员会?
——在任何一个城市行动计划中担任领导人?

△社区争论和问题　去年里,你是否
——关心有关城市的争论和城市问题的信息?
——和他人(多于一人)经常讨论城市问题?
——劝说别人去争取某个特殊位置?
——从别人那里听取建议?
——与主要领导人谈问题?
——访问社区组织或出席部门会议为自己收集信息?
——写信或巡回演讲或举行家庭会议?

△群体活动　去年里,你是否
——属于一个或几个为社区争论和问题而设立的组织?
——组织小组访问或邀请社区官员访问你的组织?

　　　　　　　总得分_____

(译自 Miller, D. C., *Handbook of Research Desigh and Social Measurement*, New York: Longman, 1983, pp. 273 – 287, 有删节)

参 考 文 献

Bender T. Community and social changes in America [M]. New Brunswick, NJ: Rutgers University Press, 1978.

Blakely E J, Snyder M G. Fortress America: Gated communities in the United States [M]. Washington DC: Brookings Institution Press, 1997.

Brehm J M. Community attachment: The complexity and consequence of the natural environment facet [J]. Human Ecology, 2007, 35 (4): 477 – 488.

Castells M. The urban question [M]. London: Edward Arnold, 1972.

Crabtree S A, Wong H. "Ah Cha"! The racial discrimination of pakistani minority communities in Hong Kong: An analysis of multiple, intersecting oppressions [J]. The British Journal of Social Work, 2013, 43 (5): 945 – 963.

Delanty G. Community [M]. London and New York: Routledge, 2003.

Eversole R. Community agency and community engagement: Re-theorising participation in governance [J]. Journal of Public Policy, 2011, 31 (1): 51 – 71.

Ferdinand T. Community and organization [M]. London: Routledge and Kegan Paul, 1995.

Fischer C S. The urban experience [M]. 2nd ed. Orlando, FL: Harcourt Brace Jovanovich, 1984.

Friedmann J. Reflections on place and place-making in the cities of China [J]. International Journal of Urban and Regional Research, 2007, 31 (2), 257 – 279.

Glen A. Methods and themes in community practice [M] //Butcher H. Community and public policy. London: Pluto Press, 1993.

Heberer T, Gobel C. The politics of community building in urban China [M]. London: Routledge, 2011.

Jacobs J. The death and life of great American cities [M]. New York: Random House, 1961.

Keller S. The American dream of community—An unfinished agenda [J]. Sociological Forum, 1988, 3 (2): 167 – 183.

Potts L. Building healthy communities [M] //Clay C J, Madden M, Potts L. Towards understanding community: People and places. New York: Palgrave Macmillan,

2007.

Pow C P. Gated communities in China: Class, privilege and the moral politics of the good life [M]. London: Routledge, 2009.

Putnam R D. Bowling alone: The collapse and revival of American community [M]. New York: Simon and Schuster, 2000.

Ritzer G. The McDonaldization of society [M]. New Century Edition. Thousand Oaks: Pine Forge Press, 2000.

Redfield R. The little community and peasant society and culture [M]. Chicago: The University of Chicago Press, 1969

Thomas A R. In Gotham's shadow: Globalization and community change in central New York [M]. Albany: State University of New York Press, 2003.

Tomba L. The government next door: Neighborhood politics in urban China [M]. New York: Cornell University Press, 2014.

Turton P. Towards understanding community: Developing participatory working [M] //Clay C J, Madden M, Potts L. Towards understanding community: People and places. New York: Palgrave Macmillan, 2007.

Wagenaar H. Governance, complexity, and democratic participation: How citizens and public officials harness the complexities of neighborhood decline [J]. The American Review of Public Administration, 2007, 37 (1): 17-50.

Wellman B. The community question [J]. American Journal of Sociology, 1979, 84 (5): 1202-1231

Wellman B. Networks in the global village [M]. Boulder: Westview Press, 1999.

Wellman B, Leighton B. Networks, neighborhoods, and communities approaches to the study of the community question [J]. Urban Affairs Review, 1979, 14 (3): 363-390.

Wilson-Doenges G. An exploration of sense of community and fear of crime in gated communities [J]. Environment and Behavior, 2000, 32 (5): 597-611.

Zhou Min, Lee Rennie. Transnationalism and community building: Chinese immigrant organizations in the United States [J]. Annals of the American Academy of Political and Social Science, 2013, 647 (1): 22-49.

蔡禾. 城市社会学: 理论与视野 [M]. 广州: 中山大学出版社, 2003.

蔡勇美, 郭文雄. 都市社会学 [M]. 台北: 巨流图书公司, 1984.

费孝通. 江村经济 [M]. 北京: 商务印书馆, 2001.

弗里曼, 毕克伟, 赛尔登. 中国乡村, 社会主义国家 [M]. 陶鹤山, 译. 北京:

社会科学文献出版社,2002.

戈特迪纳,哈奇森. 新城市社会学［M］. 3 版. 黄怡,译. 上海：上海译文出版社,2012.

顾朝林. 城市社会学［M］. 南京：东南大学出版社,2003.

何肇发. 珠江三角洲集镇与居民——社会学的社区研究［M］. 广州：华南理工大学出版社,1991.

贺雪峰. 乡村治理的社会基础——转型期乡村社会性质研究［M］. 北京：中国社会科学出版社,2003.

贺雪峰,仝志辉. 村庄权力结构的三层分析［M］. 北京：中国社会科学出版社,2002.

黄晓星. 社区运动的"社区性"——对现行社区运动理论的回应与补充［J］. 社会学研究,2011（1）.

黄宗智. 长江三角洲小农家庭与乡村发展［M］. 北京：中华书局,1992.

黎熙元,陈福平. 社区论辩：转型期中国城市社区的形态转变［J］. 社会学研究,2008（2）.

黎熙元,陈福平. 社区的转型与重构［M］. 北京：商务印书馆,2012.

李培林. 村落的终结——羊城村的故事［M］. 北京：商务印书馆,2004.

李守经,丘馨. 中国农村基层社会组织体系研究［M］. 北京：中国农业出版社,1994.

廖义铭. 社区正义论——社区日常事务中之无知之幕及其治理问题［M］. 台北：五南图书初版公司,2012.

陆学艺. 内发的村庄［M］. 北京：社会科学文献出版社,2001.

陆学艺. "三农论"——当代中国农业、农村、农民研究［M］. 北京：社会科学文献出版社,2002.

罗吉斯,伯德格. 乡村社会变迁［M］. 王晓毅,王地宁,译. 杭州：浙江人民出版社,1988

麻国庆. 宗族的复兴与人群结合——以闽北樟湖镇的田野调查为中心［J］. 社会学研究,2000（6）.

孟德拉斯. 农民的终结［M］. 李培林,译. 北京：中国社会科学出版社,1991.

万向东. 都市边缘的村庄——广州北郊蓼江村的实地研究［M］. 北京：中国社会科学出版社,2005.

王铭铭. 村落视野中的文化与权力［M］. 北京：读书·生活·新知三联书店,1997.

王鹏. 聚焦"386199"现象 关注农村留守家庭［J］. 人口研究,2004,28

(4).

谢和耐. 中国社会史［M］. 耿升, 译. 南京: 江苏人民出版社, 1995.

叶南客. 都市社会的微观再造——中外城市社区比较新论［M］. 南京: 东南大学出版社, 2003.

张静. 现代公共规则与乡村社会［M］. 上海: 上海书店出版社, 2003.

折晓叶, 陈婴婴. 社区的实践——"超级村庄"的发展历程［M］. 杭州: 浙江人民出版社, 2000.

后 记

20世纪最后20年以来,全球化和高科技的发展对城乡社区的形态产生了巨大冲击。与此同时,中国踏入快速城镇化时代,30年间人口城镇化率已经提升到56%以上。高速发展的城市化和工业化根本改变了城乡社区的原有结构状态。这些变化对社区研究分析提出了新的理论挑战,治理成为新世纪城乡社区发展的核心论题。

在中央政府的推动下,城市的社区建设向体制机制创新方向发展,农村的社区建设则结合新农村建设目标重构治理体系。社区研究在此国家发展的历史进程当中获得了前所未有的广阔空间。《现代社区概论》是一本社区研究的入门教科书,自1991年初版(即《社区概论》)以来,已经通过新版、第二版不断修订,当前这个第三版,对第二版各章都进行了修改。根据社会学理论的变化和中国城乡社区发展的新态势,我们首先对第一章的社区理论部分进行了全面改写,把旧版当中对社会学理论的介绍删去,增补国外社区专题研究的重要进展,使这一章名副其实地成为社区理论,而不是用城市社会学或农村社会学的研究来填充。对第二章、第三章大量补充新资料,并修改陈旧的用语和论点。与世界各国相比较,中国的城、镇、乡发展呈现出更加显著的特性,本版不但据此调整了章节结构和论证资料,还分别加入了城市社区治理和乡村社区治理两节,介绍和讨论中国城市和农村社区当前的发展与问题,使本教材更贴近中国的研究与实践,更适合国内的读者和高校使用。

《现代社区概论》第三版仍然沿用初版《社区概论》的大纲,但其中各章内容经过全面改写。篇首依然使用中山大学社会学系创系主任何肇发教授在1991年为初版所写的序,以此表达后辈的崇敬与感激。第三版的编写工作由黎熙元和黄晓星完成。谨此感谢为本书提出修改建议的同仁厦门大学社会学副教授陈福平,也感谢为本书再版做出艰辛努力的编辑李海东及中山大学出版社有关同仁。

黎熙元　黄晓星
2017年3月1日